中国民用航空工业年鉴
2023

工业和信息化部装备工业发展中心　编

航空工业出版社

北　京

内容提要

《中国民用航空工业年鉴》是我国民用航空工业首部具有综合性、资料性、史册性的编年式工具书，集中全面地反映了我国民用航空工业年度发展状况，真实记载了我国民用航空工业发展进程。《中国民用航空工业年鉴 2023》内容包括中国民用航空工业发展综述、主要民用航空工业地区发展概况、主要集团和重点企业发展概况，以及中国民用航空工业统计信息等几部分。本书内容翔实、丰富，有助于国内外有关人士了解中国民用航空工业发展概况，并与之建立经济技术合作关系。

图书在版编目（CIP）数据

中国民用航空工业年鉴. 2023/ 工业和信息化部装备工业发展中心编. -- 北京：航空工业出版社，2023. 12

ISBN 978-7-5165-3553-0

Ⅰ. ①中… Ⅱ. ①工… Ⅲ. ①民用航空－航空航天工业－中国－2023－年鉴 Ⅳ. ①F426.5-54

中国国家版本馆 CIP 数据核字（2023）第 242659 号

中国民用航空工业年鉴 2023
Zhongguo Minyong Hangkong Gongye Nianjian 2023

航空工业出版社出版发行
（北京市朝阳区京顺路 5 号曙光大厦 C 座四层　100028）
发行部电话：010-85672666　010-85672683

北京富泰印刷有限责任公司印刷　全国各地新华书店经售
2023 年 12 月第 1 版　2023 年 12 月第 1 次印刷
开本：880×1230　1/16　字数：541 千字
印张：17.5　定价：180.00 元

《中国民用航空工业年鉴 2023》

编 委 会

前　言

根据《中华人民共和国统计法》和《中华人民共和国统计法实施条例》，为全面系统、客观真实地反映中国民用航空工业年度发展概况（未包括中国港、澳、台地区，下同），原国防科学技术工业委员会于2007年启动《中国民用航空工业统计年鉴》编辑出版工作，2008年工业和信息化部成立后于2010年启动《中国民用航空工业年鉴》编辑出版工作。2013年，工业和信息化部将《中国民用航空工业统计年鉴》并入《中国民用航空工业年鉴》出版。合并后的《中国民用航空工业年鉴》是我国民用航空工业综合性、资料性的编年性工具书，目前已经连续出版10年。

《中国民用航空工业年鉴2023》（简称《年鉴2023》）内容包括年度发展综述、主要地区发展情况、企业发展概况、统计数据四个部分。第一部分主要从发展规模与产业分布、产品研发、产品订单与交付、国际合作与对外交流、产业促进与行业管理五个方面全面回顾2022年度我国民用航空工业的总体发展情况。第二部分主要反映我国涉及民用航空工业的25个省、自治区、直辖市的民用航空工业发展情况。第三部分记录了69家民用航空工业重点企业（含中央企业）的发展概况。第四部分是中国民用航空工业的统计数据，主要包括综合情况，生产交付、新增和储备订单及转包生产情况，生产销售总值和主要经济指标等数据。统计范围包括从事民用航空器（含无人机）、民用航空发动机、机载系统/设备和零部件等研发、制造和修理的规模以上法人单位，数据截至2022年12月31日。

《年鉴2023》是在国家统计局统计设计管理司指导下，由工业和信息化部装备工业二司组织工业和信息化部装备工业发展中心，在有关省、自治区、直辖市民用航空工业管理部门和中国航空工业集团有限公司、中国商用飞机有限责任公司、中国航空发动机集团有限公司、中国航天科工集团有限公司、中国电子科技集团有限公司，以及部分重点企业提供素材的基础上编辑而成。为了行文一致及体现年度新变化，《年鉴2023》编委会对素材做了必要修改和删减。在此向所有参加《年鉴2023》编制工作的单位和人员表示感谢。

《中国民用航空工业年鉴2023》编委会

2023年11月

目　　录

第一部分　综述 …………………………………………………………………（ 1 ）

中国民用航空工业年度发展综述 ……………………………………………（ 3 ）

第二部分　主要地区发展情况 ……………………………………………………（ 15 ）

北京市 ……………………………………………………………………（ 17 ）
天津市 ……………………………………………………………………（ 19 ）
河北省 ……………………………………………………………………（ 21 ）
山西省 ……………………………………………………………………（ 22 ）
内蒙古自治区 ………………………………………………………………（ 23 ）
辽宁省 ……………………………………………………………………（ 24 ）
吉林省 ……………………………………………………………………（ 27 ）
黑龙江省 …………………………………………………………………（ 30 ）
上海市 ……………………………………………………………………（ 32 ）
江苏省 ……………………………………………………………………（ 35 ）
浙江省 ……………………………………………………………………（ 37 ）
安徽省 ……………………………………………………………………（ 40 ）
福建省 ……………………………………………………………………（ 43 ）
江西省 ……………………………………………………………………（ 45 ）
山东省 ……………………………………………………………………（ 48 ）
河南省 ……………………………………………………………………（ 51 ）
湖北省 ……………………………………………………………………（ 53 ）
湖南省 ……………………………………………………………………（ 56 ）
广东省 ……………………………………………………………………（ 58 ）
重庆市 ……………………………………………………………………（ 61 ）
四川省 ……………………………………………………………………（ 64 ）
贵州省 ……………………………………………………………………（ 68 ）
云南省 ……………………………………………………………………（ 70 ）
陕西省 ……………………………………………………………………（ 72 ）
甘肃省 ……………………………………………………………………（ 78 ）

第三部分　企业发展概况 …………………………………………………………（ 79 ）

中国航空工业集团有限公司 …………………………………………………（ 81 ）
中国商用飞机有限责任公司 …………………………………………………（ 83 ）
中国航空发动机集团有限公司 ………………………………………………（ 86 ）
中国电子科技集团有限公司 …………………………………………………（ 88 ）

上海飞机制造有限公司 ……………………………………………………………………（91）
中航西飞民用飞机有限责任公司 …………………………………………………………（93）
空中客车（天津）总装有限公司 …………………………………………………………（95）
中航通飞华南飞机工业有限公司 …………………………………………………………（96）
中航通飞华北飞机工业有限公司 …………………………………………………………（98）
浙江万丰飞机制造有限公司 ………………………………………………………………（100）
湖南山河科技股份有限公司 ………………………………………………………………（101）
航空工业哈尔滨飞机工业集团有限责任公司 ……………………………………………（104）
昌河飞机工业（集团）有限责任公司 ……………………………………………………（106）
大疆创新科技有限公司 ……………………………………………………………………（109）
亿航智能设备（广州）有限公司 …………………………………………………………（111）
中航（成都）无人机系统股份有限公司 …………………………………………………（112）
广州极飞科技股份有限公司 ………………………………………………………………（114）
苏州极目机器人科技有限公司 ……………………………………………………………（116）
成都纵横自动化技术股份有限公司 ………………………………………………………（117）
浙江科比特创新科技有限公司 ……………………………………………………………（119）
四川腾盾科技有限公司 ……………………………………………………………………（121）
中国航发商用航空发动机有限责任公司 …………………………………………………（122）
成都飞机工业（集团）有限责任公司 ……………………………………………………（124）
武汉航达航空科技发展有限公司 …………………………………………………………（126）
中国航发动力股份有限公司 ………………………………………………………………（129）
中航成飞民用飞机有限责任公司 …………………………………………………………（131）
中航沈飞民用飞机有限责任公司 …………………………………………………………（133）
中电科航空电子有限公司 …………………………………………………………………（134）
沈阳飞机工业（集团）有限公司 …………………………………………………………（135）
中航西安飞机工业集团股份有限公司 ……………………………………………………（137）
中国航发成都发动机有限公司 ……………………………………………………………（139）
中国航发沈阳黎明航空发动机有限责任公司 ……………………………………………（141）
中国航空无线电电子研究所 ………………………………………………………………（142）
金城南京机电液压工程研究中心 …………………………………………………………（145）
诺贝丽斯铝业（镇江）有限公司 …………………………………………………………（147）
新宇航空制造（苏州）有限公司 …………………………………………………………（148）
通用电气航空（苏州）有限公司 …………………………………………………………（149）
菲舍尔航空部件镇江有限公司 ……………………………………………………………（150）
天津波音复合材料有限责任公司 …………………………………………………………（152）
中国航发北京航空材料研究院 ……………………………………………………………（153）
成都富凯飞机工程服务有限公司 …………………………………………………………（154）
航天海鹰（镇江）特种材料有限公司 ……………………………………………………（157）
海宁红狮宝盛科技有限公司 ………………………………………………………………（160）
中航复合材料有限责任公司 ………………………………………………………………（162）
庆安集团有限公司 …………………………………………………………………………（164）
浙江西子势必锐航空工业有限公司 ………………………………………………………（166）

江西洪都航空工业集团有限责任公司 …… (168)
中国航发北京航科发动机控制系统科技有限公司 …… (170)
中国航发南方工业有限公司 …… (172)
中国航发贵州红林航空动力控制科技有限公司 …… (173)
无锡透平叶片有限公司 …… (175)
安徽应流航空科技有限公司 …… (176)
贵州航宇科技发展股份有限公司 …… (177)
四川高龙机械有限公司 …… (179)
航空工业西安飞行自动控制研究所 …… (181)
北京飞机维修工程有限公司 …… (183)
珠海保税区摩天宇航空发动机维修有限公司 …… (185)
厦门太古发动机服务有限公司 …… (186)
四川国际航空发动机维修有限公司 …… (187)
厦门太古飞机工程有限公司 …… (189)
广州飞机维修工程有限公司 …… (191)
山东太古飞机工程有限公司 …… (193)
北京科荣达航空科技股份有限公司 …… (195)
深圳中集天达空港设备有限公司 …… (197)
威海广泰空港设备股份有限公司 …… (199)
湖北航宇嘉泰飞机设备有限公司 …… (200)
成都华太航空科技股份有限公司 …… (202)
西安飞豹科技有限公司 …… (204)
湖南汉能科技有限公司 …… (206)

第四部分 中国民用航空工业统计数据 …… (209)

1. 综合情况 …… (211)
2. 产品交付、新增和储备订单及转包生产情况 …… (219)
3. 生产销售总值 …… (227)
4. 主要经济指标 …… (233)
5. 附录 …… (241)
6. 常见缩略语表 …… (265)

第一部分

综　　述

中国民用航空工业年度发展综述

2022 年，面对复杂严峻的国内外形势和诸多风险挑战，中国民用航空工业砥砺前行，整体保持平稳发展态势。

一、发展规模与产业分布

（一）发展规模

依据《民用航空工业统计调查制度》，2022 年纳入全国民用航空工业统计调查单位共计 330 家，主要分布在 25 个省、自治区、直辖市，年平均从业人员 33.8 万人。按地域划分，东部地区 156 家，中部地区 73 家，西部地区 101 家；按内外资企业类型划分，内资企业 282 家，港澳台商投资企业 18 家，外商投资企业 30 家；按人员规模划分，2000 人以上单位 36 家，1000 ~ 2000 人（含 2000 人）单位 24 家，300 ~ 1000 人（含 1000 人）单位 68 家，300 人及以下单位 202 家。

2022 年，中国民用航空产品产值 1100.7 亿元，同比增长 2.1%①。其中，民用飞机（不含无人机）整机产值 109.5 亿元，占比为 10.0%；民用飞机零部件、发动机整机及零部件、机载系统和设备及零部件等航空产品产值 260.2 亿元，占比为 23.6%；民用飞机、发动机、机载设备和其他民用航空产品的修理产值 401.5 亿元，占比为 36.5%；无人机产品产值 329.5 亿元，占比为 29.9%。产值构成如图 1 所示。

从各省、自治区、直辖市情况看，民用航空产品产值排名前 3 名的是广东、四川、福建，分别占全国的 43.6%、10.0% 和 8.7%；排名第 4~ 第 10 名的分别是上海、北京、江苏、陕西、辽宁、湖北、山东，如图 2 所示。

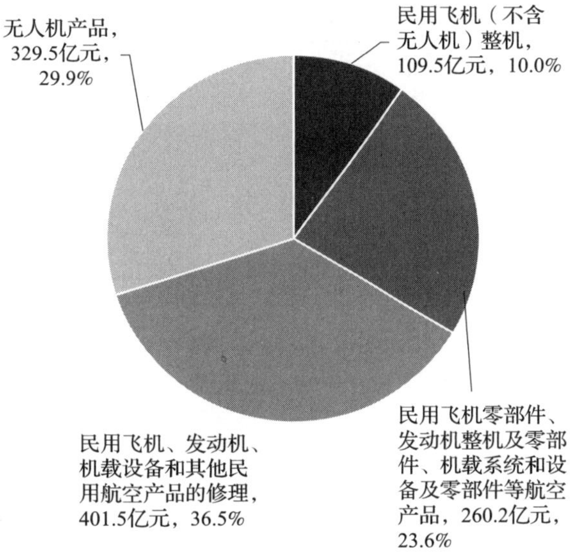

图 1　2022 年中国民用航空产品产值构成

（二）产业分布

在纳入 2022 年全国民用航空工业统计调查范围的 330 家企事业单位中，87 家隶属于中央企业（简称央企），地方企业为 243 家。央企所属 87 家企事业单位的民用航空产品产值为 239.4 亿元，243 家地方企业的民用航空产品产值为 861.3 亿元。

2022 年民用飞机（不含无人机）产品产值为 109.5 亿元。其中，央企所属企事业单位产品产值为 101.0 亿元，占比为 92.2%；地方企业产品产值为 8.5 亿元，占比为 7.8%，如图 3 所示。2022 年民用飞机（不含无人机）产品产值前 5 名的企业是：上海飞机制造有限公司、空中客车（天津）总装有限公司、中航通飞华南飞机工业有限公司、哈尔滨飞机工业集团有限责任公司、中航西飞民用飞机有限责任公司，这 5 家企业占全国的 96.8%。

① 2022 年民用航空工业纳入统计的企业数目相较 2021 年增幅较大，为保持统计口径不变，本文同比增长数据仅计算与 2021 年相同的企业，下同。

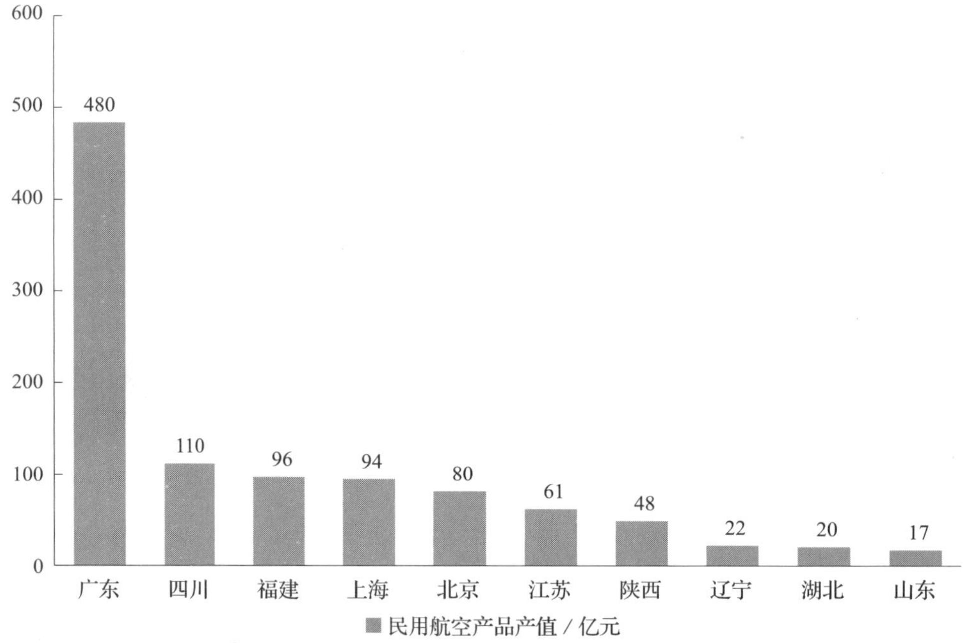

图 2　2022 年民用航空产品产值居前 10 名的省、自治区、直辖市

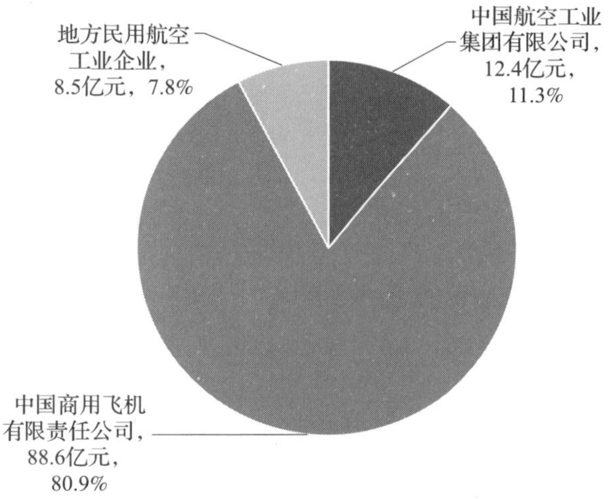

图 3　2022 年民用飞机（不含无人机）产品产值构成

2022 年民用飞机零部件、发动机整机及零部件、机载系统和设备及零部件等航空产品产值为 260.2 亿元。其中，央企所属企事业单位产品产值为 131.7 亿元，占比为 50.6%；地方企业产品产值为 128.5 亿元，占比为 49.4%，如图 4 所示。2022 年民用飞机零部件、发动机整机及零部件、机载系统和设备及零部件等航空产品产值前 5 名的企业是：中航西安飞机工业集团股份有限公司、诺贝丽斯铝业（镇江）有限公司、成都飞机工业（集团）有限责任公司、中国航发动力股份有限公司、中航成飞民用飞机有限责任公司，这 5 家企业占全国的 29.3%。

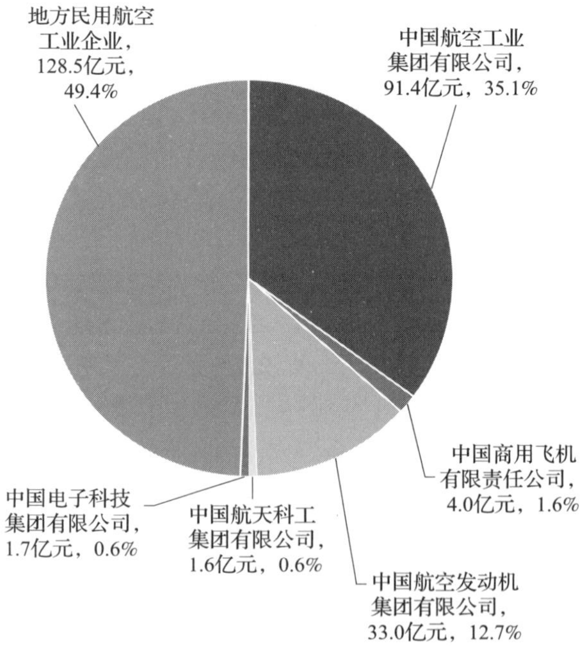

图 4　2022 年民用飞机零部件、发动机整机及零部件、机载系统和设备及零部件等航空产品产值构成

2022 年民用飞机、发动机、机载设备和其他民用航空产品的修理产值为 401.5 亿元。其中，央企所属企事业单位产品产值为 6.2 亿元，占比为 1.5%；地方企业产品产值为 395.3 亿元，占比为 98.5%，如图 5 所示。2022 年民用飞机、发动机、机载设备和其他民用航空产品的修理产值前 5 名的企业是：珠海保税区

摩天宇航空发动机维修有限公司、北京飞机维修工程有限公司、厦门太古发动机服务有限公司、四川国际航空发动机维修有限公司、广州飞机维修工程有限公司，这5家企业占全国的68.5%。

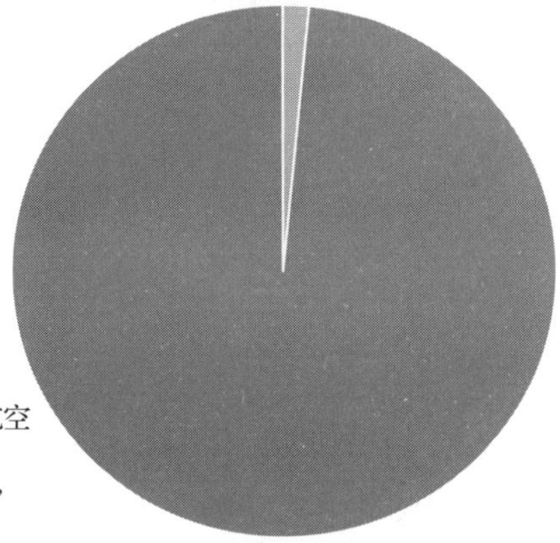

图5 2022年民用飞机、发动机、机载设备和其他民用航空产品的修理产值构成

2022年民用无人机产品产值为329.5亿元。其中，央企所属企事业单位产品产值为0.5亿元，占比为0.2%；地方企业产品产值为329.0亿元，占比为99.8%，如图6所示。2022年无人机产品产值前5名的企业是：深圳市大疆创新科技有限公司、亿航智能设备（广州）有限公司、广州极飞科技股份有限公司、苏州极目机器人科技有限公司、成都纵横自动化技术股份有限公司，这5家企业占全国的97.0%。

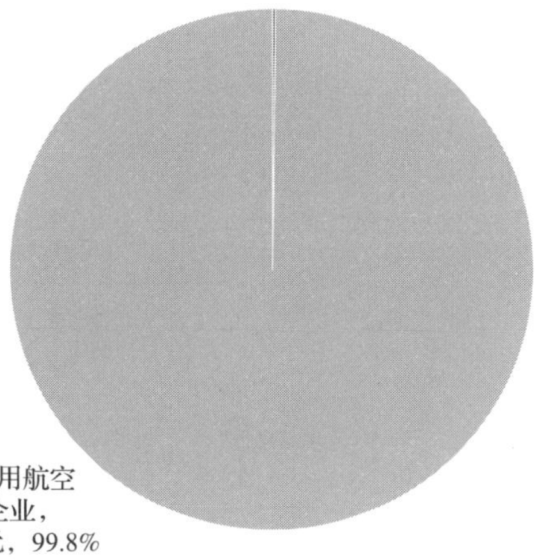

图6 2022年民用无人机产品产值构成

在地域分布方面，上海和陕西主要依托现有骨干央企发展民用干、支线飞机，其中上海主要依托中国商飞发展干线飞机和涡扇支线飞机，陕西主要依托中航西飞公司发展涡桨支线飞机；天津和浙江分别依托与空客和波音合资的公司总装和交付干线飞机，其中天津拥有空客A320和A330总装线、空客A350完成和交付中心，浙江舟山拥有波音737完工和交付中心；河北石家庄、黑龙江哈尔滨、浙江绍兴、安徽芜湖、湖北荆门、湖南株洲、广东珠海等地优势企业主要发展各类通用飞机和特种飞行器；江西景德镇和黑龙江哈尔滨等地优势企业主要发展各类直升机；其他部分省市也积极开展轻小型通用飞机、直升机和其他飞行器研发制造。民用航空工业主要在研和批产的产品地域分布如表1所示。

表1 在研和批产的主要民用航空产品（不含无人机）地域分布

产品种类	地域	代表机型
干线飞机	上海市	C919单通道干线客机
		C929远程宽体客机
	天津市	A320单通道干线客机（总装线）
		A330双通道宽体客机（总装线）
		空客A350双通道宽体客机（完成和交付中心）
	浙江省	波音737（完工和交付中心）
支线飞机	上海市	ARJ21支线飞机
	陕西省	新舟60/600系列涡桨支线飞机
		新舟700涡桨支线飞机

表 1（续）

产品种类	地域	代表机型
通用飞机	广东省	AG600 大型灭火 / 水上救援水陆两栖飞机
		赛斯纳“奖状”XLS+ 公务机
		SR20 小型活塞式螺旋桨飞机
		SR22 高性能单发 4 座复合型飞机
	黑龙江省	运 12E/F 双发涡桨通用飞机
		运 11 轻型运输机
	河北省	“小鹰”500 轻型多用途飞机
		运 5B 轻型多用途飞机
		赛斯纳 208B 单发涡桨轻型飞机
		赛斯纳 172S 单发 4 座轻型飞机
		“鲨鱼”飞机
		J-RO C-100 型自转旋翼机
	辽宁省	锐翔（RX1E）双座电动轻型飞机
		锐翔（RX4E）4 座电动轻型飞机
		锐翔（RXIE-S）水上电动飞机
		泰克南 P2006T、P2010 4 座通用飞机
		CC18-180“小熊”越野飞机
	浙江省	AG100 轻型飞机
		AG60 轻型飞机
		DA40 NG 单发 4 座轻型飞机
	安徽省	DA20 轻型运动飞机
		DA42 系列双发 4 座轻型飞机
		DV20 单发 2 座轻型飞机
		CA42 多用途教练机
		“战鸿”应急指挥机
		MPP 多用途飞机
		CU42 多用途飞机
	福建省	AeroJonesCTLS 轻型运动飞机
	江西省	民用初教 6
		农 5B 农林飞机
	山东省	“泊鹭”水陆两栖轻型运动飞机
		DA50RG 轻型飞机

表 1（续）

产品种类	地域	代表机型
通用飞机	湖北省	A2C 超轻型水上飞机
		AG50 轻型运动飞机
		“海王”水陆两栖轻型运动飞机
		“海鸥”300 轻型水陆两栖飞机
		卓尔“领航者”SL600 单发双座飞机
		卓尔“领航者”JA600 轻型飞机
		卓尔 ZA800 轻型运动飞机
		“晨龙天使”AL8 8 座双发固定翼飞机
	湖南省	“山河”SA60L 轻型运动飞机
		“山河”SA70L 轻型运动飞机
		“山河”SA750 多用途运输机
		XL100 轻型运动飞机
	四川省	SL600 轻型运动飞机
	云南省	“云雁”DL-2L 轻型运动飞机
	陕西省	“小鹰”700 轻型多用途飞机
		运 8 系列飞机
	贵州省	“自由鸢”GGAC100 轻型运动飞机
	甘肃省	瓦尔辛轻型载人飞机
直升机	江西省	AC313 系列直升机
		AC311 系列直升机
		CA109 直升机
		JH-2 轻型有人农林植保机
	黑龙江省	AC312 系列直升机
		AC352 直升机
		H425 直升机
	天津市	AC332 直升机
	江苏省	EC225 直升机
	安徽省	RT216 型 2 座运动类直升机
		S-52 直升机
	山东省	H135 直升机
其他飞行器	湖北省	“云中漫步”系列载人观光系留气球
		AS700 载人飞艇
		RQ 系列载人气球
	甘肃省	SLA-852 轮式动力伞

表 1（续）

产品种类	地域	代表机型
发动机	上海市	长江 1000A 大涵道比商用航空发动机
	黑龙江省	WZ16 中等功率涡轴发动机（制造）
	安徽省	AEC2.0L 航空活塞式发动机
		AE300 航空发动机
		AEC180 水平对置航空发动机
		“云雀”重油航空发动机
		“蜂鸟”重油航空发动机
		“黄莺”重油航空发动机
		YLWZ130/190 系列涡轴发动机
	湖南省	WZ16 中等功率涡轴发动机（设计）
		WJ6 系列涡桨发动机
		WZ8 系列涡轴发动机
		AES100 民用涡轴发动机
	四川省	RHD1000 涡喷发动机

二、产品研发

2022 年，民用航空工业产品研发有序推进，形成了单通道干线飞机、双通道干线飞机、涡扇支线飞机、涡桨支线飞机、直升机、通用飞机、无人机及航空发动机等产品系列发展格局。

在民机整机方面，C919 大型客机获得中国民用航空局（CAAC）型号合格证（TC），并首架交付给中国东方航空公司；C929 项目扎实推进，深入实施正向设计，完成首轮需求验证；ARJ21 支线飞机从安全运营加快迈向规模运营，载客量突破 500 万人次，交付首家海外用户印尼翎亚航空；AG600 飞机高质量完成 3 架机总装、3 架机首飞、三大类试验的年度任务目标，顺利完成 12 吨投汲水试验；AC352 多用途中型直升机获得中国民用航空局型号合格证（TC）；AC313A 大型直升机实现首飞；新舟 600 应急救援型完成初步设计；AS700 载人飞艇完成 02 架艇首飞和无人型总装制造；AG50 轻型运动飞机获得型号合格证（TC）和生产许可证（PC）。

在航空发动机方面，大型客机发动机长江 1000A 针对 C919 需求，稳步推进核心机和整机试验验证工作；1000 千瓦级民用涡轴发动机（AES100）全面开展适航取证工作，同步启动市场推介，确定首家先锋用户；5000 千瓦级民用涡桨发动机（AEP500）工程验证机深化开展整机验证工作；针对未来通用航空动力需求，启动了中小功率涡桨发动机 AEP100、小功率涡轴发动机 AES20 及有关传动系统等新产品的研制工作。

三、产品订单与交付

（一）产品订单

2022 年，国产民机整机（不含无人机、天津空客、舟山波音合作项目产品、民用载人观光系留气球等其他航空器，下同）新增订单 332 架。截至 2022 年 12 月 31 日，国产民机整机储备订单 1969 架，其中，确认储备订单 875 架，意向储备订单 1094 架。另外，无人机新增订单 336.6 万架，其中，新增确认订单 244.7 万架，新增意向订单 91.9 万架；无人机储备订单 99.4 万架，其中，确认储备订单 62.0 万架，意向储备订单 37.4 万架。新增国产民机订单情况详见图 7。

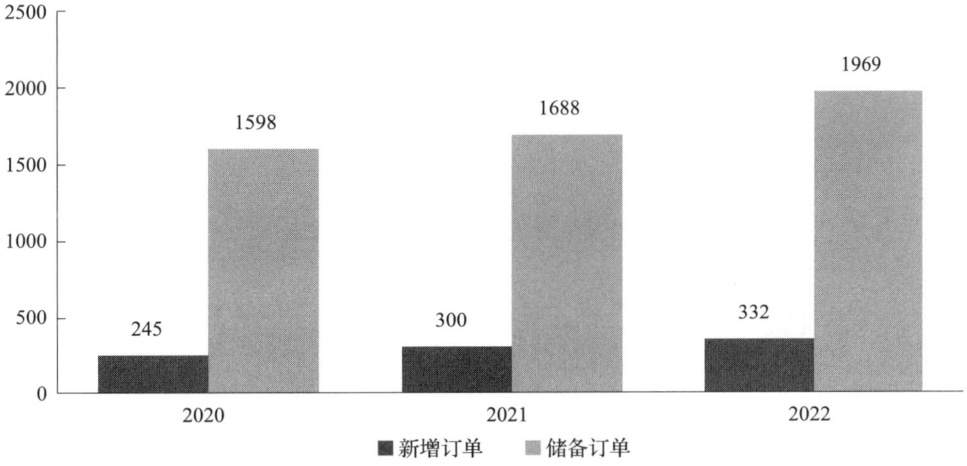

图 7　近 3 年国产民机整机订单数量

从确认储备订单情况看，干线飞机确认储备订单为 425 架，支线飞机确认储备订单为 349 架，通用飞机和直升机确认储备订单为 101 架；从订单变化看，与 2021 年相比，支线飞机确认储备订单数量略有下降，干线飞机、通用飞机和直升机确认储备订单数量均有所增加，见图 8。

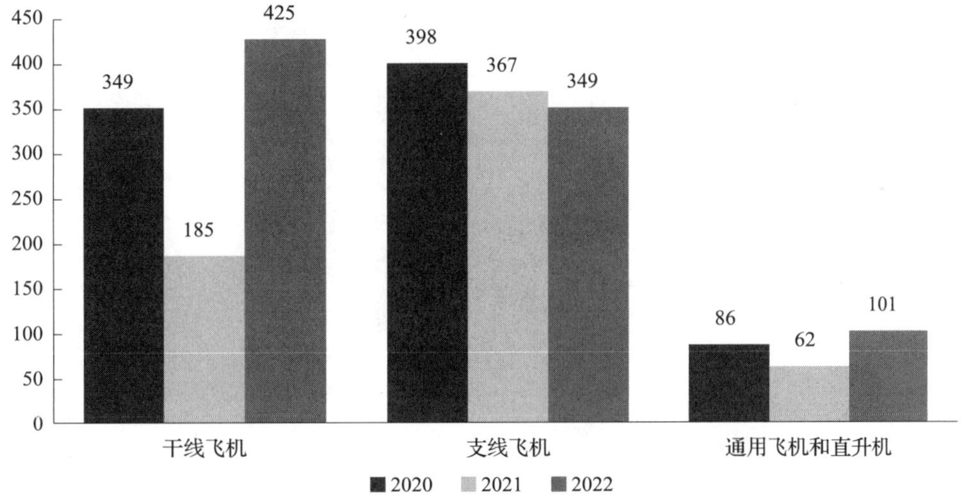

图 8　近 3 年国产民机整机确认储备订单情况

（二）产品交付

2022 年，中国民用航空产品交付金额总计 762.8 亿元。其中，民机整机（不含无人机）68.4 亿元，占比为 9.0%；民用飞机零部件、发动机整机及零部件、机载系统和设备及零部件 212.6 亿元，占比为 27.9%；民用飞机、航空发动机、机载设备、其他民用航空产品及零部件修理 321.2 亿元，占比为 42.1%；无人机 160.6 亿元，占比为 21.0%。2022 年民用航空产品交付金额构成见图 9。

2022 年交付国产民机整机 199 架（不包括引进总装的空客 A320、A330、A350，民用载人观光系留气球，无人机等其他飞行器），比 2021 年有所增加。其中，干线客机交付 1 架，支线客机交付 34 架，通用飞机交付 158 架，直升机交付 6 架。在产在销机型主要包括：C919 大型客机、ARJ21-700 涡扇支线客机、西锐 SR20 小型活塞螺旋桨式飞机、DA40NG 单发轻型飞机、AG60 轻型飞机、“山河” SA60L 轻型运动飞机、XL100 轻型运动飞机、AC311 民用直升机等。据统计，2022 年无人机交付 307.9 万架。近 3 年国产民机整机交付数量见图 10。

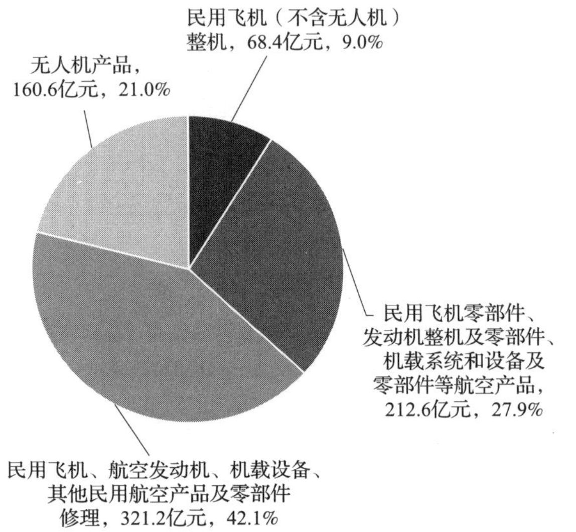

图 9　2022 年民用航空产品交付金额构成

（三）转包生产

2022 年，中国民用航空产品转包生产交付金额 18.7 亿美元，同比增长 40.4%，见图 11。其中飞机零部件 9.8 亿美元，同比增长 15.5%；发动机零部件 4.0 亿美元，同比增长 19.1%；民用航空机载系统和设备及零部件 1.3 亿美元，同比增长 96.6%；其他民用航空产品及零部件 3.6 亿美元，同比增长 316.8%。转包生产新增订单 27.3 亿美元，同比增长 219.5%；储备订单为 49.4 亿美元，同比增长 30.8%。

从各省、自治区、直辖市情况看，民用航空产品转包生产交付金额排名前 3 名的是陕西、四川和辽宁，分别占全国的 25.9%、21.4% 和 13.5%。前 10 名的省、自治区、直辖市见图 12。

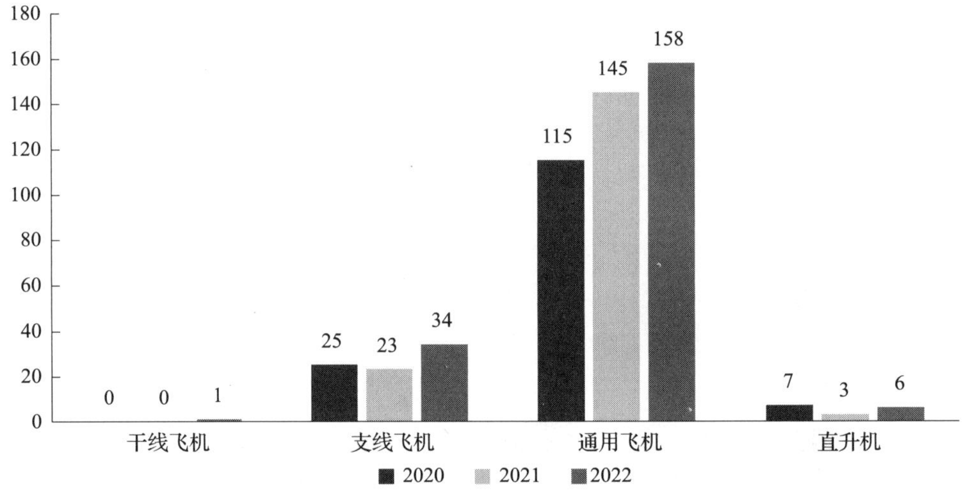

图 10　近 3 年国产民机整机（不包括无人机）交付情况

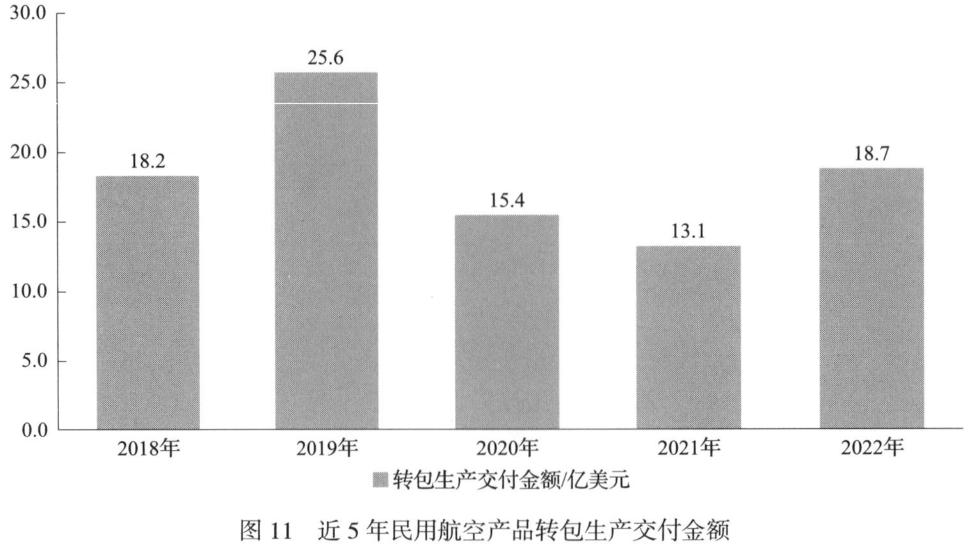

图 11　近 5 年民用航空产品转包生产交付金额

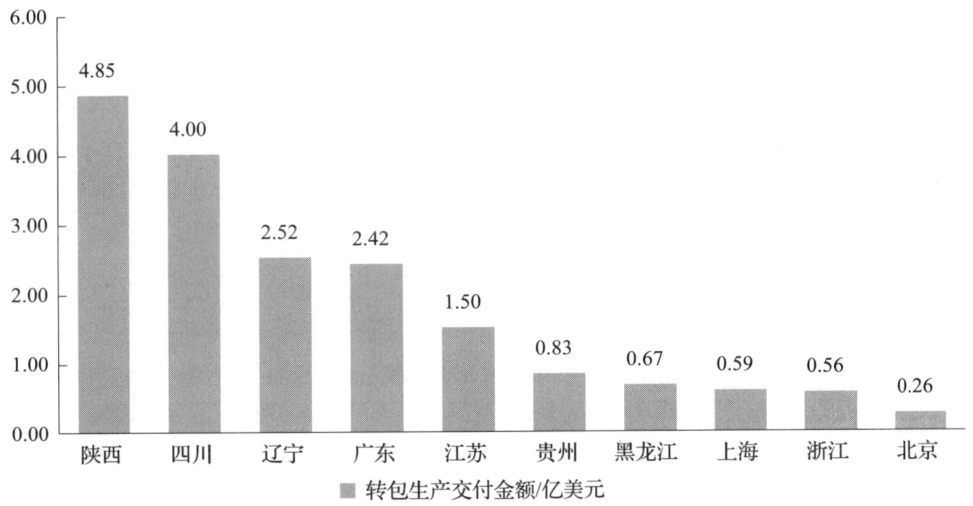

图 12　2022 年转包生产交付金额前 10 名的省、自治区、直辖市

四、国际合作与对外交流

2022 年，中国民用航空工业贯彻落实党的二十大提出的“扩大国际科技交流合作，加强国际化科研环境建设，形成具有全球竞争力的开放创新生态”的部署要求，不断拓展民用航空对外合作空间，充分利用国内国际两个市场两种资源，谋划新形势下民用航空工业对外合作新路径新方法，推动航空产业国际合作迈向更高水平。

（一）政府间对话与合作机制

组织召开中俄总理定期会晤委员会工业合作分委会民用航空工作组第十七次会议。标准专题组编制完成中俄联合标准《运输类飞机舱内声学设计要求》交流稿，并在形成联合技术文件的基础上，开创性地推动该标准联合发布为中俄两国国家标准。

在中法民用航空工作组的持续推动下，中法航空合作不断拓展。2022 年 7 月，双方联合研制的中型多用途直升机 AC352 取得中国民用航空局型号合格证。

（二）企业、机构间国际交流与合作

2022 年 11 月 22—24 日，面向绿色航空发展主题，中国航空研究院联合中欧学术界，以“线上 + 线下”相结合的方式共同组织召开“应对气候中和中欧航空创新科学技术国际研讨会议”，来自科学技术部、国家自然科学基金委员会、欧盟驻华使团等中欧政府代表，以及中欧双方近 60 家产学研机构 120 余位代表参会。此外，中国航空研究院持续加深与俄、德、法、荷、韩等国外科研机构合作交流，围绕先进旋翼机、航空可持续发展、新能源飞行器、绿色推进技术、多学科优化与复杂系统工程、适航等航空前沿热点技术问题，开展多形式的学术交流活动。

在企业层面，2022 年，航空工业集团与波音公司续签制造创新中心合作协议，深化制造领域培训和人员交流；承担空客 A220、A320、A350 和波音 737、波音 777、波音 787 等国际主流商用飞机零部件生产任务，全面满足国际合作伙伴生产需求。积极参与国际标准制定，开展国际科技交流合作，主导制定并发布国际标准化组织（ISO）国际标准 1 项、联合发布标准 1 项。积极履行国际航空研究理事会（IFAR）国家代表职责，参与编制并向全球发布《IFAR 城市空运技术分析报告》。

中国商飞持续深入实施 COMAC 国际科技创新周项目，“中国商飞 – 波音可持续航空技术中心”续签 5 年合作协议。中国商飞上飞公司与英国吉凯恩航宇民机服务有限公司、中航国际供应链科技有限公司成立合资公司凯飞航空制造有限责任公司。中国商飞与赛峰公司共同成立的赛飞公司已形成包括移动线束试验验证在内的 EWIS 设计能力，具备全方位 EWIS 线束制造能力。中国商飞上飞公司和美国伊顿公司共同投资成立的伊飞公司在完成管路产品交付的基础上持续开拓，发展管路维修和泵阀维修服务业务。

中国航发所属企业积极稳步推进国际合作，与法国赛峰公司联合研制生产涡轴16发动机燃油泵，与赛峰直升机发动机公司合作解决多个技术问题。与俄、德、英等国家（地区）12家单位联合开展16项设计评估、试验合作，并与GE航空、GE能源、罗罗、霍尼韦尔等公司保持密切合作关系，业务合作持续深入。

五、产业促进与行业管理

2022年是“十四五”规划实施的关键之年，国家层面在绿色智能航空、航空安全等方面加大政策支持力度，推动我国民用航空工业高质量发展。地方政府则立足自身基础与发展条件，积极制定民用航空产业发展规划、行动方案等。地方政府出台的文件及相关摘要见表2。

表2　2022年地方政府出台的关于促进民用航空工业发展的文件

序号	发布地区	文件名称	摘　要
1	天津	《天津市航空物流发展“十四五”规划》	完善AC系列民用直升机谱系及直升机研发体系，推进无人机研发制造和通用航空配套产品生产；发挥通航产业融合功能，加快制定无人机物流配送审定程序、运输标准，推进无人机物流配送试点工作，支持物流企业利用通用航空器、无人机等提供航空物流解决方案
2	山西	《山西省通用航空制造业提升竞争力2022年行动计划》	聚力通用航空器研发制造，开展2座、4～5座、9座、11座、19座系列通用航空器研发制造，掌握通用航空器研发制造的自主知识产权，实现完整的通用航空器整机研发、设计、制造改造能力
3	吉林	《吉林省人民政府关于推动民航业高质量发展的若干意见》	提升通用航空整机及关键零部件研发制造水平，积极引进国内外通航飞机、轻型运动飞机、直升机等制造和配套项目
4	黑龙江	《黑龙江省产业振兴行动计划（2022—2026年）》	加快哈飞中型多用途直升机研发制造、临空航空制造产业园、东安民用发动机产业园等项目建设。发挥哈飞集团、东安公司、广联航空等龙头企业引领作用，大力发展配套产业，提高通用飞机、先进直升机、无人机等产业化水平，打造航空整机、配套、运营、报废拆解再制造全产业链发展格局，争创国家级通用航空战略性产业集群
5	上海	《聚焦临港核心区　打造上海“全球动力之城”实施方案》	推进涡扇航空发动机研制突破，重点发展大飞机涡扇发动机、通航飞机涡轴和涡桨发动机、无人机驱动电机，加快民用大涵道比涡扇发动机、辅助动力装置（APU）适航取证，打造航空发动机大中小全系列研发制造基地
6		《上海市推进高端制造业发展的若干措施》	在金山等重点区域，推动建设无人机试验区和机场等设施，部署无人驾驶航空器交通管理信息系统试点，开展适航审定及检验检测能力建设。在开展安全评估的前提下，逐步开放无人机海岛运输、社区配送、环城绿带物流等应用场景
7		《上海打造未来产业创新高地发展壮大未来产业集群行动方案》	突破倾转旋翼、复合翼、智能飞行等技术，研制载人电动垂直起降飞行器（EVTOL），探索空中交通新模式。聚焦智能机载、复合材料、新能源动力创新，研制超声速、翼身融合等新一代商用飞机，推动氢电池、氢涡扇等氢能飞机技术验证示范
8	江苏	《江苏省综合立体交通网规划纲要》	统筹推动通用航空和运输航空良性互补、一体联动发展，形成层次清晰、功能明确、规模适当、安全可靠的通用机场布局体系，推进通用航空产业园配套建设，打造通用航空发展示范省
9	安徽	《安徽省支持通用航空产业发展若干政策》	支持通用机场及运输机场投资运营、建立低空飞行服务保障体系、提升通航研发制造水平、畅通通航企业融资渠道、鼓励拓展通航应用场景、深化通航产业合作、大力开展通航科普教育、打造高品质通航小镇、重视通航人才培养等
10		《安徽省现代流通体系建设方案（2022—2025年）》	明确推进交通设施智能化发展，发展直升机、无人机等航空装备制造业，建设安庆民用无人驾驶航空试验基地（试验区）

表 2（续）

序号	发布地区	文件名称	摘 要
11	福建	《福建省“十四五”推进农业农村现代化实施方案》	重点推动无人机等新技术在森林防火方面的推广应用，有力提升森林火灾综合防控能力；因地制宜推广智能化植保无人机等现代植保机械及先进施药技术
12	江西	《2022 年江西省航空产业发展工作要点》	明确了实施产业链“强链延链补链”、科技创新引领、产业平台夯实、基础设施建设和通航市场培育五大工程，举办中国商飞（江西）飞机制造有限公司挂牌活动、C919 飞机瑶湖基地完工交付活动、中国航空产业大会暨南昌飞行大会三场活动
13		《江西省航空产业高质量发展三年行动计划（2023—2025 年）》	提出到 2025 年，全省航空产业营收突破 2600 亿元。将江西打造成为我国教练机、直升机、通用飞机等研制生产的核心基地，全国领先的民机生产试飞、航空配套、大部件装配乃至总装的重要基地，国家通航产业发展的示范基地
14		《江西省“十四五”口岸发展规划》	明确实施口岸物流优化工程，加快智慧物流发展，推动物流园区大型无人机起降点建设，推进智能化通用航空器等研发和应用
15	山东	《青岛市人民政府关于支持航空产业发展的实施意见》	聚焦通用航空器制造、维修、运营和人员培训等重点领域，发展通航制造业、促进通航运营服务、鼓励开通低空航线、培育通用航空应用场景、对新取得相关许可 / 资质的企业给予奖励
16	湖北	《关于建立全省突破性发展优势产业专项工作机制的通知》	对标世界一流，锚定打造世界级产业集群目标，进一步明确发展路径，聚焦航空产业等优势高端装备产业，支持龙头企业做大做强
17	湖南	《湖南省低空空域划设方案》	湖南省低空空域分类划设管制、监视、报告三类空域共 171 个，规划常态化低空目视飞行航线 97 条，实现低空空域划设无缝衔接，拓展了低空空域可飞行范围
18	广东	《广州市现代高端装备产业链高质量发展三年行动方案》	加快发展航空运输、航空制造、通用航空等相关产业，定向引进干、支线飞机、公务机、直升机、无人机等研发、总装项目，重点扶持航空发动机、航空机载设备及系统、航空新材料、飞机零部件等配套制造产业，培育民用航空装备制造产业体系和服务体系
19		《广东省培育高端装备制造战略性新兴产业集群行动计划（2021—2025 年）》	支持珠海航空产业园建设，推动中航通飞 AG600 水陆两用飞机批量生产和通用航空科研及试飞设施建设和支持摩天宇发动机维修项目建设
20	海南	《海南省关于促进通用航空发展的若干支持措施》	加强通用机场建设、加大通用航空运行支持、夯实通用航空发展平台、鼓励通用航空制造业发展、落实通用航空税收减免政策、支持通用航空项目用地用海用林、扩大通用航空公共服务和生产应用、打造通用航空品牌、推动通用航空发展
21	重庆	《重庆市战略性新兴产业发展“十四五”规划（2021—2025 年）》	围绕固定翼、旋翼机等无人机发展需求，发展高功重比、高可靠性航空活塞式发动机、高效率恒速电动变距螺旋桨，打造中小推力航空发动机领域竞争优势；建设先进绿色航空能源动力实验室、飞行器研究所、能源动力研究所等技术创新与研发平台，开展绿色航空领域技术研究和产品研发
22	四川	《关于承接制造业有序转移的实施意见》	明确围绕航空装备等特色优势产业，重点引进具备系统集成、软件开发和工业设计能力的大型龙头企业；以宜宾—泸州组团为支点，重点承接具有产业基础的无人机及通用航空等优势产业
23		《四川省“十四五”高新技术产业发展规划（2021—2025 年）》	明确开展新一代智慧空管系统关键技术及装备研发、航空运行保障关键技术研究、通用航空关键装备研发及应用技术研究，低空飞行保障及应急救援装备研制等。开展特种通用飞机的总体设计、通航飞机平台的加改装；重点开展吨位级物流无人机设计与应用，工业级无人机设计、应用与服务体系建设等技术攻关

表 2（续）

序号	发布地区	文件名称	摘　要
24	云南	《云南省“十四五”现代物流业发展规划》	支持具备条件的州、市建设无人机物流枢纽，探索发展无人机配送等新模式。提升应急物流装备水平，依托具有物流投送能力的直升机、无人机等专业设备，实现应急物资快速运输、快速抵达
25		《云南省“十四五”产业园区发展规划》	明确以昆明空港经济区为核心布局，重点发展委托加工、合作开发等通用航空配套产业链；以昆明高新技术产业开发区等为主，积极发展无人机等专用电子产品、智能终端制造产品
26	陕西	《陕西省“十四五”数字经济发展规划》	发挥西北工业大学等科研单位在无人机领域的优势，培育智能无人机产业集群；加快航天基地低空无人机通用航空物流网络建设；加强试验基础设施建设，统筹布局智能无人系统、无人机和反无人机、空天地海无人智能系统等各类专业试验场，重点推进西北工业大学靖边无人机试飞验证中心、靖边海则空天小镇、航天基地无人机试验区、空天地海无人系统综合试验测试研究平台等项目建设

第二部分

主要地区发展情况

北京市

一、本地区基本情况

2022年，北京市民用航空工业规模以上企业18家。此外，中国航空工业集团有限公司所属在京企事业单位7家，中国航空发动机集团有限公司直属在京企事业单位4家，中国商用飞机有限责任公司所属在京研究中心1家。

二、生产经营情况

北京市民用航空工业调查中，纳入统计口径的民营企业9家，工业总产值81.23亿元。

三、主要产品

民用飞机产品主要为无人机，包括：航天九院、航景创新、清航紫荆等制造的大中型无人直升机，商飞北研中心、美团制造的5G智能网联无人机等。

航空发动机核心部件主要包括：航空发动机单晶叶片、高温合金涡轮叶片、复合材料（简称复材）机匣、钛合金铸件和民用直升机发动机燃油调节系统等。

其他民用航空产品主要包括：钢制、粉末冶金及碳/碳复合材料刹车产品，各种异形薄壁支板、轴承支承座、飞机机身肋板等钛合金铸件，空域管理和机场调度平台、机场塔台辅助指挥信息系统等。

四、产品开发与技术进步

1. 北京飞机维修工程有限公司创新优化航线维修系统，实现数字化运营。完成70个国内外站的航线工作单电签系统（LOP系统）的推广运行；跟机系统适用范围扩大至中国国际航空股份有限公司、北京航空有限责任公司、中国国际航空内蒙古有限公司、大连航空有限责任公司等4家运营人，实现与TAS、维修运行控制（MOC）等系统的数据传递。MOC系统已运用在交接班的平板电脑上，逐步取代纸张。

2. 汉飞航空发明了汉飞自适应加工算法、数字孪生加工算法和等量加工算法，并根据这3个算法研制出了航空发动机两大核心技术和装备：涡轮叶片气膜孔自适应加工技术和装备、整体叶盘微应力多轴复合加工技术和装备。研制并建成航空发动机核心部件单晶涡轮叶片数字化、智能化、无人化制造工厂，是目前我国技术先进、规模最大的涡轮叶片数字化、智能化、网络化电加工中心。

3. 科荣达主导研制的飞机燃油附件综合测试设备代替泰斯泰克、保尔公司产品。为中国国际航空股份有限公司、中国南方航空集团有限公司、海南航空控股股份有限公司（简称海南航空）、中国东方航空公司（简称东方航空）等提供配套部件维修服务及测试设备研制服务。

4. 飞天联合（北京）系统技术有限公司是中国领先的民用航空电子系统供应商及空天数字化服务商，专注于机上互联及智能系统整体解决方案，是美国联邦航空局（FAA）、欧洲航空安全局（EASA）、中国民用航空局（CAAC）全球三大适航当局认证的机上互联供应商，与中国商飞、中国星网、中国卫通等建立了长期合作关系。

五、重大基础设施建设

1. 顺义区在项目建设方面，引进了中国航发研究院航空发动机基础应用研究项目，将建设行业领先的航空发动机基础应用试验平台，投资4.6亿元，已启动设备安装调试，计划2023年6月投产运营；中国航发叶片示范线项目将打造国际一流的智能化高温合金涡轮叶片批量生产、技术开发与精确复制平台，投资4.5亿元，已启动二次结构施工，计划2023年6月投产运营；中航青云航空产业园科研生产基地项目将建设自动飞行控制系统研发、试验、生产综合平台，投资 2.6 亿元，已启动内部装修，计划 2023 年 9 月投产运营；中航复材航空预浸料扩产及预处理中心项目将有效提升国内产品生产线效率水平，投资 6.4 亿元，已启动主体结构施工，计划 2024 年 6 月投产运营。

2. 延庆试验区以“通航 + 无人机 + 智能制造 + 数字经济”融合发展为目标，重点围绕工业级无人机领域，打造无人机产业科技成果转化基地、行业应用类无人机产业集聚区、“无人机 + 应用”模式与产业融合示范区。已集聚航天时代飞鸿、远度互联、清航紫荆等 73 家无人机企业，主要涵盖各类无人机研发生产、通信链路、传感设备、检验检测、教育培训、飞行反制等领域。新引进无人机企业 14 家，对接跟踪在谈项目近 30 个。2022 年形成税收 3972 万元。未来，将围绕工业级无人机领域，持续引进总部型、研发型、科创型企业，力争到 2025 年达到百亿集群。

六、行业管理

海淀区航空经济主要集中在航空产业链的研发制造环节，在关键核心材料方面掌握核心技术、具有行业领先优势，在航空电子、大型无人机、模拟仿真等领域实现了关键技术突破，有一定的竞争实力和发展潜力。海淀区进一步扶持现有优势产业做大做强，同时利用区位优势，抓住关键核心技术，进一步优化产业结构，提升产业竞争力。支持航材院公司上市，推动国产高温母合金、橡胶密封件等材料的产业化；充分利用信息产业优势，提升芯片、元器件、仪器仪表等在航空领域的产品应用；通过工业软件、智能制造赋能航空工业，推动航空工业的数字化、智能化发展。

天津市

一、本地区基本情况

天津市民用航空工业主要分布在天津经济技术开发区、天津港保税区、滨海高新区等区域，是全国三大民用干、支线飞机生产基地之一。2022年，天津市民用航空工业重点企业26家，其中，飞机总装、维修及配套企业13家，主要有空中客车（天津）总装有限公司、天津波音复合材料有限责任公司等；直升机生产、维修及配套企业6家，主要有天津直升机有限责任公司、天津海特飞机工程有限公司、天津飞悦航空科技股份有限公司等；无人机研发制造企业7家，主要有天津飞马机器人科技有限公司、天津飞眼无人机科技有限公司和一飞智控（天津）科技有限公司等。

二、生产经营情况

2022年，天津市民用航空工业规模以上企业实现工业总产值28.5亿元，同比增长18.4%。全年总装交付空客系列飞机52架，生产交付首架AC系列民用直升机，生产各型号无人机5000余架。

三、主要产品

（一）民用飞机

空客系列飞机：主要有A320系列、A350系列飞机，具备月总装交付6架A320飞机和交付2架A350飞机的能力，约占空中客车公司生产总量的8%。截至2022年底累计交付A320系列飞机609架、A350飞机13架。

无人机：主要有中小型无人机、中大型多用途无人机等，重点研发长航时、大载重、智能化无人机以及固定翼、多旋翼中大型无人机等，产品广泛应用于消防救援、快递物流、环境监测等行业领域。

（二）机载设备与系统

主要研制航空配电系统、防灭火系统、环控系统、发动机点火系统等，产品涉及500余个品种，同时具备电源特性、气候环境等试验能力，广泛应用于C919、AG600、“新舟”系列等飞机。

（三）航空配套产品

主要包括空客飞机机翼和机身系统总成、钛合金紧固件、飞机用涂料、密封胶、风挡玻璃、客舱玻璃、座椅、复合材料、结构件和内装饰件等产品，以及飞机模拟飞行训练设备、工程仿真平台等配套装备。

（四）航空维修改装及服务

依托中航锦江、古德里奇、庞巴迪、海特等企业，重点发展飞机整机维修、部附件维修、客改货等业务，提供飞机维护、修理、大修和机队技术管理、飞机租赁等服务；为空客飞机提供短舱组装及维修服务；为A320飞机提供深度检测服务，为其他飞机提供深度大修服务；为飞机租赁提供服务等。

四、产品开发与技术进步

2022年，A320生产线拓展A321机型生产能力项目建成，并开始生产首架A321飞机。天津波音公司厂房新建及改扩建项目稳步推进，新增工艺设备150台（套），进一步提升产品能级。逐步形成AC系列型号直升机生产能力，AC312E型号完成首架交付。

五、行业管理

一是强化政策支撑。拟定《天津市推动制造业高质量发展若干政策措施》。对补足航空航天产业关键环节短板的重点项目，以及取得国家及国际民用航空器型号合格证、生产许可证、维修许可证等证书的企业，予以资金政策支持。

二是优化营商环境。组织召开10余次专题对接会，集中解决企业用工、审批、人才、上下游供需对接等方面的问题，为企业纾困解难。支持企业创新平台建设，完善科研成果转化机制，推动有关企业科技奖励项目申报，提升产业创新能力。

三是完善人才保障。充分发挥天津市航空航天、无人机和新材料等创新创业人才联盟作用，依托天津大学、中国民航大学等高校院所，建立航空航天产业链专家顾问团，设立航空航天专业职称，大力引进符合产业高质量发展需求的专业人才，推动人才供给与产业发展形成协同效应，建立多层次的人才队伍。

河北省

一、本地区基本情况

河北省规模以上航空企业3家，分别是中航通飞华北飞机工业有限公司、航空工业保定向阳航空精密机械有限公司和惠阳航空螺旋桨有限责任公司。2022年，河北省航空企业秉承“航空报国、航空强国”使命，努力完成全年科研生产经营任务，全力实现航空产业高质量发展的目标。

二、生产经营情况

2022年，航空产业主营业务收入约7.16亿元。其中，中航通飞华北飞机工业有限公司实现营业收入4.18亿元，航空工业保定向阳航空精密机械有限公司销售收入1.93亿元，惠阳航空螺旋桨有限责任公司实现营业收入1.04亿元。

三、主要产品

（一）民用飞机

全年整机生产交付各型飞机27架，其中运5B飞机5架，赛斯纳208B飞机2架，赛斯纳172系列飞机20架；实施运5B飞机换装涡桨发动机项目，已完成首飞，正在进行取证工作；对“小鹰”500飞机实施客户化改进，全面提升机型的运营经济效益及乘用体验；合作开发运5U大型工业级货运无人机，满足航空货运市场和应急救援无人投放的需求，已实现首飞。

（二）配套设备

提供大量先进的柔性智能工艺装备和机载设备；加快高端风机产品和复材风洞叶片研发，摆脱同质化竞争；民机配套螺旋桨JL-4A/1取得生产许可证，成为国内首款自主研发并同时获得型号批准和生产批准的复合材料螺旋桨。

四、产品开发与技术进步

（一）民用飞机

AG600项目完成3架机发动机短舱及支架、主起整流罩、背鳍、结构散件和系统散件交付，完成紧急订货任务交付；“海鸥”300轻型水陆两栖飞机完成全部适航验证试飞工作；运5B飞机换装涡桨发动机项目完成相关设计改进、装机验证和试飞等科目；国家航空航天和国防合同方授信项目（NADCAP）完成化学处理认证。

（二）配套设备

承担飞机起落装置上位锁、应急门研制项目，开发研制机载设备起落装置上位锁、应急门产品，按照技术协议要求已完成2022年各项任务；先后开展无人机起落架系统系列产品研制、柔性智能工艺装备研制、复合材料成形工艺技术研究、特殊材料热处理工艺改进等项目。

五、对外贸易与合作

石家庄中航赛斯纳公司取得了赛斯纳208发动机更换和检修资质，首次实现赛斯纳172飞机销售；保定向阳吉拉蒂机械有限公司精密系列平口钳外贸出口3055万元。

六、重大基础设施建设

2022年新开工项目为惠阳科技工业园基础产品研发条件建设项目，建设内容为新建综合厂房、电动螺旋桨试车厂房、工业CT厂房，新建建筑面积共9965米^2，投资7123.5万元。

山西省

一、本地区基本情况

2022 年，山西省规模以上民用航空工业企事业单位 1 家，是太原航空仪表有限公司，隶属于中国航空工业集团有限公司，是从事基础技术研究、产品研发、生产制造于一体的大型骨干企业，现有从业人员 1590 余人，建有国家级企业技术中心、山西省航空仪表工程应用中心，下设集成系统研究所、软件工程研究所、气动工程研究所、敏感元件研究所、传感器技术研究所、民机工程部、工程技术部以及 5 个航空产品配套生产厂。

二、生产经营情况

2022 年，山西民用航空及相关产品收入 2600 余万元。

三、主要产品

山西省在民用飞机产品配套领域起步早，主要为自主研发生产的各类航空仪表及气象探测设备，产品分为以下 4 类：

1. 为运输类飞机配套大气数据系统、失速告警系统、综合备份仪表、管路连接件、加热垫等；

2. 为小型通用飞机配套航电系统，包含综合显示处理单元、电子飞行仪表、大气航姿基准系统、发参采集器、空速表、高度表、升降速度表等；

3. 为民用直升机配套多功能显示器、大气数据系统、综合备份仪表等；

4. 为特种气象飞机配套人工影响天气宏观气象参数探测任务系统等。

四、产品开发与技术进步

2022 年，山西省重点针对运输类、民用直升机、小型通用飞机、特种气象飞机领域，开展产品开发与配套，以及技术合作等工作。

在运输类飞机配套领域，以客户需求为牵引，多项关键机载设备突破技术攻关，性能达到国外同类产品水平，软管接头防泄漏装置、加热垫等产品已经配套于国内多型运输类飞机。

在民用直升机配套领域，备份飞行显示器、多功能显示器、大气数据系统等完成首飞安全试验，并顺利完成首飞任务。

在小型通用飞机配套领域，具备高性价比航电系统架构设计能力，大气航姿基准系统、发参采集器随配套民机完成首飞，并配合主机完成随机取证、软件审查等相关工作。联合太原理工大学、南京航空航天大学、西北工业大学申报的山西省科技重大专项计划“揭榜挂帅”项目——“基于多学科／多目标协同的 4/5 座多用途飞机总体设计与气动优化技术”获批立项，并顺利通过初步设计方案评审。

在特种气象飞机配套领域，与山西人工增雨防雷技术中心联合申报的中央引导地方科技发展资金项目“机载气象风险监测预警系统研发”获批立项；为增加特种气象环境探测手段，自行立项研制下投式探空系统，目前已完成样机制造和搭载试飞工作；参与各地方人工影响天气办公室“十四五”作业建设方案及增雨飞机设计方案的编制，为气象领域市场推广奠定基础；利用“十三五”期间在机载气象探测领域形成的技术积淀和客户资源，策划气象专用无人机项目，彻底解决目前人工影响天气领域有人机作业危险性高的难题。

在体系建设方面，完成了适航软件文档模板及检查单梳理，为更多民用航空产品取证奠定基础。

内蒙古自治区

一、本地区基本情况

航空工业是战略性高技术产业，发展民用航空工业对本地区的工业基础、人才培训、技术支撑、发展环境等都有很高的要求，内蒙古自治区的航空工业发展基础基本属于空白，目前处于起步阶段，已开展若干基础建设。部分盟市正在开展小型飞机以及无人机项目建设，大多属于组装项目，产品技术含量不高，具有自主知识产权的产品不多，投产达产项目较少。据统计，全区有3家投入试生产的企业，主要生产轻型飞机和无人机。

二、生产经营情况

2022年内蒙古自治区有3家航空生产企业：

内蒙古神鹰飞机制造有限公司，主要生产“神鹰”植保无人机和“神鹰”火情监测无人机，用于农林病虫害防治和火情监测，2022年停产。

内蒙古中科世源生态科技有限公司，主要生产CQ8–JY、CQ8–SF和CQ16–NY无人机，用于农业遥感测量和草原病虫害防治。

内蒙古易飞航空科技有限公司，主要生产植保无人机、火情监测无人机和农田测绘无人机，用于农林灭虫、火情监测、农田测绘和农作物实时监测。

三、主要产品

主要生产轻型飞机、无人机和临近空间飞行器（飞艇）。

四、产品开发与技术进步

2022年，内蒙古工业大学团队开发了“鸿雁”系列产品，完成了包含起降、巡航、变向、着陆等测试科目在内的首次飞行验证试验，主要面向各类巡检任务，如河流水文、草场、森林、风电装备的长航时全天候不间断巡检工作等。

五、行业管理

内蒙古自治区积极推动本地区航空工业的发展，将加强同民用航空工业发达地区的合作，引进高技术人才，力争在通用航空制造领域实现突破。

辽宁省

一、本地区基本情况

截至 2022 年底，辽宁省共有从事各类航空器及零部件生产、设计开发的企事业单位 170 余家，直接从事航空产业的人员达 4 万余人，高级科技人员近 5000 人。其中，规模以上民用航空工业企业 32 家，现有省级企业技术中心 12 个，省级重点实验室 19 个，省级专业技术创新中心 7 个。全省形成了沈阳、大连等重点地区的航空产业基地，其中沈阳民用航空产业国家高技术产业基地获国家发改委批准建设，沈阳法库通航基地获批为全国首批无人驾驶航空器飞行试验基地。

二、生产经营情况

2022 年，全省规模以上民用航空工业实现营业收入 40.18 亿元，同比增长 7.8%。其中，航空、航天器及设备制造营业收入 37.2 亿元，航空、航天器修理营业收入 2.2 亿元，智能无人飞行器制造营业收入 0.78 亿元。

三、主要产品

（一）民用干、支线飞机大部件

沈飞民机与波音、空客、中国商飞公司等知名航空制造企业均建立了稳定的合作关系，产品涉及中国商飞 ARJ21 尾段、吊挂、全机电缆、无线电架、电源中心，C919 后机身前段、吊挂、垂尾、辅助动力装置（APU）舱门；空客公司 A220 前机身、中机身、后桶段、尾锥、舱门，A320 机翼前缘；波音公司波音 777/777-9 前扭力盒壁板、翼尖，波音 787-8/-9/-10 垂尾前缘。承担波音 777/767 和空客 A321 飞机的口框、舱门等工作包的客改货任务。航空工业 - 波音创新中心（MIC）和中国商飞上飞院机体设计中心相继落户沈阳，民机大部件研制能力跻身世界一流行列。

（二）航改燃气轮机

中国航发燃机是国内唯一拥有自主知识产权的燃气轮机研发制造企业，主导产品包括 AGT-7、AGT-15、AGT-25、AGT110 等“三轻一重”燃气轮机。AGT-7 系列燃机是以“太行”发动机为基础，派生发展的 7 兆瓦级轻型工业燃机，用于舰船动力、工业发电和机械驱动等领域；AGT-15 燃机是在 AGT-7 燃机基础上新研制的功率 15 兆瓦级燃气轮机，用于船舶动力、工业发电、管线增压等领域；AGT-25 燃机是以船用燃机为原型，全面改进研制的 25 兆瓦级燃机，用于分布式供能、管道增压、联合循环电站等领域；AGT-110 燃机是我国第一台拥有自主知识产权的 E+ 级重型燃机。

（三）通用飞机

固定翼通用飞机主要产品：辽宁联航神燕收购泰克南系列三款通航飞机生产线，获得在中国生产制造、销售及售后服务授权，泰克南飞机主要可作为飞行培训初教机，也可用于短途运输、空中游览、自驾游玩等。“小熊”越野飞机国内生产制造项目，是符合中美适航双边协定 TC/PC 分离的首个美国飞机型号批准在中国生产的整机及零部件项目，“小熊”越野飞机可在水上、雪地、河滩等恶劣环境下起飞和降落，无需机场，适合我国通航机场少、航班航线少的偏远地区。

固定翼新能源通用飞机主要产品：辽宁通航研究院是世界范围内最早开展新能源电动飞机型号研制的科研机构之一，初步形成新能源电动飞机的系列化发展体系，先后研制锐翔系列电动飞机，包括双座电动飞机（RX1E、RX1E-A）、4 座电动飞机（RX4E）、水上电动飞机（RX1E-S）、电动滑翔机（RX1E-H）、电动直升机（RX1E-Z）、4 座氢内燃飞机（RX4E-H）。其中，RX1E 双座电动飞机是世界首款获得适航证的电动飞机；RX1E、RX1E-A、

RX1E–S 飞机是世界仅有 4 款取得电动飞机适航证中的 3 款机型。

（四）无人机

沈阳无距科技研制的“辽”系列矢量多旋翼无人机利用倾转技术，凭借 X 形独立旋转旋翼结构，可任意改变飞行模态并保持精准悬停，可应用于全向巡检、警用追踪、现场取证等场景。辽宁大壮无人机生产的“大壮”系列无人机，是油动直驱多旋翼无人机，主要用于农林植保。辽宁力德航空科技有限公司针对大疆无人机，研发自主品牌的便携式无人机操控箱、变焦云台、螺旋桨安装结构、油电混合动力多旋翼无人机飞行器、无人机精准投放系统等。辽宁陆吾科技有限公司专注于低空安防领域设备及相关软件，产品包括有 / 无源雷达、光电、全项干扰、激光、无人机屏蔽器、地面 / 水下排爆机器，以及一体化指挥系统软件。

（五）航空机载设备及其他民用航空产品

沈阳西子航空是国内具备复合材料实验室分析、零部件制造、无损检测等全工序制造和检验能力的企业，产品包括蒙皮类零件、内饰件、短舱、全复材飞机等。辽宁华天航空从事航空航天复杂构型零部件加工和工艺装备研制，攻克大尺寸航空钛合金 4 层超塑成形技术、超塑扩散焊接技术。大连长之琳航空卡箍技术国内领先，确立全品类航空卡箍标准，产品全面覆盖国内各量产及新研机型，其中隔热产品用于涡轴类、涡桨类发动机，辅助动力产品用于多型民机项目。大连四达是国内航空航天飞行器数字化装配系统的主要供应商和整体解决方案服务商，产品包括飞机数字化装配生产线以及数字化工厂、机器人柔性装配系统、数字化机器人制孔压铆系统、AGV 机器人智能输送系统。忠世高新材料是从事中间合金生产、钛合金铸锭熔炼、钛合金管材加工、钛合金石油专用管制造全流程生产的高新技术企业，与中国商飞公司开展密切合作。

凌海金城航空器材和锦州华兴航空器材是从事民航客机内饰件生产的企业，两家公司均获得中国民用航空局颁发的零部件制造人批准书（PMA）、技术标准规定项目批准书、重要改装设计批准书（MDA）、国内主要航空公司供应商认可证书、ISO 9001 质量体系认证。具有模具设计制造、机械加工、金属压铸、非金属注塑、挤出、吸塑等设计加工能力，产品涉及波音、空客系列多种机型，分为塑料制品、金属件、纺织品、隔离棉、货舱地板壁板五大类和 16*g* 客舱座椅发泡垫。

（六）航空维修服务

南方航空沈阳维修基地主要承担民航客机维修安全保障任务，先后取得 MD–90、A300 和 A320 系列飞机全级别检修能力以及整机喷漆能力，获得美国联邦航空局（FAA）机体维修资质，民用航空器改装设计委任单位代表（DMDOR）授权资质。

四、产品开发与技术进步

（一）沈飞民机夯实数字化转型基础

沈飞民机全面推动信息化平台建设，实现 ERP、MES、WMS 系统整合与优化；建立全生命周期工程数据管理平台，构建智能化三维工艺设计系统，有效支撑主业务流程数字化。搭建 5G 通信网络，初步建立公司私有云平台。构建数据治理管理体系，实现物流数据采集方式变革。完成基于自动化设备、AGV 物料配送、智能工具管理、现场可视化为一体的智能生产线建设试点。

（二）中国航发燃机多款燃机产品取得突破

AGT–7 完成双燃料在线切换功能验证，满足海上平台机组要求，性能指标国内领先；低排放技术完成 3 套改进方案单管总温总压试验，整机试验已解决点火成功率低、升速熄火等技术难题；AGT–15 燃机完成整机低排放燃烧室设计；AGT–25 燃机完成低排放单管试验和首轮整机试验，实现 22 兆瓦功率下燃机稳定运行；AGT–110 燃机完成自主研制低排放燃烧室首轮整机试验和方案优化设计。

五、重大基础设施建设

（一）沈阳航空动力产业园

项目由沈阳航空产业集团联合中国航发黎明共建，计划总投资 100 亿元，总占地面积 1583.5 亩①，分为浑南片区和苏家屯片区两部分。浑南片区：占地面积 553.5 亩，为专业化战略

① 1 亩≈ 666.67 米 ^{2}。

供应商配套园区启动区，将引入航空发动机专业化战略供应商，以及提供共享制造能力服务项目，满足黎明公司“十四五”期间零部件配套需求。苏家屯片区：占地面积 1030 亩，其中 500 亩主要用于中国航发黎明自建航空发动机试车台；其余 530 亩作为专业化战略供应商发展延展区，根据生产需要随时启动建设。目前，浑南片区已完成机匣、中小件、盘轴、工装、检测、物流等项目厂房工程建设以及综合管网施工，水、路、电等基础设施按计划保障，部分项目已开展设备进场安装工作，计划 2023 年投产。苏家屯片区的黎明公司试车台项目提前完成一期 450 亩土地摘牌，黎明公司现已进场开展试车厂房地基打桩施工，计划 2024 年投产。

（二）中国航发燃机产业化基地

中国航发燃机公司 AGT–7、AGT–15、AGT–25、AGT–110“三轻一重”4 型燃机全部进入可靠性考核试验阶段，无大故障累计运行 2 万小时以上。为满足市场需求，建设国产燃机产业化基地，项目计划总投资 10 亿元，总占地面积 193 亩，主要建设 110 兆瓦级以下国产燃机产业化基地，包括装配修理厂房、试车台、加工厂房及其配套工艺设备、综合办公楼等设施，建成后将形成年交付 20 余台燃机能力。目前，已完成燃机总装、总试厂房主体工程建设，正进行厂房内部施工和综合管网建设，计划 2024 年投产。

六、行业管理

（一）不断深化产业研究

深入调研了解全省航空装备产业发展现状，探索产业发展思路，形成《辽宁省航空产业发展情况报告》。3 次召开航空产业专题会议，与相关单位梳理 7 方面 35 项产业发展重要事项和重点项目，明确工作着力点，协调组织有关单位推进落实，沈阳人工智能超算中心项目建设等工作取得扎实成效。

（二）推进基础和重点产品创新突破

强化首台（套）产品推广应用，加大省级首台（套）重大技术装备保险补偿支持，沈阳铸研科技“AEP500 铝合金进气机匣和附件机匣”等航空产品纳入 2022 年省首台（套）重大技术装备目录，沈阳飞研航空设备“发动机拆装拖车”等 10 个应用于航空装备领域的创新产品获得省级保险补偿 643 万元。2022 年辽宁通航研究院研制的首款 4 座氢燃料内燃机飞机验证机完成首飞，由辽宁锐翔通用飞机制造有限公司生产的全球首款双座电动水上飞机 RX1E–S 成功交付。

（三）推动提升先进制造能力

一是强化政策资金支持。利用数字辽宁、智造强省专项资金，支持航空装备领域数字化改造、协同研制应用、精益管理等方向，富创精密“航空零部件电子束焊接工艺开发及应用”等项目获得支持资金 4574.6 万元。二是促进数字化场景应用。围绕航空装备领域工艺数字化设计、产线柔性配置、供应链管理等方面，梳理 18 个数字化应用场景需求，在 2022 年全球工业互联网大会进行发布，持续推动数字化转型升级。

（四）加快推进产业集聚

支持沈阳市围绕沈飞公司、黎明公司、中国航发燃机公司规划建设高品质集聚区，通过头部企业释放配套订单，吸引省外配套企业及省内成果转化项目落户，培育专业化战略供应商，提升园区承载能力等方式，优化园区空间布局，引导上下游配套企业集聚。目前，沈飞复材加工中心及钛合金增材制造中心两个项目入驻沈飞航空配套产业园。中国航发燃机已启动生产线工艺设备招标采购工作。

吉林省

一、本地区基本情况

截至2022年底，吉林省民用航空工业企业12家，无规模以上企业。航空工业从业人员400余人，其中高级工程师39人，工程师67人，助理工程师92人，技术员93人，专业技术人员占员工总数的比例达64.7%。吉林省起航科技有限公司、长春蓝天焦点科技有限公司、吉林省羽麦科技有限公司、吉林省翼启飞科技有限公司主要从事无人机设计、研发制造及基于无人机的远距离宽带数据传输服务。吉林省全星航空技术有限公司、长春禹衡光学有限公司、长春通视光电技术有限公司、长春希迈科技股份有限公司、长春长光睿视光电技术有限责任公司主要从事航空配套设备与核心零部件生产。吉林航修企业管理有限公司从事飞机维修定检。吉林省福航航空学院、吉林龙航无人机科技服务有限公司主要从事航空人员培训服务。

二、生产经营情况

2022年，吉林省民用航空工业企业实现产值1亿元，同比下降15.3%，主营业务收入为9100万元，同比下降17.1%，净利润为1500万元，同比下降27.2%。

三、主要产品

（一）无人机

主要以整机制造、飞控系统研发、零部件生产为主，产品涵盖多旋翼无人机、共轴反桨无人直升机、固定翼无人机、固定翼结合多旋翼的复合翼无人机，型号涵盖微型、轻型、小型、中型、大型，主要用于农业、林业、国土、规划、应急、安防、电力、能源、广播电视等领域，已初步形成了包括基础研究、研发制造、行业应用、产品销售、检测试飞的无人机全产业链条。主要产品有：

1.“乌鸦”手抛无人机（固定翼）。该机主要特点：机身强度高、小巧便捷、使用简单、大载重、长续航，主要用于侦察与训练、应急救援等。

2. 双飞翼垂直起降无人机（固定翼）。该机主要特点：高能效、长续航、大载重、规格尺寸小、重量[①]轻、超强抗风，适用于应急救援、森林防火、油气管线巡查等。

3.“白鹭”垂直起降无人机（固定翼）。该机主要特点：电气结构一体化安装、机翼锁扣安装、无需工具，支持自主、低电压保护、信号中断、任务完成等多种返航方式。

4. 空投气象探测无人机（固定翼）。该机主要特点：机身由碳纤维、航空铝合金制作，实现全自动控制方式，支持测量风速、风向、温度、湿度、气压等数据。

5. 电动垂直起降无人机（复合翼）。该机主要特点：航时长、速度快、距离远、支持全自主飞行、一键垂直起降，可在交通监管、区域监控、管道巡线、遥感测绘、航空摄影、森林巡检、抢险救灾、应急通信等应用领域提供系统级解决方案。

6. X形-4旋翼无人机（旋翼）。该机主要特点：机身以碳纤维复合材料一体成形，具备空中6级抗风能力，可在雨量1毫米/时下正常工作，适用于消防、安防、测绘、救援、农业测量等。

7. 3轴6旋翼无人机（旋翼）。该机主要特点：可垂直升降、悬停性能优异、移动灵活、机械结构紧凑、零部件可靠性高、抗风等级强、稳定性好，主要应用于农业、应急、城市交通和货物运输等领域。

---

① 本书“重量”按规范称为“质量”（mass），其法定计量单位为千克（kg）。

8. 6旋翼无人机（旋翼）。该机主要特点：采用插拔式机臂、快拆式桨叶，可快速布置、作业，主要用于应急指挥、事故查看、警用安防、目标侦察、林业防火、电力巡线、道路巡检、环境监测等领域。

（二）机载系统和设备

1. 机载高光谱偏振一体化成像系统。可搭载于无人机平台，单光路、单探测器同时获取可见光偏振、高光谱图像，实现高对比、高分辨探测，具备伪装目标识别、强光抑制等能力，提升战场态势感知能力。

2. 中型光电吊舱 MOES-258。针对国内小型无人机或有人直升机光电载荷的需求研制，主要以飞机、车辆或行人目标为主要侦察监控对象，通过可见光成像和红外成像侦察，实现对重点区域重要目标的远距离、大范围和长时间的侦察监视，主要应用于灾害评估预警、环境监测、电力巡线、防恐处突、海关缉私等场合。

3. 机载光电吊舱 MOES-350。针对固定翼飞机、直升机等载人飞机设计的一款多载荷光电侦察平台，该款光电平台体积小、性价比高，在反恐演练、安防监控、海关缉私等领域均有着优异的表现。

4. 搜救型光电探测设备 MOES-410。专为执行陆海环境人体目标搜救而设计、研制的2轴4框架陀螺稳定平台，平台适用于高空高速飞机，可实现对目标的昼夜侦察、识别，具备扫描、搜索、跟踪、测距、辅助瞄准、GEO引导及目标定位等功能。挂载于有人搜救飞机平台上，用于复杂陆、海域条件下人体目标的搜索、探测、识别和跟踪。

5. 大型光电吊舱 MOES-470。专为大中型无人机、有人机及飞艇等航空器载体研制的4轴系陀螺稳定平台，可实现目标侦察、扫描、搜索、跟踪、测距、目标数字引导、目标定位以及激光指引等功能。

6. 轻小型光电云台 MOES-LW650。针对低空多旋翼无人飞行器研发的轻小型3轴光电侦察云台，具有操作简便、体积小、配备简单等特点。具备侦察、监视能力，可应用于环境监测、防洪抗灾、电力巡线等场合。

7. 双光吊舱。集成可见光摄像机和红外热像仪，能够实现不同波段成像设备的优势互补。能够广泛应用于侦察监控、森林防火、电力巡线、边防反恐、油气管道巡检、智能交通、灾害救援等领域。

8. 无人机发动机自动点火控制装置。通过将发动机机体、散热装置、电启动装置、油箱集成为一个模块固定在无人机机身尾部，给无人机提供推力。

9. 无人机收纳装置。结合移动车体与无人机使用，用于在车体移动过程中进行姿态调整，使无人机能随处起飞与降落，减少无人机对起降场地的需求。

10. 双光成像跟踪系统。采用2轴4框架结构，具有自动姿态补偿、自动调焦、自动调光、目标跟踪等功能。可装载在轻小型固定翼或多旋翼无人机、地面车辆、船舶、石油平台上，专门的载荷保护设计可以适应弹射式无人机的起飞和降落冲击。主要应用于目标侦察、取证、电力巡线、森林防火等领域。

11. 轻型大面阵航摄系统。可为用户提供高质量的航拍图像，适用于应急救灾、地理测绘、靶场监控、灾害监测、安防安保等应用领域。该系统已在国家应急测绘等项目上成功应用。

12. 3轴稳定平台。已成功搭载在运12、“白鸟”“国王”、彩虹-4、爱生AN-218、纵横CW-100等有人/无人机上，取得了理想的效果。

13. 中波红外热像仪。具有连续变焦、调焦和辅助非均匀校正的功能。可广泛用于到机载夜视、车载监控、森林防火、电力巡线、边防巡逻、反恐侦察等领域。

四、产品开发与技术进步

（一）新产品开发情况

1. TW200型无人机。目前处于试飞阶段，空机重量62千克，最大起飞重量200千克。续航时间7小时（油电混15小时），经济巡航速度110千米/时，海拔升限5500米，抗风能力8级。

2. 光电侦察/激光指示系统。用于在气象条件下对地面目标进行昼夜搜索、跟踪、识别和监视，同时具备激光测距、激光指示和光斑观测功能。光电侦察/激光指示系统对标国际水准，系统重量不大于84千克，可见光识别距离不小于30千米，中波红外识别距离不小于30千米，激光最大测距距离不小于45千米，激光照射距离不小于16千米。

（二）开展民用航空科研项目情况

光栅位移传感器项目。禹衡光学承担参与了有关光栅位移传感器领域所有的国家重大科技专项，承担工业和信息化部专项2项，科技部重大科学仪器专项2项，公司目前正在实施的工业母机领域专项5项。通过重点项目建设，先后研制出了绝对式光栅尺、高精度角度编码器、金属光栅编码器等一系列高端位移传感器产品，解决了我国工业母机、半导体装备、航空航天装备等重大装备关键功能部件的有和无的问题。

五、对外贸易与合作

禹衡光学主营产品是位移传感器（光栅编码器），作为位移与速度反馈的传感器，广泛应用于航空航天、伺服电机等自动化领域。目前主要国际市场以欧洲、亚洲及东南亚地区为主，覆盖国家和地区包括：德国、意大利、西班牙、爱沙尼亚、丹麦、韩国等。2022年，产品出口额500余万元。

六、重大基础设施建设

（一）长春机场三期扩建工程项目

计划总投资约256亿元。新建一条长3600米跑道、27万米^{2}T3A航站楼，配套建设86个机位的站坪；新建停车楼、换乘中心、进场路、货运、消防救援等辅助生产生活设施；建设供电、给排水、供冷、供热、空管、供油等公用配套设施。中国民用航空局已完成项目预可研阶段行业审查。

（二）改扩建长白山机场工程项目

长白山机场扩建工程竣工，计划2023年投入使用。长白山机场二期扩建工程建成投入使用后，航站楼总面积将达到3万米^2，机位20个，机场旅客保障能力提升至180万人次，航班架次保障能力可提升到18750架次，货邮吞吐量可提升至3400吨。届时将成为东北地区支线机场中保障能力强、服务设施全、飞行区等级高的4D级支线运输机场。

（三）新建珲春机场工程项目

该项目为图们江出海口通道项目。初步测算总投资30亿元，飞行区技术等级为4C，新建长2600米跑道、4000米^{2}航站楼，并设置相应的航管楼、油库、消防救援等保障设施。目前，项目选址报告已报送中国民用航空局审批。

（四）新建和龙通用机场工程项目

总投资5.5亿元，按照A1级通用机场标准建设，飞行区等级为2B级，建设一条长1200米、宽30米的非精密仪表跑道及相应联络道、停机坪等设施；航站区配套建设1座3500米^{2}综合服务楼、1座3900米^{2}机库和其他功能用房；配套建设通信、导航、气象、供电、供水、供暖、供油等辅助生产设施。2021年4月，项目全面开工建设，截至2022年底，项目累计完成投资2.9亿元，占总投资的52.7%。

（五）中韩（长春）国际合作示范区无人机制造产业园建设项目

项目位于中韩（长春）国际合作示范区，项目占地面积约26.70万米^2，其中产业园区占地约19万米^2、道路工程占地约7.70万米^2。总建筑面积14.6万米^2。项目分为两期建设，其中一期占地面积约9.1万米^2，建筑面积7.9万米^2，一期主要建设高端研发楼（4座）、标准化研发类厂房（2座）、风洞实验室（1座）、加工车间（8座）、展示中心（含人防地下室1座）、服务中心（1座）、门卫（2座）等共计19栋建筑，截至2022年末，一期厂房建设已基本完成。

七、行业管理

2022年9月，围绕完善机场布局、优化航线结构、多元创新发展、拓宽产业领域、提供政策支撑等方面，吉林省政府出台了《关于推动民航业高质量发展的若干意见》（吉政发〔2022〕17号），为推动全省民航业发展提供政策支撑。

黑龙江省

一、本地区基本情况

黑龙江省民用航空工业起源于“一五”时期，经过多年发展，民用航空制造领域集聚度显著提高，上下游产业链基本形成，具备较强的民用航空整机和关键部件制造能力，现已发展成为我国直升机、通用飞机、航空发动机、传动系统重要的研发和生产基地，并可以提供通用航空运营和飞机拆解、维修等服务。

黑龙江省汇集了多家航空工业企业，其中包括航空工业哈尔滨飞机工业集团有限责任公司（简称航空工业哈飞）、中国航发哈尔滨东安发动机有限公司（简称中国航发东安）等龙头制造企业，以及广联航空工业股份有限公司（简称广联航空）等多家航空配套制造企业；建有省级重点实验室 9 个、工业和信息化部重点实验室 2 个，国家级工程技术研究中心 1 个、省级工程技术研究中心 8 个、技术创新中心 2 个，国家级企业技术中心 3 个、省级企业技术中心 12 个、省级技术创新示范企业 9 个。通过企业、高校和科研院所的自主培养，不断为航空产业发展提供后备人才，省内现有航空科技、管理和技能人才 2.5 万余人，产业技术工人 8 万余人。

二、生产经营情况

2022 年重点监测的 5 家规模以上航空企业在民用航空工业领域共实现年工业总产值 1.31 亿元。航空工业哈飞和中国航发东安不在统计范围内。

三、主要产品

（一）民用飞机

民用飞机整机包括民用直升机、固定翼飞机和无人机。民用直升机主要有 AC312 系列直升机、AC352 中型多用途直升机，可应用于通用运输、医疗救护、搜索救援等领域；固定翼飞机主要有运 12E 轻型多用途飞机、运 12F 多用途涡桨运输机，可应用于海洋监测、航空摄影、医疗救护、农林作业等领域。

无人机产品涵盖固定翼无人机和旋翼无人机，主要有固定翼垂直起降无人机、6 旋翼长航时无人机、4 旋翼大载重无人机等，可应用于农业植保、空中监测、地理测绘、地质勘探等领域。

（二）航空发动机

航空发动机主要有 WJ5AI、WJ5E、WZ16 发动机以及辅助动力装置。

（三）其他民用航空产品

民用航空产品的种类较多，主要有直升机传动系统；油箱、机匣、热端系统零部件、燃油总管及喷油嘴等航空发动机零部件；整流罩、雷达罩、方向舵、升降舵、壳体、机翼骨架、机身蒙皮、舱门壁板、机翼壁板、超大型地板零件、减速器、缓冲器（旧称减震器）、接头零件、承力框零件、金属接头、钛合金接头等机身体段及内外部零件；螺旋桨叶片；灌封料以及中、高温胶膜及底胶等胶黏剂材料。

（四）民用航空服务

黑龙江省拥有中国飞龙通用航空有限公司、北大荒通用航空有限公司等通用航空公司，主要从事应急救援、农林业航空植保及护林防火作业、人工影响天气任务、航空物探、海洋监测、短途运输、飞行培训和地勤培训等业务，同时积极开展警用托管、航拍航测、低空游览和医疗救护等新兴通航服务项目。全省现有经营性通用航空企业 20 家，在册各型通用航空器近 200 架，年飞行超过 6 万小时，10 万架次。

（五）航空拆解、维修及服务

中龙飞机循环再制造有限公司拥有中国民用航空局颁发的全国首张航空器维修拆解许可证、全国首家飞机二手航材登记管理客户资质及欧洲航空安全局 EASA PART-145 航线维修（A1）许可证、中国民用航空维修协会（CAMAC）航材分销商资质、中国民用航空规章 CCAR-145 部空客 A320 及波音 737NG 系列飞机定期检修许可、ISO 9001 和 EN 9120 质量管理体系认证，主营飞机拆解、维修、检测、再制造及航空技术服务等业务。

四、产品开发与技术进步

航空工业哈飞 AC352 先进中型多用途民用直升机于 2022 年 7 月获得中国民用航空局颁发的型号合格证，标志着该型直升机研制工作取得圆满成功，填补了我国民用直升机谱系中 7 吨级产品空白。AC352 直升机具有安全性高、可靠性强，内部空间大、舒适性好、航程远、经济性优等显著特点，可广泛应用于搜索救援、海油作业、人员运输、医疗救护、商务包机等领域。

五、重大基础设施建设

2022 年，本地区有大型基础设施建设项目 6 项，涉及 5 家企业，总投资 9.05 亿元，其中新开工项目 4 项。重点项目包括哈尔滨临空经济区航空制造产业园建设项目、哈尔滨哈飞工业有限责任公司飞机零部件生产能力升级改造项目、哈尔滨华强航空发动机恒温厂房扩建项目、哈尔滨东安实业发展有限公司航空产品数字化智能制造项目、哈尔滨安宇迪航空工业有限公司航空航天零部件及工艺装备数字化精益制造中心项目、哈尔滨科锐同创机模制造有限公司航空零部件智能制造基地项目。

六、行业管理

黑龙江省着眼加快构建“4567”现代产业体系，紧抓航空强国的战略攻坚期和发展机遇期，充分发挥黑龙江省航空产业比较优势，制订出台《黑龙江省航空航天产业振兴专项行动方案（2022—2026 年）》（简称《行动方案》），持续推进黑龙江航空产业高质量振兴发展。《行动方案》提出，抢抓航空航天产业加快民用化商业化重大机遇，以扩大消费需求为牵引，以加快推进整机研发制造和配套产业发展为主线，以强化提升综合服务能力为保障，做大做强产业链价值链供应链创新链，不断提升产业引领力、技术创新力和市场竞争力，打造航空航天产业大省强省。

上海市

一、本地区基本情况

上海市民用航空工业企事业单位共有 40 余家，其中规模以上企业 25 家，规模以上工业企业 19 家。拥有中国航空研究院上海分院、民用飞机模拟飞行国家重点实验室、国家商用飞机制造工程技术研究中心、民用航空先进检测技术实验室、商用航空发动机联合创新中心、国防科技重点实验室（航空电子）和航空科技重点实验室（故障诊断与健康管理技术）等一批科研平台。主要企事业单位有：中国商用飞机有限责任公司（简称中国商飞公司）及其所属上海飞机设计研究院、上海飞机制造有限公司、上海飞机客户服务有限公司、民用飞机试飞中心和上海航空工业（集团）有限公司；中国航空发动机集团所属中航商用航空发动机有限责任公司（简称中国航发商发）、航空工业通用电气民用航电系统有限责任公司（简称昂际航电公司）、中国航空无线电电子研究所、航空工业上海航空测控技术研究所和上海航空电器有限公司；上海西科斯基飞机公司。零部件配套企业：上海新华东光电技术研究所、氰特表面技术（上海）有限公司、蒂森克虏伯航空材料（上海）有限公司和上海上飞飞机装备制造有限公司等；维修保障企业：东方航空技术有限公司、上海波音航空改装维修工程有限公司、上海普惠飞机发动机维修有限公司、上海科技宇航有限公司、上海东联航空机轮刹车大修工程有限公司、上海柯林斯航空维修服务有限公司、上海凯迪克航空工程技术有限公司、上海航新航宇机械技术有限公司和上海威克特航空地面设备有限公司等；航空租赁企业：航空工业国际租赁有限公司等。

上海是国家首批“国家新型工业化产业示范基地（航空产业·上海市）”，重点布局为：干、支线飞机设计研发布局在浦东张江，飞机装配、大部件制造与试验试飞等布局在浦东祝桥东部，客户服务布局在闵行紫竹；商用航空发动机设计研发、客户服务布局在闵行紫竹，装配试车、单元体制造与试验验证布局在浦东临港；航空电子系统设计研发、集成验证、客户服务布局在闵行紫竹；航空机电设备研发制造与试验验证布局在浦东临港及相关产业园区；航空维修、飞机改装等以浦东、虹桥国际机场周边和青浦出口加工区等地域为主；航材物流以航空港、保税区等为主；航空营销和运营总部、融资租赁企业等以市及各区县专业化产业集聚区为主。

二、生产经营情况

上海市民用航空产业 2022 年实现营业收入 356 亿元，同比减少 0.7%；工业企业完成工业总产值 275 亿元，同比减少 1.6%。

三、主要产品

（一）民用飞机

中国商飞公司：ARJ21-700 新支线飞机、C919 大型客机、C929 宽体客机。

（二）航空设备及系统

中国航发商发：长江 1000A 大涵道比商用航空发动机、长江 2000 大涵道比涡扇发动机。

昂际航电公司：C919 大型客机航电核心处理系统、综合显示系统、记载维护和飞行记录系统等。

中国航空无线电电子研究所：C919 大型客机显示系统及核心处理系统；AG600 飞机主航行系统、电子飞行仪表系统、空中交通防撞系统和飞行管理系统；运 12F 特种飞机 T1 级航电系统等。

上海航空测控技术研究所：C919 大型客机驾驶舱信息系统、视频监视系统与驾驶舱门监视系统、客舱核心系统之客舱管理接口子系统、客舱娱乐系统；ARJ21驾驶舱门监视系统；新舟700驾驶舱门视频监视系统和AG600飞机机载维护系统（OMS）等。

上海航空电器有限公司：C919控制面板及调光控制系统和集成断路器板；新舟700控制面板及调光控制系统和二级配电等。

（三）其他民用航空产品

商用飞机机载液晶显示屏，碳纤维环氧树脂合成材料，航空电线、电缆，合金材料，复合材料，飞机装配工装、型架和模具，各类紧固件、标准件等。

四、产品开发与技术进步

中国商飞公司：2022年9月29日，C919飞机获得型号合格证（TC），这标志着我国具备自主研制世界一流大型客机能力，是我国大飞机事业发展的重要里程碑，将进一步加快中国民航大飞机的产业化进程。2022年12月9日，C919全球首架机交付，是我国大飞机事业发展的又一重大里程碑，意味着历经几代人的努力，我国民航运输市场将首次拥有中国自主研发的喷气式干线飞机。2022年12月18日，ARJ21支线客机正式交付首家海外用户印尼翎亚航空，这是中国的喷气式客机首次进入海外市场，对于建设“一带一路”、构建“双循环”新发展格局具有重要意义。

昂际航电公司：2022年5月，昂际航电维护、修理和大修（MRO）业务新增空客飞机系列的DCDU（数据链控制和显示单元）维修项目（维修、检测及改装）获得美国联邦航空局（FAA）及中国民用航空局（CAAC）正式批准。2022年8月22日，昂际航电与北京飞机维修工程有限公司（AMECO）正式签署飞机零部件送修总协议（GTA），昂际航电MRO维修站正式成为AMECO指定合格承修商，提供包括检测、修理、改装、翻新等短周期、高品质的维修服务。2022年10月，昂际航电团队在重庆完成了华夏航空的驾驶舱语音自动识别系统（cockpit automatic speech recognition，C-ASR）的交付工作，标志着C-ASR正式投入华夏航空的实际运营。2022年10月28日，中国商飞公司2022年全球供应商大会举行，昂际航电作为C919的核心航电供应商应邀参会，荣获优秀客服奖。

中国航空无线电电子研究所：支撑C919驾驶舱显示系统研制及取证工作。2022年8月27日，中国航空无线电电子研究所顺利完成型号合格证（TC）取证前的所有研制工作，并于9月支持中国商飞公司完成C919飞机TC取证。

上海航空测控技术研究所：2022年3月，上海航空测控技术研究所在上海组织召开C919飞机ELB、MEL及相关新技术研讨会。来自中国东方航空公司、中国商飞公司和航空工业测控所各相关部门共计60余名专家代表参加研讨。各方与会代表针对目前电子飞行记录本（ELB）及基于XML交互式手册体系（MEL）的开发运营状况充分交流，详尽介绍驾驶舱电子飞行包（EFB）设备与飞机数据互联、飞机与地面数据互联及EFB应用新模式。

上海航空电器有限公司：核心专业实现重点型号全面占位，两型机单机配套价值量突破千万级；培育拓展的模拟仿真、应急装备、激光照明等产业实现重大突破，跃升为装备研制总体单位。科技创新打开新局面，首次作为机载照明子系统供应商提供整机照明系统，核心专业实现转型升级，核心器件初步实现自主保障，VR/AR、语音、激光等多项预研技术实现工程化应用。

五、重大基础设施建设

（一）中国商飞公司

在各方面的有力支持和推动下，中国商飞公司在沪的“一个总部和六大中心”建设顺利推进。

中国商飞公司总部基地完成建设并投入使用。

设计研发中心：规划用地1060亩，规划总建筑面积约85万米^2，现已建成并投入使用21万米^2。

总装制造中心：规划用地约4000亩，总建筑面积约118万米^2，现已建成并投入使用约38万米^2。

客户服务中心：规划用地近190亩，总建筑面积10多万米^2，现已建成并投入使用。

民用飞机试飞中心：规划用地约168亩，

总建筑面积近 10 万米 ^{2}，一期 7 万米 ^{2} 已建设完成并投入使用。

基础能力中心：规划用地 57 亩，总建筑面积 1.6 万米 ^{2}，现已建成并投入使用。

营销中心：营销中心（营销委）在上海揭牌成立，建设具有国际竞争力的市场营销体系和营销能力。

（二）中国航发商发

研发基地位于闵行紫竹科学园区，占地 450 亩。总部及研发中心大楼、人才公寓等一期建设已完成并投入使用。

装试基地位于临港重装备产业区，占地 1236 亩。一期建设已完成并投入使用，二期建设有序开展。

（三）航空工业机载公司

航空工业机载产业园占地 322 亩，一期科研大楼施工有序推进，动力中心等工程正在开展施工前准备工作。

六、行业管理

大力支持干、支线飞机和商用航空发动机等的研制与产业化发展，促进上海民用航空产业的做大做强，逐步将上海建设成国家民用航空产业的重要基地。

一是编制印发产业规划。加强政策顶层设计，落实国家航空产业规划要求，立足上海实际，瞄准世界前沿，在征求多方意见的基础上，编制形成了《聚焦临港核心区　打造上海“全球动力之城”实施方案》，由上海市经信委、临港新片区管委会、市发改委、市科委、国防科工办、市国资委等 6 家单位联合印发，加快构建航空、航天、汽车、海洋、能源“空天陆海能”动力产业体系，全力打造集研发设计、高端制造、集成服务于一体的发动机经济集群，以高端卓越的引擎经济塑造强劲活跃的经济引擎，在航空领域重点发展大飞机涡扇发动机、通航飞机涡轴和涡桨发动机、无人机驱动电机，打造航空发动机大中小全系列研发制造基地。

二是加快构建产业创新联合体。瞄准世界科技前沿，推动产业创新融合发展，结合基础性、重要性、紧迫性、可实现性要求，集中力量突破一批关键技术、推出一批高端产品、形成一批中国标准，增强民用航空产业链核心竞争力，服务中国航发商发牵头组建绿色智慧化民用航空动力生态创新联合体。

三是加快建设公共服务平台。服务中国商飞公司牵头建设的国家商用飞机产业计量测试中心正式获批成立；推动上海商用航空发动机产业创新研究院正式揭牌，上海大飞机制造业创新中心、上海商用航空发动机制造业创新中心、上海航空机载系统制造业创新中心开展筹建。

四是加快打造特色产业园区。临港大飞机产业园累计签约中复神鹰等近 50 个产业项目，总投资近 200 亿元；大飞机创新谷吸引 148 个创新创业项目、1500 多名高端人才入驻。华东无人机基地实现大信 · 中信海直华东无人机总部基地项目落地、美团开通首条低空智能配送航线、顺丰开展海岛生鲜运输。

五是加快推进数字赋能。推动产业数字化升级，构建数字化研发设计、生产制造和运营服务体系，加快民用航空产品和国产装备数字化发展，贯通产业链供给端和需求端，提升质量和效益，培育民用航空产业链发展新动能。

六是加快推进开放协作。上海、江苏、浙江、安徽工业和信息化部门建立长三角重大技术装备协同发展工作机制，加强央地协同、政企协同、区域协同、产业协同，携手民用航空“链长”中国商飞公司、中国航发和航空工业集团等签署《长三角重大技术装备产业集群共建备忘录》，全面促进长三角地区重大技术装备产业高质量发展，共同打造产业集群、共同开展示范行动、共同建设创新中心、共同搭建服务平台、共同建设产业联盟、共同健全协同机制。

江苏省

一、本地区基本情况

2022 年，江苏省积极抢抓航空工业发展机遇，充分发挥装备制造业基础优势，加快打造航空航天产业创新集群，形成了特色鲜明的航空航天产业发展体系。目前，江苏拥有民用航空工业领域规模以上企业 57 家，培育了 26 个国家级专精特新“小巨人”企业、82 个省级专精特新中小企业。

一是产业创新能力进一步增强。加快构建国家级和省级、行业级和企业级多层次的创新体系。积极培育航空航天领域省级制造业创新中心，建成省先进复合材料技术与装备制造业创新中心（南京）、省数字化设计与制造创新中心（无锡）。累计认定南京晨光集团等 51 个省级企业技术中心。推动成立江苏省无人机产业创新联盟，搭建企业创新合作桥梁。

二是央地合作步伐进一步加快。2022 年，在工业和信息化部重大技术装备办公室领导下，长三角一市三省工业和信息化部门与中国商飞公司、中国航发、航空工业集团等五大央企签署了《长三角重大技术装备产业集群共建备忘录》，进一步强化了区域协同、政企协同和产业链上下游协同。江苏省持续加强与中国商飞、航空工业集团、中国航发等龙头央企的沟通联系，邀请航空工业领域央企领导参加 2022 世界智能制造大会并作主旨演讲，积极梳理央地合作事项，推动签署了战略合作协议。

三是区域发展能级进一步提升。江苏省南京、苏州、无锡、镇江等航空产业集聚区持续发力，不断推进产业高质量发展。南京市具备了较强的整机及关键零部件科研和生产能力，2022 年 1 月，南京市委办公厅出台了《南京市创新驱动、产业转型示范三年行动计划（2022—2024 年）》，实施产业强链补链行动，在航空航天装备领域布局全新体制的国家重点实验室，提升航空航天产业集群实力。苏州市汇集了航空航天领域众多全球领先的外包商和一流的科研机构，2022 年 6 月，空中客车中国研发中心签约落户苏州工业园区，围绕制造创新、电气化、客舱体验等领域进行研发创新；2022 年 11 月，哈尔滨工业大学苏州研究院正式签约成立，在航空航天、新材料、电子信息等领域开展全方位深度合作。无锡市大力发展航空发动机零部件产业，2022 年 7 月，“丁汉院士两机零部件数字制造工作室”在无锡成立；2022 年 11 月，无锡市组织了 19 家航空零部件制造企业参加第十四届中国国际航空航天博览会，并现场对接航天科技、航空工业集团、中国航发等 30 余家央企，有效促成多项合作。镇江市是国家级航空产业示范基地，在高温合金研制、关键结构件制备等方面具有较强实力，2022 年 9 月，镇江市航空航天产业发展促进会成立，围绕项目招引、技术支撑、供需对接、人才培育、行业咨询等方面开展工作，助力行业发展。

二、生产经营情况

据江苏省统计局统计，2022 年江苏省民用航空工业营业收入为 105.84 亿元，同比增加 26.63%；利润总额为 7.76 亿元，同比增加 118.6%。

三、主要产品

（一）整机技术与产品

轻型飞机、公务机和无人机。

（二）航空轻型动力技术与产品

100~500 马力[①] 活塞式发动机，800 千牛以下（重点是 500 千牛以下）推力的涡喷 / 涡扇发动机，1 兆瓦级功率以下燃气轮机、航空动

① 1 马力 =745.7 瓦。

力辅助系统。

（三）航空电子系统技术与产品

航空通信系统、飞机座舱仪表显示系统、空管雷达、天气雷达、卫星云图接收设备、高空气象雷达、数字式电子探空仪等。

（四）航空机电系统技术与产品

航空发动机电子控制系统、航空惯性导航系统、航空发动机参数采集器、航空发动机民用飞机和直升机飞控系统、液压传动系统、电源/电气系统、燃油系统、环境控制系统、装载及空投系统等。

（五）航空保障技术与产品

航空指挥调度系统、航空灯光电源系统（探冰灯、标志灯、翼尖保护罩、翼根保护罩）、航空检测设备、大型客机客户服务应用系统集成平台软件、市场与客户支援管理系统、飞机状态监控及健康管理系统、信息系统综合测试平台、便携式外场测试仿真系统、适航管理工作平台及登机廊桥、加油车、飞机维护等地面综合保障设备和系统。

（六）其他航空技术与产品

航空安全座椅、航空内饰件、航空材料（以气凝胶、相变材料等新材料为代表的航空航天保温隔热材料、铝合金型材、高温母合金、高温合金、碳/碳复合材料、碳/碳化硅复合材料、超级纤维、钛合金、镍合金、铜合金、精密不锈钢制品、玻璃等）、航空部件（精密轴承、飞机轮毂、起落架、舱门、机身、机翼、整流罩等）、航空发动机零部件（航空发动机叶片、整体叶盘、静叶片、导叶片、机匣，实心或带陶瓷型芯的涡轮动、导叶片及结构件等）。

四、产品开发与技术进步

江苏省民用航空装备企业持续加强科技创新和产品研发，在航空材料、叶片等关键部件加工、机载系统等产品领域具有较强竞争力。2022 年，国产飞机高性能涂覆材料关键技术等 10 个民用航空工业领域项目获得江苏省科学技术奖；江苏中超航宇精铸科技有限公司承担的国产客机发动机高温合金涡轮机匣精密成形技术等 3 个项目列入江苏省关键核心技术（装备）攻关项目。

五、对外贸易与合作

根据南京海关数据，2022 年，江苏省航空航天产业出口规模 17.4 亿元，同比增长 57.9%，航空领域优势产品加速进入国际巨头企业供应链体系。如航亚科技 2022 年与法国赛峰续签长期供货协议，将 2023 年 1 月 1 日至 2030 年 12 月 31 日的 LEAP 全系列压片机叶片产品平均协议份额增加到 50% 以上；江苏永瀚为美国 GE、意大利安萨尔多公司等主流原始设备制造商（OEM）在华唯一重型燃机热部件精密铸造供应商；菲舍尔航空部件是国内首家通过波音、空客、庞巴迪等航空权威认证的航空机载集成供应商。

六、行业管理

（一）培育产业创新平台

积极争取工业和信息化部支持，推动无锡打造国家级航空发动机零部件研究平台，2022 年 7 月，工业和信息化部正式批复建设“国家（无锡）航空发动机产业创新研究院”，集聚了南京航空航天大学、上海交通大学、华中科技大学等单位研发团队 80 余人，通过共建形式引进设备 45 套，初步形成了科研与试验验证能力，为行业和企业赋能。

（二）强化关键技术攻关

积极争取资源，组织隆达超合金、派克新材料、无锡透平等企业承担国家重大专项，2022 年，隆达超合金完成了项目验收。累计实施了“航空发动机高可靠性燃油电磁阀”“航空发动机叶片电火花加工智能生产线”等 10 个航空航天制造领域关键核心技术攻关项目，认定了“天枢 2000 高级场面活动引导与控制系统”等 22 个装备（部件）为江苏省首台（套）重大装备，持续加强共性技术和重大装备攻关。

（三）加强民用飞机整机制造业安全生产监管

江苏省工业和信息化厅以民机整机制造业为监管范围，组织行业企业落实风险报告制度，开展了安全生产培训、大检查、百日攻坚等工作，压紧压实了各地工业和信息化部门的监管责任和各企业的主体责任，2022 年全行业未发生安全生产事故。

浙江省

一、本地区基本情况

近年来，围绕国家对长三角航空航天产业“一体两翼”总体布局要求，浙江省加强顶层设计，统筹布局，以加快建设浙江省航空航天装备“两基地一中心”为重点，制定出台了《浙江省航空航天装备高质量发展实施方案（2021—2025 年）》，提出了“到 2025 年，全省航空航天装备产业产值规模突破 300 亿元，制造、创新、服务能力显著增强，争取进入全国第一方阵”的发展目标。

2022 年，全省航空航天及相关配套企业超 150 家，实现产值近 150 亿元，初步形成涵盖大飞机大部件、通用航空器、航空零部件及新材料、航空关联制造等多领域的产业链体系。其中纳入中国民用航空工业统计的企业 41 家，涉及航空器机载系统和设备、航空零部件、航空材料等多个领域。全省在建和规划建设的航空产业园 20 余个，北京航空航天大学中法航空学院以及航空产业园、宁波航空航天智慧城、台州湾航空航天配套产业园等一批航空产业发展平台正在加快培育发展，为创造具有国际化、高质量和竞争力的特色航空产业链提供有力保障。

二、生产经营情况

2022 年，浙江省纳入中国民用航空工业统计的企业实现工业总产值 27.86 亿元，其中民用航空产品产值 8.49 亿元；营业收入 35.89 亿元；出口交货值 4.35 亿元；转包出口交货金额 5581 万美元。

三、主要产品

（一）民用飞机

主要为无人机。其中，杭州海康机器人技术有限公司研发生产的 MR-MX4090A、MR-MX6120A 等多款无人机在航拍巡检、应急救援等多个场景中可精准作业。国鹊航空科技（杭州）股份有限公司生产的多款小型多旋翼无人机和大型固定翼无人机在应急救援、线路巡检、警用安防等多个场景中表现出响应速度快、救援范围大、受地形条件限制少等优势。温州黑蜻蜓无人机科技有限公司研发生产的 C-10、C-20、C-30 等植保无人机采用厘米级定位，可精准定位进行农药喷洒。M-360 破窗灭火无人机和 S-300 森林灭火无人机在应急救援中，能悬停到火源上空进行精准抛投灭火。浙江科比特创新科技有限公司研发生产的“入云龙”系列多旋翼无人机、“插翅虎”系列垂直起降固定翼无人机及“小旋风”系列工业级 4 旋翼无人机等多款无人机产品，有效地解决了航电系统部署难、集成度低、组装难等行业痛点。浙江极客桥智能装备股份有限公司的便携式照明无人机属国内首创，在应急救援中表现突出，大大提高了救援效率。浙江容祺科技有限公司生产的“开天”“玲珑”“乾坤”“空灵”等多款多旋翼无人机应用于物流运输、农林植保、应急救援等工作场景中，有效提高了配置灵活性，加强了任务多元化，降低了人力成本。

（二）其他民用航空产品

1. 航空零部件

浙江西子势必锐航空工业有限公司主要生产各类机舱门、起落架舱、机翼翼肋等飞机结构部件，拥有空客、波音、庞巴迪、中国商飞公司、航空工业集团等航空企业的供应商资质，是符合国际标准、具有航空零部件制造体系的企业。宁波永灵航空科技有限公司开发生产民用航空发动机零组件、聚酰亚胺制品、软管组件等新产品，突破了风扇出口导叶流道板黏结、螺旋管成形等重大技术难题。宁波继峰汽车零部件股份有限公司参与飞行员座椅设计验证工作，已进入交付周期。海宁红狮宝盛科技有限公司主要生产发动机及短舱、航电飞控面板、氧气系统、厨房系统、座椅系统的零部件，广泛应用于空客 A350、波音 737 等机型。浙江京飞航空制造有限公司主要研发生产民用航空零部件，已完成了各类航空结构件的研发试制共计 530 余项，产品覆盖了空客 A320、A220 和庞巴迪“环球”公务机等多个机型。玉环天润航空机械制造有限公司开发的舱门锁闭系统、锁闭机构及撑杆等产品应用于相关国产飞机及发动机。天扬机械公司主要产品为航空发动机关键零部件和飞机结构件，产品类型包括发动机压气机零部件（如整体叶盘、整流器、机匣、压气机盘等），涡轮转子和定子零部件（如涡轮机匣、封严环等），飞机起落架零部件和其他航空精密零部件。恒鹰动力公司是一家集航空新材料研发、燃气轮机和航空发动机叶片制造于一体的国际化高技术企业，主要从事航空发动机和燃气轮机材料研发及部件制造。浙江金马逊机械有限公司研制了国内首台套管件弯曲成形装备，相关产品与技术在航空发动机重点工程中得到成功应用。正泰、八环、中浙高铁、天生密封等企业在电气开关、飞机环控系统、飞机电源系统、航空轴承、金属 C 形密封环、柔性石墨密封环等领域具有为民机配套能力。

2. 航空新材料

嘉兴雅港复合材料有限公司生产的特种功能复合材料及其制品、连续纤维增强热塑性复合材料、发泡材料等已应用于 C919 飞机。宁波沥高复合材料有限公司生产的 ETFE 和 FET 材质隔离膜，性能已符合航空使用标准；恒鹰动力、歌瑞新材料、抟原复合材料、一都新材、巨化集团、久立特材、霍思特 C-XA 航空等企业，产品涉及 C919 型板复合材料模具、热塑性复合材料、航空阻火膜、芳纶纸蜂窝、微型深沟球轴承、球面轴承、推力轴承、滚珠轴承、金属和非金属软管等。浙江福翔航空公司的产品涉及高分子耐温材料、高分子模型材料、高分子定型材料。杭州富士达特种材料公司的产品涉及高真空低温绝热材料。浙江三和塑料公司的产品涉及合金热塑板、PS、ABS 载带片材，PS 导电母料等领域。

3. 航空系统和设备

浙江海骆航空科技有限公司在航空科技领域主要生产和销售高速旋转试验台，是具备完全自主知识产权的转子检测设备——高速旋转试验器的供货商。浙江圣翔航空科技有限公司致力于高安全性全铝制直升机停机坪系统研发、设计、生产和安装。产品主要覆盖地面直升机停机坪、船舶直升机停机坪等，广泛应用于医疗急救、警务飞行等领域。美洲豹（浙江）航空装备有限公司以热压罐、固化炉等为核心产品，致力于先进复合材料成形设备的研发、生产，广泛应用于航空航天等诸多领域。

四、产品开发与技术进步

2022 年，宁波永灵航空科技有限公司突破了风扇出口导叶流道板黏结和螺旋管成形两项重大技术难题，提高了生产能力。温州黑蜻蜓无人机科技有限公司突破了电池续航瓶颈；通过搭载前后摄像头协同作业，达到了 RTK 厘米级定位精度。浙江科比特科技有限公司研发的新型“插翅虎”M9 垂直起降固定翼无人机正式转入量产；首推了生态航电主板，推出配备了 SK7 智能飞控模块、双智慧电源管理模块等模块化主板式航电系统硬件。海宁红狮宝盛科技有限公司突破了发动机部件激光切割、薄板充液成形、变形铝半液态铸锻复合加工等多项关键核心技术，部分飞机零部件的加工技术属国内首创，并达到国际先进水平。浙江中航通飞研究院有限公司开发的新一代国产教练机 AG100，是一款全新设计的 3 座全复合材料的单发初级教练机，具有成本低、使用便捷、安全性极高等优势，可满足飞行学员高频起落训练需要。中建材衢州金格兰石英有限公司生产的“半导体高纯石英基础材料”被认定为 2021 年浙江省重点首批次新材料，技术水平达到国内领先。浙江华凯科技有限公司开发完成了针织助剂、燃油添加剂和 4 厘斯（mm^2/s）航空润滑油等新产品，不仅具备低温性能，同时还具备了优异的热氧化安定性能。

五、对外贸易与合作

浙江西子势必锐航空工业有限公司积极发展波音工艺资质体系，并通过相关的审核认证，成为波音的供应商。海宁红狮宝盛科技有限公司具有航空数字化制造、橡皮囊成形、三维五轴激光切割等航空高精密零部件加工技术，产品远销美国、欧洲、东南亚等地。浙江科比特科技有限公司生产的“入云龙”mc6-1550无人机及其组件和“插翅虎”M8无人机等产品，销往东南亚、西班牙、韩国等地。浙江万丰飞机制造有限公司生产的固定翼通用飞机复合材料机身等部件，远销海外。中建材衢州金格兰石英有限公司生产的石英棒、石英管、石英晶圆，远销日本、德国等地。

六、重大基础设施建设

杭州市钱塘区航空航天产业园（5.4千米^2），重点打造大飞机配套、航空航天材料等产业以及创新中心。建德航空小镇（3.6千米^2），主要打造通用航空产业，拥有一条长1200米、宽33米的通用飞机跑道。杭州空港新城（73千米^2），重点发展空港物流（保税物流）、临空制造、高新技术以及总部经济等。

嘉兴港区依托省级示范基地——航空航天产业园，大力发展航空航天零部件、航空航天电子等产业；平湖市重点引进中意直升机生产项目和平湖实验室，重点发展航空发动机、航空电子系统、空间态势感知等产业；海宁正全力打造航空产业园，聚焦发展航材精密加工及装备制造、航电系统、航空新材料及航空核心零部件制造产业。

台州湾通用机场是发展千亿通航产业的核心设施，项目总占地约352亩，总建筑面积约2万米^2，飞行区指标为2B，跑道长度为1200米，2022年已建成启用。

七、行业管理

（一）坚持规划引领

积极推动落实国家《“十四五”民用航空发展规划》（2021—2025年）、《浙江省航空航天产业发展“十四五”规划》和《浙江省航空航天装备高质量发展实施方案（2021—2025年）》，加快航空航天装备产业由分散布局向重点平台集中布局，优化形成“高端制造—科技创新—运营服务”联动发展的“一湾两区两网”空间格局，重点建设以大湾区为重点的航空航天制造基地，建设杭州、宁波航空航天科技创新区，布局航空运营服务网和空天数字服务网。

（二）加强技术创新补链强链

出台相关政策，鼓励省国家重点实验室等一批高能级研发平台高效整合航空资源并赋能航空产业发展。加强与多所航空航天大学战略合作，推进产业创新、技术研发、人才培育和成果转化，为航空航天产业发展提供智力和产品支撑。

（三）加强政策落实

统筹各级财政相关专项资金，按规定对航空航天装备产业发展给予政策支持。支持将优质航空航天装备产业项目优先列入省重点项目和重大产业项目名单，在用地、能源、环境容量等要素保障上给予优先支持。积极争取中央预算内投资、国家民航发展基金等国家重点基金支持，发挥政府产业基金引导作用，重点支持省内航空航天产业项目。

安徽省

一、本地区基本情况

2022 年，安徽省认真贯彻《安徽省民航业发展战略规划（2019—2035 年）》，持续推动民用航空产业发展，大力打造内陆开放高地，是全国第 3 个全域低空空域管理改革试点省份，印发了《安徽省通用航空产业中长期发展规划（2022—2035 年）》。在通用飞机、无人机、通航发动机、机载设备、特种设备、航空 / 航天电缆、复合材料、航空仪表等民用航空装备的研发和生产上取得了较好的发展成果，加速集聚整机制造、机载设备、部件制造、整机维护等民用航空产业。现有航空园区主要有：芜湖航空产业基地、合肥航空产业基地、六安通用航空产业基地、安庆（岳西）无人机基地等。安徽省民用航空典型企业有中电科芜湖钻石飞机、芜湖钻石航空发动机、芜湖航天特种电缆厂、应流航空、中电科三十八所、合肥江航飞机、芜湖联合飞机、合肥航太、云翼航空、天路航空、中航华东光电、劲旋风航空等单位。

二、生产经营情况

2022 年，全省重点民用航空企业实现主营业务收入约 97 亿元，同比增长 13.8%；实现利润 6.8 亿元，同比增长 12.7%。

三、主要产品

（一）民用飞机

主要包括：DA20 单发 2 座轻型飞机、DA42 双发 4 座轻型多用途飞机、DV20 和 CA42 单发 2 座（3 座）轻型飞机与多用途教练机、“战鸿”应急指挥机、MPP 和 CU42 两款多用途飞机、YL-UH270 型无人直升机、RT216 型 2 座轻型运动类直升机、S-52 轻型直升机、UH-120 超轻型通用无人直升机、多款单旋翼与多旋翼植保无人机、工业级固定翼无人机等。

（二）航空发动机

主要包括：钻石航发研制的 AEC2.0L 活塞式航空发动机、AE300 航空发动机、AEC180 水平对置航空发动机、300 千瓦级重油发动机；航瑞研制的“云雀”“蜂鸟”“黄莺”重油航空发动机；应流航空研发的小型涡轴发动机；卓尔航空研制的长捷小型航空发动机等。

（三）其他民用航空产品

主要包括：综合航电系统、航空仪表、航空供氧系统与制冷系统、航空雷达、航发螺旋桨、波纹管、航空结构件、航空电缆、航空钣金产品和航空复合材料等。

四、产品开发与技术进步

钻石航发自主研制的国内首款民用 AEC2.0L 活塞式航空发动机装机试飞成功；江航飞机研发的氧气系统为 ARJ21-700 货机和 AC311A 直升机提供配套，并实现新舟 700 飞机惰化系统装机。钻石飞机自主研发的“翔云Ⅱ”无人机为 2 吨级双发长航时无人机，劲旋风航空科技研发的液压变距桨、临空桨、直径 10 米倾转旋翼等产品填补国内空白；应流航空已开展 YLWZ-100、YLWZ-150、YLWZ-200 等 6 个型号涡轴发动机研发生产，在建 1 个 400 千瓦涡轴试车台；应流航源具备年产各类耐高温叶片、环形件 50 万件、机匣 3600 件的生产能力。

五、重大基础设施建设

持续打造“三基地一园区”，推进芜湖通航产业基地、合肥航空产业基地、六安航空产业园建设，将合肥打造成安徽省通航产业制造、应用发展圈，将六安打造成航空器制造特色产业城市，推动安庆（岳西）发展无人机山区综合应用示范。重点发展民用航空低空领域整机制造、关键零部件制造及民用航空装备系统集成与维保能力。

（一）芜湖航空产业基地

芜湖市是国家首批通用航空产业综合示范区，集聚全产业链关键项目近200个，培育航空领域高新技术企业99家、国家科技型中小企业24家、省级科技型中小企业12家，拥有52个国家级、省级创新平台；累计获得发明专利635项，主持或参与国家、地方行业标准540项。全国首个航空产业知识产权运营中心在芜湖建设，获批国家通用航空中小企业集群；中国首家无人直升机国际培训与试飞基地落地芜湖。

（二）合肥航空产业基地

合肥航空产业基地建立了可覆盖全省、全天候响应的通航飞行服务中心、应急航空救援指挥中心、无人机综合监管应用中心、通航信息服务中心等四大平台。围绕全省中心、政务服务、巢湖景观带等定位大力发展辐射周边城市的通航运输、应急管理和观光旅游等产业。

（三）六安通用航空产业园

六安通用航空产业园以应流航空科技为主导，打造航空发动机、发动机叶片制造特色产业园区，研发突破关键技术，推广应用国产通航装备。以中小型涡轴发动机为核心技术，研发混合动力系统，应用于油电混动装备。重点发展航空发动机研发设计和装配制造、无人/有人直升机整机研发设计和装配制造、航空航天整机装备设计和制造。

（四）安庆民用无人驾驶航空试验基地

安庆（岳西）是国家首批民用无人驾驶航空试验基地之一，现有拓攻机器人、顺丰无人机、丰鸟无人机等一批无人机研发、生产及应用的优质项目，成立大别山无人机培训学校、民用无人驾驶航空试验基地专家顾问委员会。作为全国首批山区条件下无人机综合应用为核心的试验区，也将结合无人机山地物流、农林植保、应急救援等场景开展无人机综合应用拓展，全力打造无人机研发测试、生产制造、综合应用三大产业，形成以无人机产业为主体的“新基建”产业链。

六、行业管理

（一）不断深化民航发展协调联动机制

省民航发展工作领导小组与省低空空域协同运行管理委员会分别统筹民航规划、项目建设、空域协调、产业发展、资源整合等行业重点工作，各单位协同，加快推进通用航空产业发展的决策部署，将有力促进全省飞行服务保障、通用航空运营、机场运营、研发制造、通航消费等通用航空领域全产业链的发展提速。

（二）不断加强民用航空产业研发创新能力

立体化构筑科创矩阵，积极参与长三角科技创新共同体建设，发挥合肥综合性国家科学中心、北航合肥创新研究院、芜湖通航产业集聚发展试验基地等重大创新平台功能，支持企业打造国家级中小型航空发动机科研平台，支持创建培育高层次科研创新平台、工程技术研究中心与重点实验室，支持芜湖筹建全国首个航空产业知识产权运营中心，搭建公共服务平台及配套支持体系，构建完善的航空产业研发创新力量。

（三）持续推动通用航空产业发展

以“三基地一园区”为牵引，推动安庆、宣城、蚌埠等市协同发展，打造民用航空整机与关键零部件研发制造、综合维保和特色运营产业链融合发展体系，形成产业集聚发展。抓好低空空域改革试点机遇，培育发展一批低空空域固定翼通用飞机、民用直升机、轻型航空器、无人机等通用航空器的整机和零部件研发、制造和维修企业，壮大低空空域产业市场。

（四）构建飞行服务保障体系

加快推进无人机综合监管平台的建设，加强无人机管理登记，保障无人机在各个行业广泛深入的应用。积极构建“1个A类飞行服务站+N个B类飞行服务站”的低空飞行服务保障体系。支持各地根据实际情况选择飞行服务站建设方式（单独建立或依托机场设立）和建设类型（A类和B类），实现与国家信息管理系统、区域信息处理系统的资源共享、数据共享、信息互联，全面构建形成功能层次清晰、体系布局合理、资源数据共享的全省低空飞行服务保障体系。

（五）持续强化民航运输、通用航空与低空空域安全监管

加强航空装备企业安全生产管理，强化市、县政府对非法干扰活动处置、机场净空、电磁环境保护及无人机管理的主体责任，形成上下联动、信息互通的监管机制，实现对同一空域精细化、分层次的管理，化解空域安全的矛盾，保障民航运输、通用航空与低空空域飞行安全。

福建省

一、本地区基本情况

福建省民用航空工业以民用航空维修、零部件加工制造、水陆两用飞机和无人机制造为主，主要集中在厦门航空工业区和泉州出口加工区。其中，以厦门太古飞机工程有限公司为龙头，在厦门航空工业区聚集了厦门太古发动机服务有限公司、厦门中航秦岭宇航有限公司、厦门太古起落架维修服务有限公司、厦门霍尼韦尔太古宇航有限公司、厦门新科宇航科技有限公司、厦门豪富太古宇航有限公司、太古部件维修（厦门）有限公司、美捷特（厦门）传感器件有限公司等企业，已成为全国重要的民航飞机维修基地，具备了飞机结构维修、老龄客机改货机、发动机维修、起落架维修、辅助动力系统维修、航电系统维修的能力，可提供飞机发动机和零部件等全方位支援服务。

二、生产经营情况

截至 2022 年底，列入福建省统计局统计的 11 家飞机维修及制造企业拥有总资产 94.44 亿元，同比增长 18.2%；2022 年全行业实现主营业务收入 97.32 亿元，同比增长 33.5%；实现利润 8.72 亿元，同比增长 120.8%。

三、主要产品

（一）航空维修和改装

厦门航空工业区内的厦门太古飞机工程有限公司等有关企业能够对飞机结构、发动机、起落架、辅助动力系统、航电系统进行维修。飞机大修及改装能力涵盖波音 737、波音 747、波音 757、波音 767、波音 777 和波音 787 等，空客 A320、A330、A340、A380 系列及 MD-11 等机型。拥有最高级别（D 检）的大型检修、飞机结构改装、客舱内部翻新及改装、私人飞机设计与整装服务、航电系统升级、褪漆及喷漆、客机改货机等能力。

（二）无人机生产制造

福建清航装备科技有限公司为福建省主要无人机生产企业，现有产品为中型直升机和复合固定翼（多旋翼 + 固定翼）无人机，2022 年产值 2717 万元。此外，厦门腾希航空现有产品为无人验证机、无人自旋翼机等。

（三）支援服务

厦门航空工业区内的厦门太古飞机工程有限公司等有关企业可为飞机发动机和零部件提供全方位的支援服务。

（四）维修技术培训

厦门航空工业区内的厦门太古飞机工程有限公司等有关企业可为全球新机型飞机维修提供技术培训服务。

四、产品开发与技术进步

（一）整机维修和改装

厦门太古飞机工程有限公司是除波音外全球首家实施波音 747-400 客改货和国内第一家为空客 A380 飞机提供航线维修服务的飞机维修机构；建立了亚洲首个获得波音和空客批准的公务机及私人飞机客舱整装中心，是除波音外全球首家波音 747-400 客改货项目的飞机维修机构。

（二）航空发动机制造

厦门林巴贺航空发动机股份有限公司是国内一家具有核心自主知识产权的航空活塞式发动机制造商。

（三）其他产品

厦门太古起落架维修服务有限公司是一家可提供飞机起落架全面性维修服务及相关经营业务的公司，从事波音 737、波音 747、波音 757、波音 767、波音 777 等系列起落架维修，并延伸至空客 A320 起落架维修。厦门中航秦岭宇航有限公司是一家同时具备整台发电机维修和发电机子部件深度维修能力的企业，主要从事波音和空客飞机上的电源系统（EPGS）的维修服务。福莱帕特（厦门）航空部件服务有限公司是亚太市场航空部件维修及大修服务领域的标杆。

五、行业管理

（一）加强政策措施支持

通过支持申请工业产业转型升级专项引导资金、战略性新兴产业发展专项资金、省科技成果转化专项资金，支持民用航空产业链相关企业实施重大项目，开展研发攻关，促进优势产品加快市场化应用和产业化发展。

（二）加快引导新产品开发

依托省电子信息产业和先进制造产业优势，积极引导发展通用航空通信、导航、监视、机载设备、自动相关监视－广播（ADS-B）、机场特种装备等产品的研发与制造。

（三）加强新通航项目引进

支持企业和社会资本通过自主研发、对外合作、整体收购、合资合营等方式，进入通用航空研发、设计、制造、组装和维修等领域。积极引进国内外通航研发制造企业到福建省投资兴业，加快培育发展一批多用途固定翼通用飞机、民用直升机、轻型航空器、无人机等通用航空器的整机或零部件研发、制造和维修企业。

江西省

一、本地区基本情况

江西是新中国航空工业的摇篮，新中国第一架飞机诞生地，是同时拥有旋翼机和固定翼机研发生产能力的省份。江西省坚守航空报国初心，秉持航空强国使命，攻坚克难、勇攀高峰，成为我国航空工业生产力布局中的重要组成部分。2022 年，江西航空产业紧紧围绕省委、省政府提出的“工业强省”“航空强省”的发展战略，着力构建航空制造、民航运输、通航服务、临空经济“四位一体”的现代航空产业体系，持续推动江西省由航空大省向航空强省跨越，航空产业取得了快速发展。截至 2022 年底，江西省拥有航空企事业单位 128 家，其中航空制造整机及配套单位 94 家，航空运营及服务单位 22 家，航空科研及教育单位 12 家。拥有 2 个飞机总体设计所，3 所航空类大学和职业学院，2 个国家级企业技术中心，4 个省级企业技术中心，11 个省级工程研究中心，5 个省级重点实验室，5 个省级工程技术研究中心，3 个省技术创新中心，3 个航空专业博士后科研工作站、70 个硕士点。江西省航空工业系统有职工 3 万余人，专业技术人员 9000 余人（技术领军人才 300 多名），高级经营管理人才 200 多名。

产业布局上形成了以南昌航空城、景德镇航空小镇为重点，吉安桐坪、九江共青城等航空小镇、赣州市民用无人驾驶航空试验区，以及上饶鄱阳无人机试飞基地为依托的“双轮驱动、多点支撑”的发展格局。南昌航空城拥有教练机、无人机整机制造、国产大飞机大部件及完工交付和航空配套服务三大特色产业。集群内拥有航空工业洪都、洪都商飞、商飞江西飞机制造有限公司、洪都国际机电、上海沪工、南昌三瑞智能科技有限公司、江西中发天信发动机有限公司、中信海直华夏九州有限公司等重点企业。景德镇航空小镇拥有民用直升机制造和通航运营两大特色产业。集群内拥有国家布局的中国直升机设计研究所和昌飞公司 2 家主机厂所，配套企业有国家级“小巨人”企业 4 家（明兴、昌兴、联晟、景航），省级“专精特新”企业 14 家（江直、信航、天一、昌兴、东齐等）以及通航运营企业 2 家（赣翔、合利），集群内机加工领域配套能力较好。

二、生产经营情况

2022 年江西民用航空产业实现营业总收入 21.2 亿元，同比增长 12%，利润总额 1.6 亿元，同比增长 14%。

三、主要产品

民用飞机方面：航空工业洪都民用初教 6、农 5B 农林飞机，昌飞公司 1 吨 S300 型、2 吨 AC311 系列、6 吨 S76D 型、13 吨 AC313 型等多种民用直升机型号，直升机研究所 AR-500 无人直升机，江西直升机有限公司拥有 JH-1 小“青龙”无人直升机、JH-2 直升机、小“白虎”无人直升机、小“麻雀”便携式单兵共轴无人机、“天眼工程”无人机等型号，壮龙、科比特、新和莱特等无人机公司拥有植保、消防救援、侦察等多功能、多型号无人机。江西丰羽顺途科技有限公司有 8 轴多旋翼（方舟）、垂直起降固定翼（MR）、100 千克级垂直起降固定翼（大垂直起降）等中小型无人机。

民用航空产品方面：航空工业洪都参与国产大飞机 C919 飞机前机身、中后机身项目，C929 飞机中后机身项目复材壁板试验件、国际转包等。昌飞公司承担了中国商飞公司 C919 前缘缝翼和后缘襟翼的研制。江西昌兴航空装备股份有限公司主要产品有航空工装、金属零部件及非金属零件，包括直升机桨叶柔性梁成形模自动化设备、中央翼下壁板整体复合材料成形模、C919 客机平尾外伸段主型架、冷空反射镜反射面铺层模、平尾翼尖整流罩成形模、C919 后机身前段复合材料模具、波音 737MAX 客机平尾装配型架。

相关产业的产品及服务：江西省积极开展国产民机试飞服务保障，以瑶湖机场和航空工业洪都为主要承载体，参与国产民机试飞服务。2022 年，C919 飞机、ARJ21-700 飞机在瑶湖机场持续开展试飞工作，两型飞机在瑶湖机场累计飞行、训练、滑行 270 余架次。昌飞公司积极开展民机租赁业务，2022 年共完成租赁 10 架（2 架 AC313、2 架 AC311A、6 架 AC311）业务。

四、产品开发与技术进步

（一）新产品开发情况

昌飞公司加快大型直升机 AC313A 研制，2022 年圆满完成 AC313A 型机首飞。完成 AC311 系列 88 项“产品品质对标提升”持续改进项目，实施完成 137 项“交付品质改进”。完成 AC311A 警用型加装光电吊舱、图像传输等任务设备适航取证，完成 AC311A 救援型大容量供氧系统、带有 ADS-Bout 功能的航管应答机、医疗担架、消防吊桶等任务设备适航取证。江西直升机有限公司的 JH-2A 直升机 2022 年取得中国民用航空局颁发的型号合格证（TC）和生产许可证（PC），正在进行 JH-1 小“青龙”应急物资运投无人直升机、JH-1 小“青龙”消防无人直升机和 JH-5 小“白虎”消防无人直升机研发。江西壮龙无人机科技有限公司研发“大载重、长航时、高安全、易操控”的大型油动直驱多旋翼无人机正在按计划推进。

（二）承担及开展的民用航空科研项目情况

2022 年，航空工业洪都按照 C929 项目年度联合研制工作计划，积极开展试验件研制，完成了 1 件 M4 阶段 3 米级双曲复合材料壁板试验件的研制任务。

五、对外贸易与合作

2022 年，受国际环境影响，民用航空工业对外贸易与合作锐减。

（一）对外贸易情况

2022 年，昌飞公司完成交付波音 767 项目 11660 件，完成交付波音 737 项目 1816 件，完成交付美国西科斯基公司 S92 尾斜梁 4 架份，完成交付 S92 备件 30 件。

（二）对外合作情况

景德镇高新区与乌克兰 DB 公司深化合作，创投公司与乌克兰 DB 公司共同投资设立中乌直升机公司项目，就 AK1-3 轻型直升机的改型工作进行深度合作。2022 年已在国内进行 AK1-3 直升机专利申请。

六、重大基础设施建设

江西直升机公司投资 1.36 亿元建设的景德镇浮梁通用机场于 2022 年 10 月建成，该机场是集应急救援、航空旅游、飞行员培训、无人机培训、科研试飞于一体的综合基地，已正式投入运营。昌兴公司投入 4.51 亿元占地 83.7 亩的新厂区已基本建成。昌飞公司投资 1.19 亿元建设维修厂房、复合材料桨叶厂房等基础设施，2022 年底维修厂房项目已建成并交付使用。航空工业洪都拟投资 2 亿元开展 C919 批产项目 30 个基础设施项目，2022 年底已完成统筹论证工作。江西丰羽顺途科技有限公司的顺丰高端物流无人机制造基地项目首期计划投资 30 亿元，主要建设中小型无人机的智能化生产线及改装大型无人机生产线，预计 2023 年完成建设。

七、行业管理

（一）产业链工作取得新实效

印发《2022 年江西航空产业工作要点》和《江西省航空产业高质量发展三年行动计划（2023—2025 年）》，明确年度工作任务和近期工作目标。南昌市出台《进一步推动航空产业高质量发展实施意见》，推动完善航空产业链，促进南昌航空产业持续健康发展。组织召开 2022 年全省航空产业领导小组暨航空产业链链长制工作会议，部署推动全年航空产业发展工作。建立行业监测分析机制，利用产业链链长制、驻企特派员等平台，帮助协调解决重点企业研发制造能力提升、企业职业技能认定、关键核心技术攻关等问题。

（二）创新平台取得新发展

组建全省航空产业链科技创新联合体，为航空产业科技创新提供坚强保障。江西适航审定中心全面运营，持续推动AC313A、GA20、初教6等型号的适航审定工作。北航江西研究院、江西航空研究院、江西先进复材研发中心等科技创新平台实力不断提升，一批巡防无人机、无人机发动机、复材结构件研制成果取得突破。

（三）重大项目取得新突破

中国商飞江西飞机制造公司完成组建，全年预计交付22架ARJ21飞机，占ARJ21飞机完工交付任务一半以上，江西已成为中国商飞公司在上海之外唯一的生产制造试飞中心。AC313A新型直升机成功首飞，航空工业光电电缆等一批重大重点项目正在快速推进。目前全行业布局重点项目101个，其中在建项目70个，完工或部分投产31个，总投资903亿元。南昌航空城落户项目70个，景德镇航空小镇落户项目40个，产业集聚势头正在凸显。

（四）开放合作取得新成绩

走访国家部委及航空央企，深化战略合作，推动民机型号立项等重大项目取得重大进展。江西省人民政府与中国商飞公司签署深化合作协议，双方战略合作进一步走深走实。成功举办2022中国航空产业大会暨2022南昌飞行大会，进一步增强了江西省航空产业影响力。

（五）试点示范取得新进展

江西省航空应急救援重点实验室申报应急管理部省部共建实验室取得重大进展。江西作为低空空域管理改革拓展试点省份之一，积极推动低空管理体制机制纵深改革，努力打造国家通航产业发展示范基地。赣州作为中国民用航空局批复的全国首批13个民用无人驾驶航空试验基地（试验区）之一，正在抓紧打造具有重要影响力的全国无人机产业发展试点示范基地。

山东省

一、本地区基本情况

2022 年，山东省列入统计范围的重点民用航空生产及维修企业有 7 家，分别为山东太古飞机工程有限公司、山东翔宇航空技术服务有限责任公司、东方蓝天钛金科技有限公司、威海广泰空港设备股份有限公司、山东艾诺仪器有限公司、山东一立动力科技股份有限公司、日照山太飞机工程股份有限公司，从业人员 3749 人，其中工程技术人员 975 人，研究与试验发展人员 622 人。

二、生产经营情况

2022 年，全省民用航空工业列入统计范围的单位完成工业总产值 28.97 亿元。其中，其他民用航空产品及零部件产值 0.7 亿元，民用航空器修理产值（不含发动机）7.1 亿元，其他民用航空产品及零部件修理产值 7.81 亿元，实现业务收入 20.3 亿元、利润 14227.38 万元。

三、主要产品

“泊鹭”水陆两栖轻型运动飞机、无人飞行器，消防直升机飞桶，贝尔 407、欧直 135、阿古斯特 139 及米 –171 共 4 种机型外吊挂设备支架组件和机械绞车，阿古斯特 139 直升机医疗担架，飞机客舱登机门导向臂、紧固件、航空航天结构件、C919 应急断离保险销、航空铸锻件、航空铝型材，涡轮增压器、航空液压件、钛金紧固件、各类合金铆钉，飞机轮胎、飞机碳刹车盘、电源供应器、精密测试电源、交直流电子负载、航空蓄电池测试仪、各型空港地面设备、航空地面电源，航空发动机用尾喷、涡轮、叶轮、转子、叶片、喷嘴环、导向器等高标准精密铸件和模具设计开发制作，民用飞机及航空器维修服务等。

四、产品开发与技术进步

（一）山东太古飞机工程有限公司

航空零部件制造能力方面，维护和拓展 CAAC DMDOR、零部件制造人批准（PMA）、CTOSA 以及 EASA 设计机构批准（DOA）、生产机构批准（POA）资质能力，拥有 CAAC 批准的波音 737–300/400 和波音 737–800 的客改货能力，已完成 6000 余架次该机型的飞机定检，为全球首架 ARJ21 飞机定检，并已完成 88 架次该型飞机的定检，完成客改货波音 737 系列飞机超过 130 架次，拥有波音客改货生产线 7 条，未来将再新增 2 条；率先开发 ARJ21、新舟 60 和 C919 维修业务并形成了强大的保障能力。在技术进步方面，已完成超规范修理设计 2700 多个，DMDOR 设计小改批准 110 多个，MDA 项目 10 个，补充型号合格证（STC）项目 4 个，EASA DOA 修理设计批准 70 多个，改装小改批准 20 多个。工程设计研发方面，累计申请专利 200 余项，拥有有效专利 58 项，发明专利 22 项，参与省级以上科技项目达 15 项，自主研发类项目为 100 项以上。

（二）山东翔宇航空技术服务有限责任公司

先后获得中国民用航空局（CAAC）颁发的民用航空器维修许可证、PMA 及中国民航改装设计委任单位代表（DMDOR）资质、AS 质量管理体系认证资质；获得美国联邦航空局颁发的 FAA–145、欧洲航空安全局颁发的 EASA–145、JMM、印尼、越南、韩国等适航维修许可证、SMS 体系认证。

截至 2022 年底，已授权发明专利 5 个，实用新型专利 17 个，外观专利 1 个，计算机软件著作权 12 个，已受理的发明专利 7 个，累计承接山东省重大科技奖项 1 项，技术创新项目 39 项，在维修与工程等专刊累计发表论文 10 篇。先后荣获省市两级授予的认证称号及荣誉 8 项。

维修能力涉及28个ATA系统，包括起落架、航电、反推、应急救生、燃油滑油、引气空调、液压控制等系统2000多项，17000余个件号，涵盖波音、空客、ARJ、ERJ、CRJ等多种机型，年维修量近20000件，尤其在电子电气、气动液压、瓶体救生等多系统实现国产维修技术的突破，成功开发了“飞机客舱登机门导向臂项目”并获得了中国民用航空局的生产批准。

（三）东方蓝天钛金科技有限公司

2022年完成高端紧固件及结构件数千万件，为国内C919大飞机、新舟700、AG600等航空型号配套，为新一代航空发动机、高分辨率设备等多种高端装备提供配件。获评山东省知识产权优质培育企业。截至2022年底，科技成果转化已授权发明专利7个，实用新型专利38个，计算机软件著作权17个，已受理的发明专利11个，累计获得山东省重大科技奖项6项，承接山东省技术创新项目4项，制定企业标准44个。目前拥有商标1项、实用新型专利43项、外观专利3项。

（四）威海广泰空港设备股份有限公司

2022年，公司完成空港地面设备产品达37个系列384种型号，覆盖机场的机务维修与服务、飞机货运、油料加注、场道维护、客舱服务、机场消防六大作业单元，能为飞机配齐所有地面设备，部分主导产品国内市场占有率达40%～60%。已获得627项技术专利，其中63项发明专利、2项美国专利、1项欧洲专利，拥有国家级重点新产品16项，取得国家和省部级科技进步奖43个，主持或参与制（修）订并已发布实施国家标准5项、行业标准4项，是国家创新型企业、国家技术创新示范企业，拥有国家认定企业技术中心、国家空港地面设备工程技术研究中心及国家地方联合工程实验室。

（五）山东艾诺仪器有限公司

先后研发了电源供应器（飞机地面静变电源、变频电源、直流电源、中频电源）、精密测试电源、交直流电子负载、航空蓄电池测试仪等系列产品。所有产品具有完全自主知识产权。截至2022年底，拥有各种研发仪器设备400多台（套），包含各种高性能数字示波器、频谱分析仪、电磁兼容性（EMC）试验设备、环境实验室等仪器设备，持有有效授权知识产权93项，其中发明专利10项，主持制定1项国家标准和1项行业标准。每年研发投入超过销售收入的10%，有效保证了公司及其产品在行业内的地位。

（六）山东一立动力科技股份有限公司

公司成立于2009年，国内最早涉足高温合金整体精密铸造一次成形技术研究的高新技术企业之一，是专业生产航空发动机用尾喷、涡轮、叶轮、转子、叶片、喷嘴环、导向器等高标准精密铸件和模具设计开发制作的公司。现已具备航空发动机关键零部件整体精密铸造一次成形技术和先进熔模铸造技术。2022年实现营收4769.1万元，同比增长58%，利润86.8万元。

（七）日照山太飞机工程股份有限公司

具备ERJ190、A320等机型无损检测能力和发动机、起落架更换能力，年维修能力为100～120架次。2022年产值7253万元。

五、对外贸易与合作

山东省航空装备制造企业积极参与国际交流与合作，进一步提升国际市场竞争力。从列入统计范围的企业情况看，山东太古飞机工程有限公司持有CAAC、FAA、EASA、日本民用航空局（JCAB）、CASA等15个国家或地区的飞机维修许可并获得ISO 9001和AS 9100认证，可以提供飞机大修、重要修理改装、航线维修、客改货、工程设计、计量检测、航材管理、航空零部件制造和航空培训等专业服务。已为数十家国内外客户完成了6000余架次的飞机定检工作，客改货业务已完成130余架次。目前拥有7条波音客改货生产线，占据亚太地区90%以上的波音737系列机型客改货业务市场份额。山东翔宇航空技术服务有限责任公司取得了中国CAAC、美国FAA批准的超规范修理，达到国际先进水平；山东艾诺仪器有限公司飞机地面静变电源出口埃塞俄比亚，参与柬埔寨等多国机场建设，打破了欧美航空电源对国际市场的垄断；威海广泰空港设备股份有限公司部分主导产品出口到亚洲、欧洲、非洲、南美洲和大洋洲的60多个国家和地区；东方蓝天钛金科技有限公司拥有完善的质量体系、特种工艺和行业准入资质，已通过AS 9100D国际航空质量体系认证，NADCAP 荧光探伤无损检测、热处理、材料实验室及表面处理 4 项国际认证，ISO 17025 国家和国防实验室认可，美国实验室认证协会（A2LA）认证。

六、重大基础设施建设

日照通用航空产业园区建设项目。加快园区基础设施配套建设，争取土地指标 215 亩，抓好机场核心片区“10 纵 6 横”路网收尾工作，新开工道路 6 条、6.02 千米，统筹推进路网、水网、热网建设。推进空港污水处理厂竣工验收，现已进入联机调试阶段。在钢铁配套产业园北片区投资 6000 万元实施了汇丰路提升改造工程，硬化路面约 3.6 万米^2，敷设雨污管道 8 千米。南片区计划投资 1.5 亿元，实施园区一路和沿河路建设工程，新修建道路 3.9 千米。积极与市供电公司对接，计划投资 750 万元，实施厦门路 10 千伏高压线供电工程，满足南片区新增用电负荷。投资 3000 万元，实施了新旧动能片区供水工程，铺设管道 17.8 千米，目前已完成工程量的 83%。推进招商引资平台建设，5.4 万米^{2}电子信息产业园，2 ~ 5 号厂房建成投入使用，创盈利等 3 个项目签约入驻。3.4 万米^{2}标准化厂房，手续办理进入收尾阶段。

七、行业管理

1. 山东省建立航空领域重点企业培育库，下一步重点培育一批航空领域专精特新、专精特新“小巨人”以及“单项冠军”企业。

2. 青岛市制定了《关于支持航空产业发展的实施意见》（青政字〔2022〕7 号）。加强在航空装备制造、技术引进、园区建设、航空人才引育培养等方面发展。

3. 日照市出台《日照市关于支持航空产业发展实施细则》（日政字〔2022〕1 号）。明确任务和要求，加快推进该市通用航空产业建设。

河南省

一、本地区基本情况

2022年河南省共有规模以上民用航空企业11家，从业人员1300多人，省级及以上民用航空研发平台6个，其中河南省工程技术研究中心4个，河南省企业技术中心1个，拥有国家航空植保重点实验室1个。

河南省拥有重点航空产业园区4个，分别为新乡航空航天专业园区、安阳市通航产业园、安阳市北关区无人机产业园和河南航投航空制造产业园，积极推动民用航空集聚发展。新乡航空航天专业园区经过多年发展，已经形成以电控液压、机载配件为主的飞行器配件及地面保障设备、以无人机为主的低空飞行器和过滤与分离产业三大板块，尤其过滤与分离产业经过多年聚集发展，已经形成过滤整机及零部件生产的产业集群。安阳市通航产业园和安阳市北关区无人机产业园，已形成了无人机整机、发动机、飞控、无人机专用电池、零部件加工及飞手培训、飞防服务、检验检测、飞行测试、数据服务等产业链完备的无人机产业发展集群。河南航投航空制造产业园作为省重点项目工程，产品体系囊括高等级飞行模拟机、乘务训练模拟器、通航飞行训练器等，涵盖运输航空、通用航空训练设备，形成一条完整产业链。

二、生产经营情况

2022年，河南省民用航空工业实现营业收入7.87亿元，除1家企业亏损外，其他企业利润率约10%。

三、主要产品

安阳全丰航空植保科技股份有限公司，目前拥有油动单旋翼智能悬浮植保机、电动多旋翼智能悬浮植保机等多种植保无人机，机型较为全面、作业范围较广，可满足国内各种农业田块需求。

安阳蜂巢智能装备有限公司，重点生产固定翼无人机、多旋翼无人机、垂直起降固定翼无人机、直升机及智能无人机装备等，目前研发型号数量已达20余种。

安阳市豪克航空科技有限公司，主要从事航空复合材料螺旋桨及旋翼新产品的开发、新工艺的研究、产品检验、检测项目研究等，重点围绕航空复合材料螺旋桨及旋翼关键核心技术，着重解决固定翼飞行器螺旋桨系统优化设计、垂直起降飞行器旋翼系统优化设计、新型航空复合材料的研究与开发、螺旋桨及旋翼产品测试等关键技术研究，以及相关测试平台建设。

新乡巴山航空材料有限公司、新乡平原航空液压设备有限公司、新乡平原航空技术工程有限公司、新乡平原航空器材有限公司等企业，重点为航空、航天等领域供应配套的零部件，包含金属丝、高精度金属滤网、钢丝螺套、普通滤芯、单丝编绕滤芯、粉末烧结滤芯、烧结板网滤芯、过滤器、飞机尾翼除冰加温元件、自封接头、滤芯等主要产品，在细分领域具有较强优势。

艾文斯（焦作）新材料有限公司是一家生产在线除气过滤设备和铝熔铸陶瓷功能材料的企业，产品包括陶瓷过滤板、铸咀板、在线除气过滤设备等铝加工行业新型配套材料；蜂鸟智造生产制造可提供农业航空植保服务无人机，并负责飞控手教学培训。

河南永煤碳纤维有限公司主要产品为MT300级、MT700级碳纤维，MT300-3K碳纤维125吨/年（以12K计500吨/年），MT700-6K碳纤维36吨/年，MT700-12K碳纤维100吨/年。

洛阳航辉新材料有限公司，主要产品为高端钛合金、铝合金及高温合金等关键结构件、组件，主要应用于航空、航天、舰船、电子、兵器、卫星、轨道交通等高端装备领域。洛阳市建园模具制造有限公司主要产品为塑料模具、压铸铝模具、冲压模具及注塑产品。洛阳力肯航空科技有限公司主要产品为电子机箱、电子支架，具有狭小金属焊接面及复杂结构的焊接技术。

河南航投飞宇航空仿真技术有限公司，主要产品为客舱模拟器仿真制造，包括客舱模拟器（动态）、客舱模拟器（静态）、灭火模拟器、水上模拟器、出口模拟器、服务模拟器等几个类型。型号涵盖目前世界上常用的型号，如波音737、波音747、空客A319、空客A320等。

河南航投优翼航空技术有限公司主要产品包括全动飞行模拟器、通用航空飞行训练设备、运输航空飞行训练设备、机务维修模拟训练器等。

四、产品开发与技术进步

艾文斯（焦作）新材料有限公司研制生产的铝熔铸陶瓷功能材料市场影响力覆盖世界几十个国家和地区，与中国铝业、忠旺、魏桥、麦达斯等多家国际知名企业建立长期合作关系。一是解决高目数泡沫陶瓷过滤板技术，应用该技术的泡沫陶瓷过滤板高温性能优异，5微米杂质过滤效率60% ~ 80%。二是解决铝锂合金专用衬体材料技术，通过采用荷叶仿生结构，解决活泼轻金属锂的钻蚀问题。

新乡巴山航空材料有限公司每年自主开发新产品30余项，拥有有效专利73项，参与了24项国家标准、行业标准的制定。新乡平原航空液压设备有限公司通过现有专利技术转化为科技项目，“机载计算机液体冷却技术”项目获得航空工业集团科学技术进步奖二等奖。

河南永煤碳纤维有限公司依托宇航级碳纤维研发、生产和航天领域示范应用，锻炼和建设了一支具备产品研发、工程建设、工艺调试、安全生产和经营管理能力的高端碳纤维专业团队，已初步建成了高性能碳纤维研发基地、中试基地和人才培养基地。近两年积极研发新工艺、新产品，拓展产品市场。T300生产线组织实施“T300碳化线扩产年产500吨T700-12K碳纤维项目”，为万吨级以上碳纤维项目积累技术、人才、产业链基础，目前T300-12K、T700-12K产品性能稳定。T700生产线组织订货任务生产，组织实施“T700-6K多批次连续运行提产增效技术研究”，产品质量技术指标稳步提升。

洛阳航辉新材料有限公司致力于大型薄壁复杂钛合金及高强高韧铝合金精密成形技术的研发和应用，围绕航空、航天、电子、卫星等领域对钛合金及铝合金产品的需求，针对制约我国钛合金及铝合金成形技术瓶颈，主持参与省市级科研项目16项，已完成5项，突破了钛合金及铝合金大中型复杂薄壁构件先进制造的工程化技术、质量控制技术、技术适应性、快速产量工程模式等关键问题，掌握了钛合金及铝合金关键结构件、高精度钛合金激光焊接等核心技术和关键工艺，可根据需求独立设计、生产各种钛合金及铝合金产品。累计申请专利44项，其中发明专利23项。“超大尺寸复杂薄壁钛合金结构件一体成形技术”获得了第七届“创客中国”创新创业大赛全国500强、入围第十一届中国创新创业大赛全国赛、第七届“创客中国”河南省中小企业创新创业大赛三等奖、第十四届河南省创新创业大赛三等奖、洛阳市第七届创业之星大赛二等奖。

五、行业管理

（一）加强技术引领

坚持把科技创新作为航空工业发展的第一动力，加强科技创新平台建设，提高自主研发能力，始终保持技术领先、产品领先，部分重点企业有自主研发平台。指导企业加大技术创新力度，鼓励企业积极参与行业标准制定，加快新产品开发，积极抢占市场前沿。

（二）做好企业培育

持续做好本地航空工业企业培育，积极帮助企业争取项目、资金、荣誉等支持，指导企业做好“专精特新”中小企业和“高新技术企业”等项目申报，鼓励企业积极融入国际民用航空产业链，提升企业核心竞争力。

（三）深化企业服务

持续开展企业家培训活动，打造高素质的企业家队伍，深入做好企业调研，扎实做好“万人助万企”活动，深化企业服务意识，提升服务企业水平，积极帮助企业协调解决发展中的困难问题。

湖北省

一、本地区基本情况

截至2022年底，湖北省民用航空工业企事业单位约80余家，涵盖特种飞行器、通用飞机、无人机、航空仪表、飞机座椅、复合材料、飞机维修等领域。特种飞行器、航空救生装备产品研发制造和总体航空维修能力在全国领先。湖北省在航空领域建设有国家级企业技术中心2个，省级企业技术中心5个，航空产业园区3个。

二、生产经营情况

2022年，湖北省民用航空工业实现主营收入超过25亿元。各骨干企业工业总产值保持平稳。

三、主要产品

（一）民用飞行器

“海鸥”300轻型水陆两栖飞机、AG50轻型运动飞机、“晨龙天使”飞机、“海王”水陆两栖轻型运动飞机，AS700载人飞艇、载人观光系留气球，涵道风扇动力系统，多旋翼、固定翼等系列无人机，热气球、滑翔伞、动力伞等轻型民用航空器。

（二）航空设备及系统

各类民机座椅，驾驶舱门系统，水/废水系统，航空电动机系列，发电机及发电机组系列，以涡轮膨胀机与换热器为核心的环控系统系列，直升机加油及抛放装置，新型塔台综合管理台、机载设备、辅助设备，无人机通信指挥车、无人机地面站、无人机地面防空车、无人机回收系统、无人机防控系统等。

（三）民用飞机零部件制造

起落架零件、干燥器组件、压力平衡阀、卡箍标准件，迎角传感器、谐振式结冰探测器、图像式结冰探测器、过冷大水滴结冰探测器，发动机支架组成、飞行员及乘客座椅组成、飞控系统、机身结构件及钣金件等，C919风挡雨刷、干燥器、防冰伸缩管、C919风门组件机载产品，ARJ21、新舟60、C919系列拉杆、制冷冲压风门、应急冲压风门等，各类航空紧固件，用新型材料芳纶蜂窝制造的整流罩、机翼前缘、襟翼、方向舵、尾锥、地板和座椅等。

（四）其他民用航空产品

个体防护救生装备，应急救生装置，弹射动力装置，降落伞，救生开伞器，航空运动产品，腐蚀防护产品，航空装饰件，客货舱地板，精密测绘仪器等系列产品。

（五）航空维修及服务

民航整机定检维修、喷涂及改装。波音系列、空客系列、CRJ、ERJ、俄制飞机等多个机型的液压、气动、电气、燃油、飞行操纵、机载应急设备、起落架、复合材料、直升机旋翼和旋翼传动部件、通航发动机、螺旋桨等附件的维修。航空器舱内设备、飞机内饰等，采用冷气动力喷涂、超声速喷涂、等离子喷涂等对飞机结构件的维修。

（六）相关产业的产品及服务

培训服务种类齐全，包括铝合金结构修理、机身门窗修理、防腐处理、复合材料修理、喷漆等航空部件修理培训，轻型飞机、无人机飞行及培训服务。蔚蓝集团、湖北龙昊航校、泊鹭（荆门）公司、湖北电鹰科技公司等单位的轻型飞机、无人机驾驶培训业务稳步发展。

四、产品开发与技术进步

（一）民用飞行器

中国特种飞行器研究所正在加紧进行多个型号民用飞行器研制任务。AG600飞机在荆门漳河机场顺利完成了投汲水重大试验；AG50飞机完成科研试飞、审定试飞，取得了型号合格证（TC）、生产许可证（PC）；“海鸥”300飞机完成多项取证试飞任务；AS700 载人飞艇完成科研试飞，并正在进行无人型及电动型改进研究；5 套观光系留气球产品完成交付；5 项国家标准通过立项评估，3 项行业标准、1 项国家标准报批发布。

卓尔宇航集团在轻型飞机、飞行模拟器以及特技飞机等领域，不断取得进步。其自主研发的全碳纤维复合材料 ZA800 轻型运动飞机首飞成功。

襄阳宏伟航空器有限责任公司主要从事热气球、滑翔伞、动力伞等产品研发、生产、销售和维修服务，是国内热气球型号合格证（TC）和生产许可证（PC）持证单位，已取得 5 个型号热气球的型号合格证和生产许可证。组织编写了 GB/T 36510—2018《热气球》、GB/T 36509—2019《滑翔伞结构强度要求及测试方法》等国家标准和航空行业标准《伞翼无人机通用规范》，拥有热气球类发明专利 7 项、实用新型专利 26 项、外观专利 3 项。

普宙科技有限公司发布旗舰新品无人机 S400 及无人机自动机库 K01，同步推出普宙 UVER 智能管控平台及低空共享无人机平台，全系列全流程打通无人机行业使用场景。

仁合智航科技（武汉）有限责任公司成功研发出安防 1 号垂直起降无人机（M48）、安防 2 号垂直起降固定翼无人机、安巡系列侦察型无人机（AX-30 及 AX-60）等产品。

（二）航空设备及系统

湖北航宇嘉泰飞机设备有限公司与国际知名设计公司合作，推出了符合国际潮流趋势并融入中国文化内涵的民机旅客座椅系列（JT220 系列座椅）。产品从人体损伤防护技术，到多功能电气集成设计技术都有着跨越式的进步。工艺创新方面，联合上海交通大学等高校，开发了符合适航标准的碳纤维材料靠背，在座椅安全系数不受影响的前提下，极大地降低了座椅重量，进而有效提高产品性价比，降低航空公司运维成本。

（三）民用飞机零部件制造

航空工业武汉航空仪表有限公司建立了完善的设计保证体系、生产质量体系、设计研发体系和软件开发体系。公司质量体系通过了 AS 9100D 和 CCAR-21 认证。突破了电脉冲除冰系统设计、复合材料内嵌加热片、液态金属喷涂及修剪、光纤冰型测量等关键技术，掌握了多原理飞机防除冰系统的集成技术，提高了技术成熟度，为主机提供了防除冰系统解决方案。

江汉众力公司主要产品包括通航飞机发动机支架，起落支架、飞行员座椅、乘客座椅以及机翼、排气管系统、辅助动力系统零部件，以及商用大飞机乘客座椅金属骨架。在航空航天材料方面，一是开展了复合材料开发及试制，复合材料热稳定性好，比强度、比刚度高，可用于制造飞机机翼和火箭的壳体等零部件。二是开展了钛合金性能及应用研究，钛合金材料密度低、稳定性好，可以与复合材料结构直接连接，具有优良的综合性能。

宜昌斯塔娜航空科技有限公司主要从事复合材料航空螺旋桨和航空零部件的设计制造。斯塔娜在结构设计、制造工艺、气动性能等核心领域具有完全原研的技术优势，是取得美国联邦航空局（FAA）随机认证和中国民用航空局（CAAC）随机认证的自主品牌螺旋桨企业。为中国特种飞行器研究所 AS700 提供涵道动力推进系统的设计和制造；合作项目涵盖了中国商飞公司北京研究中心两个在研机型、吉利沃飞长空 AE200 系列及近十家 CAAC 随机取证轻型运动飞机（LSA）机型等。

（四）其他民用航空产品

航空工业航宇救生设备有限公司主要从事航空防护救生 / 空降空投装备的研制，主要产品涉及应急撤离滑梯、救生船、救生衣、氧气面罩、医疗救护单元、飞行员 / 乘员座椅、水 / 污水系统、轻型飞机救生 / 整机回收系统、直升机应急漂浮系统、消防吊桶以及航空救援任务设备等方面，为国内诸多用户提供相关产品和服务。目前已有 5 型救生船、1 型救生衣、1 型飞行员座椅产品完成了中国技术标准规定项目批准书（CTSOA）适航取证，已有 3 型消防吊桶产品完成了 MDA 适航取证，5 型热气球产品完成了 TC 适航取证。

（五）航空维修及服务

武汉航达航空科技有限公司保持平稳快速发展。公司目前已取得各类专利 49 项，自主开发大型试验设备近百台（套），建立各种飞机附件维修能力超过 7658 项，在国内同类型企业中维修能力领先，在气动、液压、机电等附件的维修方面积累了丰富经验，业务范围涉及波音系列、空客系列、中国商飞ARJ21、多尼尔、加拿大喷气飞机、亚马逊系列飞机、俄制飞机等各种在用机型的各类附件以及各种飞机发动机附件。

凌云（宜昌）航空工程有限公司及下属单位贝迪克凌云（宜昌）飞机维修工程有限公司相继获取中国民用航空局（CAAC）及美国联邦航空局（FAA）颁发的各类维修许可，具备波音737NG机型8C检、空客A320系列机型8C检、EMB-145机型7C检、新舟60机型4C检、民航整机喷涂及飞机拆解等业务能力，维修业务拓展到北京首都航空有限公司、海南航空、东方航空、天津航空有限责任公司等20余家航空运营公司，实现年交付定检维修及喷涂飞机100架次业务规模。

五、对外贸易与合作

武汉航达航空科技有限公司和国际知名原始设备制造厂家合作，并与联合技术、霍尼韦尔、美捷特、赛峰、利勃海尔、优尼森、派克宇航、伊顿、波音等原始设备制造厂商分别建立了备件供应与技术支持，以及授权维修等全方位的合作关系，武汉航达公司为俄罗斯航空、冰岛航空、韩国济州航空、韩国德威航空、印度捷行航空、印度捷特航空、印尼鹰航、斯利维查雅航空提供各种飞机维修服务。其进出口业务主要体现在零备件的采购进口、技术合作、维修服务出口三个方面。

凌云（宜昌）航空工程有限公司主要通过贝迪克凌云公司与以色列宇航工业公司在波音737客改货项目上进行技术合作。通过引入以色列宇航工业公司（IAI）先进管理经验，以及人员和技术优势，致力于打造波音737NG机型客改货亚洲改装中心，做强做大飞机维修产业，为客户提供优质、高效的飞机MRO服务，实现管理、生产、市场国际化。

航宇嘉泰与Factory design、Tangerine合作开展新型经济舱座椅平台国际联合研发项目。与英国汤普森公司合作，形成双向的产品线延伸，在强度校核、试验大纲、适航验证等方面进行交流，开展高端经济舱座椅国内引进转移工作。

六、重大基础设施建设

1. 湖北超卓基于公司现有主业金属增材制造项目，开展项目扩建工作。该项目总投资5亿元，占地近94.9亩，建筑面积约6.3万米^2，分两期建设。目前，该项目已完成建设厂房16000米^2、办公楼9000米^2，总建筑面积25000米^2；购置重型高压冷喷涂增材制造平台、特种合金冶炼炉、HVAF超声速喷涂设备、自动化喷砂生产线、立式多工位热喷涂转床等生产、检测、办公设备370台（套）。

2. AG600飞机保障条件建设。包括飞控系统、液压系统、起落架系统、航电综合系统、灭火任务系统等设计研发和试验验证条件，总投资超过8000万元，新增工艺设备24台（套），改造工艺设备6台（套），对厂区完成适应性改造，目前已开始投入使用。

七、行业管理

（一）加强顶层谋划，做好政策引领

湖北省委、省政府高度重视航空产业发展。2022年9月，省委、省政府印发《关于建立全省突破性发展优势产业专项工作机制的通知》，决定由省委常委领衔，突破性发展高端装备等五大优势产业，航空产业列为高端装备产业中的重要组成部分。

（二）组织产业对接活动，拓展应用场景

2022年，组织全省航空产业对接暨政策培训活动，组织主题报告和企业路演20多个，20多家企业共展出通航产品实物60余件，全省80余家相关企业单位、300余人参加活动。

（三）建设重点项目，带动产业发展

在有关专项资金安排中，航空产业是重点支持方向之一。2021—2022年共支持航空类项目15个，金额超过5700万元。2022年，中国特种飞行器研究所AG50轻型运动飞机取得型号合格证（TC）与生产许可证（PC），AS700完成科研试飞，AG600飞机完成投汲水重大试验。首款拥有自主知识产权的“湖北造”飞机卓尔ZA800轻型运动飞机试飞成功。一系列重点项目取得重大进展，带动产业发展效果明显。

湖南省

一、本地区基本情况

截至 2022 年底，湖南省航空工业企业超 500 家，规模以上航空工业企事业单位 100 家左右，从事航空关联产业人员约 5 万人。受低空空域管理改革试点成果推动，湖南省通航产业发展呈加速态势。一是经营性通航企业稳步成长。湖南省已注册的经营性通航公司相较于改革前增加 5 家，达 24 家。已开通运营株洲芦淞至张家界、张家界至邵阳武冈等 7 条低空航线。二是低空航校加快组建。华夏云翼、湖南瀚星、大武通航等飞行航校已分别进驻邵阳、永州、郴州等机场，并已培养一批通航飞行员。三是飞行运营稳步增长。2022 年全省通航飞行 2.98 万小时，同比增长 48%，在全国名列前茅。四是航空制造业快速增长。全省中小航空发动机、通用飞机制造业增加值分别增长 20% 和 208%。

二、生产经营情况

2022 年，湖南航空产业实现产值约 540 亿元，同比增长 13.3%，产业发展的质量效益不断提升。

三、主要产品

湖南省民用航空产业主要产品包括民用航空发动机及配套零部件、民用燃气轮机、轻型运动飞机及民用无人机、航空材料等。

航空发动机方面：我国首款油电混合动力 AES100 民用涡轴发动机成功首飞。APU 研制项目取得重大突破，2 台 500 千瓦功率级 APU 样机正在进行试验验证。完成了 5000 千瓦级发动机科研试车台建设，进一步提升了大功率涡桨发动机整机试验保障能力。

航空整机方面：湖南山河科技有限公司完成了第 200 架整机交付，“山河”SA60L 通过了美国联邦航空局（FAA）适航认证，占国内同类产品市场份额 75% 以上，“山河”SA70L 取得中国民用航空局型号合格认证，在同型飞机中最大起飞重量国内第一。SA750 多用途运输机已完成整机总体气动布局设计，飞控系统完成真机首飞试验。“飞玥”“云翼”“雷霆”等系列无人机广泛应用于公安、消防等领域。

起落架系统方面：完成了 3 架份 AG600 起落架装机交付、30 件试验件交付及陆上水上首飞前安全性试验，配合主机完成全状态新构型陆上、水上首飞和吸水试验。C929 起落架完成了物理样机落震试验，与赛峰起落架公司合作备忘录达成初步意见，2 家单位获得民航部门批复的民机 145 部维修许可证。

其他民用航空产品：大直径高性能铝（锂）合金铸锭、锻压件、挤压件、环筒件、薄壁件等高品质材料与构件实现工业级供货。

四、重大基础设施建设

在湖南省全域低空空域管理改革试点重大机遇推动下，全省在已建成 12 个通用机场、9 个运输机场实现通航功能的基础上，集中核准了湖南省 55 个通用机场场址，加上已获核准的娄底桥头河等 6 个通用机场场址，湖南省共有 61 个通用机场场址获得核准，全面建成后全省有近 80 个机场可供通航起降。其中，株洲布局建设了 58.1 千米 ^{2} 的航空城，包括发动机研制区、整机制造与通航运营区、科技创新、生活配套区等功能板块。

五、行业管理

进一步完善了低空空域管理制度体系，实现 6 个“全国第一”。“全国第一”个空域划设方案《湖南省低空空域划设方案》，湖南省 3000 米以下划设管制、监视、报告及灵活转换空域共 171 个，规划低空目视飞行航线 97 条，实现省内全域低空空域划设无缝衔接，大幅拓展了低空可飞空域范围。“全国第一”个低空空域协同运行办法《湖南省低空空域协同运行办法》，为落实低空空域分类划设改革成果、优化空域使用机制、简化飞行审批程序提供了制度保障。“全国第一”个全省域低空空域监视通信网，通过综合运用“北斗 +ADS-B+5G”三模技术，建设了 53 个地面监视站，基本实现湖南全域低空监视通信全覆盖。“全国第一”个由军地民三方共同签署的空域协同运行协议，为长株潭及周边地区提供协同运行服务。“全国第一”个可为全省提供服务的 A 类飞行服务站，为通航用户提供飞行计划处理、飞行动态监视及航行、飞行和气象情报服务。“全国第一”个军地民协同运行管理信息系统，有效连接军方、民航和长沙飞行服务站三方信息系统，有力支撑通航飞行信息互联互通，实现了通航飞行“一窗受理、一网通办、全域服务”，大大地缩短了通航飞行审批时间。

广东省

一、本地区基本情况

作为广东省高端装备制造五大重点发展产业之一，广东省航空装备产业已逐渐形成以广州、深圳、珠海等地市为中心的产业发展格局，初步形成包括航空材料、航空电子设备制造、机载设备、通用飞机、无人机、航空维修、航空运营服务在内的产业体系。《广东省制造业高质量发展“十四五”规划》提出，依托广州、深圳、珠海等市，推动航空航天产业链各环节协同发展。支持广州、深圳、珠海建立省航空产业创新平台，打造航空产业发展先行示范区。支持汕头、佛山、阳江、揭阳、惠州、云浮等市延伸发展航空装备产业链。2022 年，广东省共有 28 家企事业单位（不含中央在粤企业）纳入全国民用航空工业统计管理信息系统。以上企业从业人员 24740 人，其中包括：工程技术人员 6675 人、研究与试验发展人员 4639 人。

二、生产经营情况

2022 年，广东省纳入全国民用航空工业统计管理信息系统的 28 家民用航空企业，实现主营业务收入约 463.57 亿元；工业总产值约 470 亿元；转包生产交付金额约 2.42 亿美元；利润总额约 79.74 亿元。全年交付民用航空产品约 289.61 亿元，其中：无人机约 149.85 亿元（广东省统计局公布 2022 年民用无人机产量 466.46 万台，同比增速 34.8%）；民用航空器机载系统和设备约 1.15 亿元；民用航空器修理及零部件修理约 135.16 亿元；民用航空器机载系统和设备及零部件约 3.4 亿元；民用航空器零部件及其他民用航空产品及零部件约 0.04 亿元。

三、主要产品

（一）民用航空器

小型多旋翼飞行器、可折叠便携式多旋翼一体机、农业植保机及相关配套软硬件等产品。

（二）航空系统及设备

飞行控制系统及地面站系统、飞行平台、云台系统、数字图像传输系统、无线遥控和成像终端、飞行参数记录系统、综合数据采集与振动监测系统、直升机健康与使用监测系统（HUMS）、直升机仪电设备综合维修检测系统、飞机泊位引导系统、智能监控系统、空港自动化物流处理系统、航空货物处理系统、现代物流仓储系统、自动化立体停车系统、行李处理系统、驾驶舱语音记录仪、机载无线局域网系统、机载音频播放器、机载视频播放器和机载驾驶舱视频监控。

（三）航空维修、改装及服务

飞机、机载设备、零部件及附件的维修，航线维护，适航及服务改装，基地维修，发动机的维护、修理和翻修。

（四）其他民用航空产品

旅客登机桥、航空食品车、升降平台车、机上服务用品等。

四、产品开发与技术进步

2022 年，广东省民用航空工业企业研发人员有 4639 人，占从业人员总数的 18.75%。投入研发费用约 43.49 亿元，约占营业收入总额的 9.4%，新增取得授权的民用航空产品发明专利 1764 件。

（一）深圳市大疆创新科技有限公司

大疆始终坚持自主创新，多年来研发投入占比超 15%；累计申请专利近 20000 件，其中专利合作条约（PCT）6000 件。2022 年，大疆仍然保持着较高的创新能力和成果产出能力，共推出 20 余款新产品，并获得市场好评。其中，包括 DJI Avata、“经纬”M30、T50 农业无人机等。

（二）广州极飞科技股份有限公司

2022 年研发投入 1.88 亿元，占营业收入的 33%。截至 2022 年底，公司国内申请专利 3004 项，授权专利 1845 项，其中发明授权 317 项，实用新型授权 1055 项，外观授权 473 项。打破知识产权国际壁垒，PCT 专利申请 95 项，进入欧美日专利 58 项，软件著作权登记 39 件。

（三）珠海保税区摩天宇航空发动机维修有限公司

珠海摩天宇重视自主创新，开发了超高压水剥离去除涂层、等离子 / 火焰热喷涂、真空钎焊、精密机加、三维检测、无损探伤、高速磨削叶尖等维修技术，取得了 16000 多个零部件的翻修许可，获得了 V2500 高压压气机前 / 后鼓的等离子喷涂硬涂层更换等 9 个高附加值的资源论证修理的维修授权。

（四）深圳中集天达空港设备有限公司

中集天达先后成立了 3 个现代化研发中心，分别为登机桥技术研发中心、物流技术研发中心及 GSE 研发中心，相应配套数字工程实验室、全球最大登机桥试验场地。2022 年 8 月，亚洲首台无人驾驶智能登机桥在成都天府机场率先投入使用。

五、对外贸易与合作

（一）对外贸易

2022 年广东省民用航空工业出口交货值为 239.86 亿元，同比增长 29.9%。

（二）对外合作

1. 深圳中集天达空港设备有限公司：与邦纳、西门子、施耐德、西克、荷兰苏科思等国外高新技术企业形成战略伙伴关系，与荷兰阿姆斯特丹国际机场、法国巴黎机场集团等合作进行跨界创新、联合开发，整合产业链和价值链，形成以中集天达及天达产品为核心的创新生态圈，推动创新发展。

2. 深圳市大疆创新科技有限公司：2022 年出口额达 174 亿元，在 9 个国家设有 17 间分支机构，销售与服务网络覆盖全球 100 个国家和地区。大疆创新占据全球消费级无人机市场 70% ~ 80% 的份额，在全球民用无人机企业中排名第一。

3. 广州极飞科技股份有限公司：极飞智慧农业科技产品已销往全球 57 个国家和地区，相关设备在美国、日本、澳大利亚、瑞士、英国等多地获得了合规运营。荣获全球行业多项奖项，首创行业多项技术，业务领先于同行业。

4. 珠海保税区摩天宇航空发动机维修有限公司：自正式运营以来，珠海摩天宇已获得中国民用航空局、欧洲航空安全局、美国联邦航空局、日本民用航空局，以及英国、澳大利亚、沙特阿拉伯和印度等 20 多个国家和地区的适航维修许可证。

5. 广州飞机维修工程有限公司（GAMECO）：除广州总部以外，GAMECO 还设有重庆分公司、清远分公司、上海浦东维修团队、北京大兴 C 检线、北京大兴国际航线维修团队、澳大利亚分公司及新西兰分公司。公司拥有中国民用航空局（CAAC）、美国联邦航空局（FAA）、欧洲航空安全局（EASA）等 20 多个国家和地区适航当局批准的民用航空器维修许可证。通过了 AS 9100、AS 9110、ISO 9001、ISO 14000、ISO 18000、NADCAP、CNAS（中国合格评定国家认可委员会）等标准体系认证。

六、重大基础设施建设

（一）广州市白云国际机场三期扩建工程

项目总投资 537.7 亿元，计划于 2025 年建成，目前 T3 航站楼桩基工程基本完工，安置区累计封顶 131 栋；连接 T1、T2 航站楼的东四西四指廊钢网架结构全面封顶，将进行二次结构、幕墙、金属屋面、安装、精装修等；综合交通中心项目推进各区域桩基及基坑支护、高架桥桩施工等工作。整个三期扩建工程计划 2023 年完成投资 100 亿元。

（二）珠海市莲洲通用机场

目前已完成首期建设并投入使用，正在开展二期扩建工作，二期工程总投资 19.5 亿元，拟扩建飞行区规模登记为 4C，将把现有跑道延长至 2400 米，并新建 1 条 1550 米的平行滑行道和 4 条垂直联络道等。将在全市范围内形成“4 场 10 点”，即金湾机场、三灶水上机场、九洲直升机机场、莲洲通用机场（水、陆跑道）4 个主要机场以及 10 个直升机起降点（平沙、京珠高速路口、8 个海岛），以满足航空运营业发展需求。

七、行业管理

（一）加强规划引领

进一步落实《广东省培育高端装备制造战略性新兴产业集群行动计划（2021—2025年）》，大力支持广州市与中科院开展空天科技合作，推动广东中科空天科技研究院及产业化基地建设。围绕广州国际航空枢纽建设目标持续发力，广州临空经济区将全面建设国际航空枢纽、生态智慧现代空港区、临空高端产业集聚区和空港体制创新试验区，打造具有全球竞争力和影响力的加工制造中心、研发设计中心、物流分拨中心、检测维修中心、销售服务中心。支持珠海航空产业园建设，推动中航通飞 AG600 水陆两栖飞机研制生产和通用航空科研及试飞设施建设和支持摩天宇发动机维修项目建设。围绕高端装备补链、强链等研发制造，推动各产业链各环节协同发展，完善产业链上下游配套，打造全产业生态系统，力争将广东省打造成航空装备制造的重要基地。

（二）推动产业集聚

《广州市临空经济区条例》于 2022 年 1 月 1 日正式印发实施。《广州空铁融合经济示范区建设总体方案》已以市政府名义报省政府，空港型国家物流枢纽获批建设。珠海市成立珠海通用机场建设工作领导小组，同时在编制《珠海莲洲通用机场航空产业发展规划》。实施《珠海市加快通用航空产业发展工作方案》等政策措施，推进航空航天产业链不断延伸。此外，德国摩天宇发动机维修、国家级航空标准件集成供应基地第三方检测中心、亚洲最大的南航翔翼飞行训练中心、中航爱飞客航空俱乐部等产业形态多元发展，为航空航天产业发展提供有效支撑。

重庆市

一、本地区基本情况

重庆民用航空工业包括以重庆金世利航空材料有限公司、重庆丰鸟无人机科技有限公司、重庆通用航空有限公司、重庆亿飞智联科技有限公司、重庆三耐科技有限责任公司等为代表的企事业单位30多家，主要为通用航空有人机整机和复材零部件研制企业、工业无人机整机研制企业、航空发动机研制企业、无人机机载系统和设备研制企业，以及航空材料和发动机叶片研制企业，从业人员约1000人。目前已初步构建航空产业“制造+运营+服务”、高端金属材料“研发+制造”的发展格局。

亿飞智联：亿飞智联是国家高新技术企业，拥有设计研发、生产、营销、飞行服务、培训等完整的业务链。总部位于重庆，北京分公司主要开展设计研发，核心研发人员拥有10年以上的行业技术积累，目前专业技术人才占比90%，硕士研究生以上学历占比30%，拥有无人机行业领军人才和专利技术。截至2022年底，重庆市亿飞智联已申请并授权100余项专利、6件软件著作权登记（目前已授权属于公司的发明专利7项、实用新型专利59项、外观设计专利21项）。

西工大重庆科创中心：截至2022年底，西北工业大学重庆科创中心共有人员258人。从人员类型看，科研团队引进国家级人才4人、省部级人才3人；产业化团队省部级人才1人；引进博士后10人；通过在渝科研申报、科研合作柔性引进科研人员30人。中心依托引进的科研团队，打造具有国家影响力的科研平台。在国家级平台建设方面，设立了凝固技术国家重点实验室（重庆）等国家级平台分支机构，重点围绕钛合金基础理论创新与共性技术开发，与重庆大学、中铝高端集团共建轻合金国家技术创新中心。现已完成重庆市高性能钛合金集成设计与特种制造重点实验室的方案论证，成立了学术委员会，目前正在抓紧推进高层次人才队伍建设；在省部级平台建设方面，重庆市航空航天关键重要件精密热加工与智能装备制造业创新中心已通过评审。该中心采用“公司+联盟”的形式，中心牵头汇聚20余家从事航空航天精密热加工与智能装备行业的科研院所、企业、高等院校等参与共建；在企业共建平台方面，中心与重庆金世利航空材料有限公司等企业共建特种钛合金制备技术、特种粉末制备技术等创新平台。集合双方优势科研力量，以共同申报项目、联合攻关、委托研发等多种模式开展科研合作，着力解决关键性、根本性的实际问题，从而引领行业技术创新。中心孵化的首个产业化公司——重庆两航金属材料有限公司产业基地厂房工程于2021年4月动工，2022年底已完成厂房建设。国产设备已安装到位，进口设备已陆续到达国内，2022年已向客户交付首批产品。

丰鸟科技：重庆丰鸟无人机科技有限公司是一家大中型无人机研发制造企业。截至2022年底，从业人员共114人，其中无人机研发人员占比20.9%。

金世利：重庆金世利航空材料有限公司是一家规模以上企业，专业从事高端钛及钛合金材料研发、生产和销售。截至2022年底，从业人数180人，2022年获批为重庆市“专精特新”企业。

二、生产经营情况

2022年，重庆市民用航空工业主要单位实现主营业务收入8亿元。

三、主要产品

亿飞智联：航电产品包含自动驾驶仪，3

轴增稳吊舱，高清图像链路传输一体机，地面站，垂直起降固定翼无人机，具备整套无人机核心的飞控、数据链、吊舱等自主研发技术，整机匹配度比较高，产品性能稳定；已拓展吊舱技术的深度研发，开发了具备直升机吊舱技术要求的 3 千克级制冷型红外吊舱；视频处理及卷积神经网络 AI 处理算法，可以实现在吊舱上实时对车辆、人员、船舶等已知目标的自动识别、检测、框选，从而实现自动报警、小目标跟踪、丢失重找回等功能。对于石油、森林、公安禁毒等行业的特殊目标，可以通过预先数据对卷积神经网络进行训练，用深度学习的方法来完成目标的识别；研发的 200 千米数据链，实现了远距离高清视频实时回传，现又通过“机－机中继”技术，可实现作业范围达 350 千米的作业距离；与隆鑫和宗申发动机联合开发试制，使用国产发动机，使产品的开发进度，飞机匹配，产品售后等更便捷和便利；抗干扰技术，经过多次与同行、同等级产品的比测结果来看，亿飞智联产品非常具备领先优势。根据目前摸底情况，大多数电磁干扰反制器均无法影响无人机继续执行侦察任务；对“远距离，长航时”的无人机产品应用，具备比较成熟的作业经验和技术；研发了机载端小型定向天线，将发射信号的角度缩小到指定方向，具备很高的隐蔽能力。

金世利：主要产品为大推力火箭液体燃料储罐用低温钛合金板材、船舶用耐蚀钛合金管材、航空发动机用钛合金棒材、中小型燃气轮机用钛合金棒材、医疗植入物用钛合金板棒材等产品。

西工大：重庆两航金属材料有限公司主导产品有飞机发动机机匣，油箱骨架等航空航天配套钛合金铸造产品，目前已完成数类兵器多种钛合金铸件研制任务，并陆续获得中国航发商发 10 个铸件的研发任务，和中国航发数个发动机厂家的多个发动机型号的 10 余种钛合金铸件的研制任务。

丰鸟科技：中大型无人运输机，航空科技产品（低空飞行服务系统、数字塔台等），中大型无人机运输服务，中大型无人机维修保障、拆解复装服务。

四、产品开发与技术进步

亿飞智联：深入研发垂直起降无人机系统及航电产品，广泛用于遥感航测、海事巡航、电力巡线、高速公路监测、边防巡逻、森林防火、环境监测、农业气象、管道巡检、城市应急等诸多领域。整合制造业的相关资源，集聚有一定规模的制造业相关企业 10 家，在未来的 1 ~ 2 年内，依托亿飞智联技术中心生产的无人机及零部件，形成完善的产业链。以亿飞智联试制工程组为主导，联合创意结构技术组、工艺控制组等，研发无人机行业新技术，每年积极申请发明专利、实用新型专利、外观技术专利，提高亿飞智联自主研发竞争力。

金世利：2022 年，公司开展的研发项目主要有航空钛合金挤压型材项目、1500MPa 超高强钛合金研制项目。

西工大：国家级、省部级项目取得新突破，国家重点研发计划已通过科技部组织的专家评审，获批重庆市技术创新与应用发展专项重点项目 2 项、重庆市自然科学基金 21 项，项目合同总金额共计 1536 万元（含产业化团队参研承担 950 万元）。科技创新成果丰硕，2022 年度发表国际科技论文 14 篇，国内科技论文 4 篇，申报国家发明专利 7 项，实用新型专利 7 项，授权 6 项，获得软件著作权 1 项。积极搭建产学研合作平台，自主研制的针对航空发动机环件残余应力自动化测试系统验收成功，首台（套）残余应力检测设备正式上线，正与中国航发等单位洽谈推进成果转化应用。

丰鸟科技：承担大型通用货运无人机系统研制及应用项目，本项目的总体任务是研制一款大型支线物流无人机及配套的地面系统，并完成典型物流的应用演示，预计在 2023 年 8 月完成项目演示验证。项目全部完成后，预计将在无人机物流领域开展多次验证和应用，通过与用户、行业管理部门、机场等单位长时间的磨合改进，未来形成成熟产品并进入市场运行，通过物流行业的驱动，极大拓展大型商用无人机的应用场景。未来通过物流无人机的运营，逐步摸索大型无人机集群协同运输、自主运行等新型运营模式，快速促进国内物流电子化、智慧化发展。

低空智联网通用航空器应用及演示验证：开发基于低空智联的通用航空器（含无人机）应用演示验证场景模型，构建多场景演示验证平台，完成支线物流场景、终端区运行场景、应急救援场景、城市物流场景、重大活动安排场景、智慧城市场景和边海防场景等 7 个场景的集成演示验证，实现 5G 网络、雷达 / 无线电 / 光电、星基等技术在低空智联环境下通用航空器（含无人机）监测控制方面的应用验证，项目正在进行中。

五、对外贸易与合作

金世利公司 2022 年积极开展对外贸易，实现外贸收入 34.74 万美元。

六、行业管理

重庆市正在大力整合行业专家资源与专业教育培训资源，为重庆市航空航天产业发展提供智力支持与人才保障。打造航空航天产业专家智库，积极与国内航空航天领域知名高校建立良好的沟通机制与渠道，做好人才户籍、就业、住房、医疗、子女入学等保障服务。

四川省

一、本地区基本情况

四川省是我国重要的飞机制造基地之一，拥有众多科研院所、生产制造企业和试验研究基地，具有较完整的飞机和航空发动机总体设计、总装制造、系统集成和验证试验体系，民用航空工业发展程度较高，产业基础、技术能力、人才资源位居全国前列。

目前四川省从事航空及相关领域的企事业单位200余家，主要由中国航空工业集团有限公司、中国航空发动机集团有限公司、中国电子科技集团有限公司在川企事业单位，以及地方国企、民口配套单位构成，从业人数近10万人。建有成都航空产业园、成都航空发动机产业园、成都青羊航空新城、自贡无人机产业基地等产业园区。已建成国家级重点实验室2个，国家级企业技术中心12个，拥有高空模拟试车台和飞行器空气动力性能验证评估平台，在飞行器总体设计制造、航空发动机研制、航电系统研制和航空先进材料制造等方面处于国内领先水平。

二、生产经营情况

2022年纳入四川省民用航空工业统计系统的企事业单位（含央属企业）实现工业总产值192.06亿元，同比增长39.2%。

三、主要产品

（一）民用飞机

主要发展大飞机机头及通用飞机、气象无人机、警用无人机、植保无人机、多功能无人机等多种民用飞机。主要包括：新支线客机ARJ21、大型民用客机C919、大型宽体客机C929的机头系统；AG600、新舟60、新舟700、AC312、“海鸥”300、“小鹰”500等飞机部组件；通用型支援保障无人机、多载荷无人机、电动旋翼无人机、共轴双桨无人机、垂直起降固定翼工业无人机等无人机系统。

（二）航空发动机

主要发展民用航空发动机的各类机匣件、环形件、蜂窝密封件、钣金件、吊挂件等零部件生产，产品应用机型包括GE航空公司的Leap系列、GE90系列、GEnx系列、GP7200、Passport20、CF-34，罗罗公司的遄达XWB、遄达1000、遄达7000、遄达700、RB211、BR725及“珍珠”系列，霍尼韦尔公司的HTF7000系列和HTS900系列，以及国内商用发动机长江1000A，长江2000AX及S100项目系列零部件。

（三）机载系统和设备

主要发展机载航电系统、机载电源系统、航空燃油测量与控制系统、航空发动机点火系统和航空发动机传感器、信号器、信号处理装置、密封类、滑油屑末检测类产品等。机载航电系统主要发展C919、新舟700、AG600等重点民机型号的通信导航系统、信息系统、客舱系统、数据链产品；机载电源系统主要发展C919、ARJ21、AG600、新舟60、新舟700飞机的蓄电池，伊尔-76、波音系列及空客系列飞机的蓄电池，AC311、AC312E、AC312C、AC313直升机的蓄电池，通用飞机（小型飞机）的蓄电池，“翼龙”Ⅰ、“翼龙”Ⅱ无人机的蓄电池等民航飞机用蓄电池及电源系统。航空燃油测量与控制系统、信号处理装置等主要发展C919、AG600等民用飞机和发动机型号配套产品。

（四）其他民用航空产品

主要发展飞机结构件、起落架、航空模锻件等民用航空产品，为C919、A320、A330、A350、波音787、运12/12F、“小鹰”500、AC313、AC312C及AG600等机型大量供货；发展碳纤维航空复合材料、航空钛合金、功能涂层材料等，在飞机结构件、磁性材料、密封件、易熔合金等领域广泛应用；承接A320前/后登机门、A350下垂板和扰流片、湾流G280公务机机头和后机身，以及波音787方向舵等项目的转包生产。

（五）相关产业的产品及服务

主要发展空管通信、机场配套设施、整机修理加改装和发动机维修服务等。空管通信设备主要有ADS-B地面站、二次监视雷达、低空空域协同运行中心、测试应答机、测距仪、多普勒甚高频全向信标、移动式管制中心系统、机动式ADS-B管制系统、飞行指挥车、AeroMACS机场宽带无线通信系统；机场配套设施主要包括机场新能源特种车、行李货物智能分拣输送系统、机场冷链驳运车、智能旅检系统、值机设备、航空集装器等一系列机场航空物流专用设备。维修服务主要发展CFM56系列、LEAP系列发动机维修，A320系列飞机整机深度维修、航线维修，飞机FMC、FCC、FMGC、FCU、MCP、ELAC、FWC、SDAC、ATC、ILS、GLU、ADF、VHF、HF、ADC、PSCU、SPU、SCU等电子/电气部附件维修，飞机综合驱动发电机（IDG）、APU、ACM维修等业务。

四、产品开发与技术进步

（一）产品开发

在民用飞机领域，成都纵横自动化技术股份有限公司推出CW-15X无人值守系统并实现首次交付，升级完善CW-15二代警用无人机系统，升级CW-100并推出二代产品。四川垚磊科技有限公司完成“暴风”4无人机主体研发工作，实现01号机总装下线。四川沃洛佳科技有限公司为黄河水文科技有限公司定制研发冠有“黄河水文”标志的水质采样无人机，定深取沙无人机、ADCP测流无人机。

在航空发动机领域，中国航发成都发动机有限公司完成国外客户包括GE、罗罗、霍尼韦尔等25项新产品试制，相较2021年实现显著增长；完成国内客户中国航发商发的长江1000A发动机44项产品试制，产品类型涵盖风扇增压级单元体、涡轮级间机匣、安装系统、喷管组件和各类试验件，完成长江2000AX发动机9项产品试制，产品类型涵盖中介外机匣、4支点轴承座、安装系统、喷管组件，全年实现了国内外民机业务产品开发数量和质量阶段性提升。

在机载系统和设备领域，四川泛华航空仪表电器有限公司主要完成了C919、ARJ21、AG600、新舟700、AC313A和10余型无人机等燃油测量与管理系统产品研制任务，完成了长江1000A、长江2000AX、AEP500、KDS50等商用发动机附件研制工作。四川九洲空管科技有限责任公司多普勒甚高频全向信标新取得民航临时使用许可证；C919大型客机客舱广播内话系统完成随机适航。成都纵横自动化技术股份有限公司集成搭载新型号光电吊舱、喊话器、长测程激光雷达、多气象要素探测设备等任务载荷，形成更多元化的解决方案和行业应用。在其他民用航空产品领域，成都炬鑫航空设备有限公司研发飞机货舱门槛防磨板，用于波音737系列飞机维修换件。

在相关产业的产品及服务领域，民航成都物流技术有限公司开发出行李独立运载系统、自主移动机器人集群系统、行李全程跟踪系统、无人驾驶车等机场行李处理系统相关产品。成都纵横自动化技术股份有限公司完成CMMIV2.0成熟度三级认证，升级版纵横云平台实现独立交付，完成基于华为Atlas系列兼容性测试。

（二）承担及开展的民用航空科研项目

在民用飞机领域，中航成飞民用飞机有限责任公司牵头完成1项国家级课题、2项省部级课题和15项自研科研课题的验收工作，完成36项自研科研课题立项，科研课题经费首次突破1000万元；C929机头项目完成年度研制合同、年度设计合同签订；C919、ARJ21机头项目完成先行采购协议签订；AG600机头项目完成6架研制合同签订。

在机载系统和设备领域，四川九洲空管科技有限责任公司承担国家科技部专项2项；四川泛华航空仪表电器有限公司围绕专业发展，与四川大学、电子科技大学和西安交通大学等省内外高校联合开展3项技术预研。

在相关产业的产品及服务领域，民航成都物流技术有限公司承担国家自然基金2项、民航局安全能力建设项目2项、四川省科技项目

6项和成都市科技项目1项研究任务；成都纵横自动化技术股份有限公司参与工业和信息化部项目3项，承担四川省科技厅项目1项；四川垚磊科技有限公司开展起落架系统组件研发等自研项目3项；航泰公司自主研发YQ系列四型无人机起落架系统，与中国科学研究院、航空研究院、航天9院等新客户开展高空高速无人机起落架系统研发。

（三）技术进步

在民用飞机领域，中航成飞民用飞机有限责任公司承担的大飞机机头复杂结构制造关键技术项目获2022年度四川省科学技术进步奖三等奖，其他成果获航空工业集团科学技术进步奖2项；全年申报专利30项，授权9项。

在航空发动机领域，中国航发成都发动机有限公司持续构建知识与人才体系、技术体系、能力体系和组织管理体系"四位一体"的科技创新体系，突破热处理仿真等多项关键核心技术，全年完成54项发明专利申报，获得授权24项，获省部级（含航空工业集团）以上科技成果奖3项；四川国际航空发动机维修有限公司陆续建立了LEAP发动机风扇叶片和消声板修理能力、进口齿轮箱螺桩更换的修理能力、高压压气机前轴定位孔机加工修理能力、QEC管路喷漆及轴承更换修理能力等12项重要技术能力；航空工业成都飞机工业（集团）有限责任公司以长江1000A发动机短舱项目为载体，首次提出基于正向设计的技术管理原则，通过项目需求分析—方案规划—方案设计—仿真与实物试验结合的工艺技术正向研发流程，先后攻克10项关键技术，提出专利申请12项。

在机载系统和设备领域，四川泛华航空仪表电器有限公司突破基于SPI总线的燃油测控系统，具有软件复用性强、经济性好、可靠性高、通用性好等特点，可直接应用到其他燃油测量系统中。四川九洲空管科技有限责任公司完成广域多点定位系统等13项关键技术突破，获得6项专利授权。

在其他民用航空产品领域，中国第二重型机械集团德阳万航模锻有限责任公司实现民机TA15钛合金模锻件"1日制造"的短流程，与国内同行相比轻量化10%，锻造周期由45天缩短至15天，同时完成7050合金起落架锻件的研制及技术攻关；航空工业凌峰为AG600、AC313A、运12E等5种机型试验件预研，部分产品已完成首飞；新航钛突破飞机复杂薄壁结构件数控加工技术、钛合金钣金件热蠕变成形技术等。

在相关产业的产品及服务领域，成都民航物流申请15项知识产权，授权10项，获中国科技产业化促进会科技创新二等奖1项、中国产学研合作促进会产学研合作创新成果一等奖1项；四川驭云创新科技有限公司申请无人机诱骗、抗干扰信息装置、GIS数据、警用山地侦察、航拍跟踪、反无人机防御、警用高清数字信号传输等9项专利。

五、对外贸易与合作

（一）对外贸易

中国航发成都发动机有限公司保持与GE航空、罗罗、霍尼韦尔、GE能源、菱动航改等公司密切的合作关系，业务合作持续深入。受限于上游国外原材料供应瓶颈而无法使订单充分转化为销售收入，2022年整体航空业务的增长仅能补充能源业务的下降，全年业务较2021年持平。四川国际航空发动机维修有限公司与美国CFMI公司、美国GE公司、法国SAE公司长期合作，年贸易额近5.4亿美元。

（二）对外合作

成都飞机工业（集团）有限责任公司与美国AIS公司合作，开展C919机头数字化装配生产线研发工作，2022年完成硬件安装，并开展软件调试工作。中国第二重型机械集团德阳万航模锻有限责任公司与法国赛峰、韩国斗山公司等国际知名民用航空装备制造企业建立合作关系，间接成为波音及空客多种机型的起落架配套锻件供应商，吸引了西门子能源公司多次前来深度交流。民机外贸产品覆盖波音787、A321、A320、A330、A350等主要机型。中电科航空电子有限公司坚定以"外"促"内"发展思路，在继续夯实前期与柯林斯、泰雷兹、钻石公司等国际公司合作成果的基础上，加速自主创新，通过国际化视野在民机电子和无人机及通用航空领域加强自主研发，实现突破。

六、重大基础设施建设

2022年四川成都航空产业园累计建成高品质产业载体近100万米^2，项目一期、二期机加区已建成并交付使用，18家入驻企业均已投产，累计提供零部件超48万件。三期钣金区、装配区、工装区56万米^{2}厂房正陆续交付，热处理中心、表面处理中心、检验检测中心、交付中心、物料中心共计8万米^{2}定制化载体已完成建设，随着设备调试的推进，正逐步转向运营。德阳经开区航空航天燃机装备精密锻件智能制造基地项目部分环轧生产线厂房和锻造生产线厂房已完成建设；什邡市航空装备研发制造基地项目方案设计已完成，正在进行最终调整。

中国航发成都发动机有限公司充分利用现有科研生产条件，新增车铣复合加工中心、龙门式加工中心等工艺设备，改造热处理炉控温系统等工艺设备，补充建设了机匣零部件等生产线及理化检测条件，初步形成了大涵道比风扇增压级单元体、外部结构及短舱组件等研发制造能力，为商用发动机的研制提供了保障。

四川泛华航空仪表电器有限公司007号综合装配厂房启动建设，完成电装生产工艺布局优化和工艺改进，开展了碳化硅半导体部件试制。德兰航宇航空发动机、燃气轮机用特种合金精密环锻件智能制造技术产业化基地项目（一期）完工投产；四川凌峰航空液压机械有限公司作动筒、锁定装置等机载产品产能提升建设项目完成环评预评价，已购置自动化车削柔性生产线、立式真空炉、液压锁智能生产线等工艺设备25台（套）；爱思达航天科技四川研发与生产基地项目一期建设完成，正在准备单项验收，二期正在修建主体、办公楼墙体；德阳远航航空动力研发及产业化基地项目生产车间、附属用房、试验用房施工完成，区域工程部分零散工作收尾。四川九洲空管科技有限责任公司投资2000余万元开展能力建设和产业化改造升级，购置ATC5000、RGS2000NG等仪器、设备和软件，建成消音室、听音室等集成研发、仿真验证、测试、联试及试验环境。

七、行业管理

（一）加强民用航空产业发展顶层设计

持续推进以航空与燃机产业为重点的四川省“5+1”现代产业体系建设，围绕《四川省航空与燃机产业培育方案》，制订《航空与燃机产业2022年工作方案》，推进航空整机、航空发动机、无人机三个航空产业集群培育。印发施行《四川省通用航空条例》，将发展通用航空消费写入立法，明确多项市场培育、产业发展支持政策，包括支持通用航空在综合交通服务中的应用、支持开通低空旅游示范线路和低空旅游观光圈建设、支持举办航空体育和无人飞行器等赛事活动、鼓励建立通用航空业创新平台等。

（二）强化产业发展要素保障

围绕航空航天、高端制造、电子信息等先进制造业的关键环节和价值链高端，四川省发展航空产业投资集团有限公司与成都市合作共同设立高端装备制造产业基金与未来智造基金，基金总规模60亿元，实现首期募资到位8.03亿元，其中四川发展体系外募资3.985亿元，进一步放大了省、市、区三级国有资本联动效应，推动产业集群打造和区域经济升级发展。落实国家、省级支持政策，支持航空领域技术创新和产业发展，2022年，1家航空优势企业在上海证券交易所科创版上市。

贵州省

一、本地区基本情况

贵州省航空工业起步于“三线”建设时期，经过多年发展，已形成以飞机、航空发动机为核心，涵盖机载系统、航空基础件、地面装备、运营服务等全价值链的航空工业体系。全省参与民用航空生产及配套的企业有40家，其中，航空工业集团在黔企业14家，江南航天集团4家，中电振华集团1家，中国航发集团5家，民营企业16家。多家企业的产品参与国内民用飞机重点项目配套。

二、生产经营情况

2022年，贵州航空工业完成工业总产值277亿元，同比增长16.5%。

三、主要产品

（一）整机

贵飞是航空工业集团重点主机单位之一，也是我国在西南地区布置的重要整机生产基地，拥有完整的飞机科研生产体系、数字化异地协同飞机设计制造体系和无人机试验试飞体系；黎阳是中小推力涡喷、涡扇航空发动机研制、生产、维修、服务基地，研制生产了两大系列20多个型号的航空发动机。

（二）总成和系统

红林公司是主要生产航空发动机控制系统产品及燃机控制系统产品的专业企业，产品有航空发动机主燃油调节器、加力燃油调节器、油气分离器、滑阀、活塞等；贵阳航空电机公司生产航空二次电源系列产品、配电产品、电机类产品和结冰信号器等；华烽电器主要生产航空电机、电连接器、飞行员操纵装置等航空产品；枫阳液压主要生产航空液压、气压、电磁、燃油液压件；新安公司主要生产飞机起落架及附件、飞机电源、应急门逃生机构；永红机械主要生产热交换器、高速旋转机械（涡轮、泵、风机）、滑油箱、冷却装置等。成立航空技术（贵阳）有限公司主要产品为航空发动机燃油喷射系统。

（三）零部件

在原有“三线”建设基础上，经过多年发展，贵州省已形成产业链较为健全、配套相对完整的飞机及航空发动机科研生产基地。贵飞公司主要从事飞机框梁、飞机后机身和机翼等结构零部件配套。赛峰飞机发动机（贵阳）公司、大东风机械公司主要从事发动机叶片的制造、加工及相关产品模具的设计。航宇科技为不同类型的航空发动机提供各类铝合金、钛合金、高温合金等优质锻件。安大公司从事航空发动机、飞机和燃气轮机等特种材料锻件研制生产，主导产品有钛合金、高温合金等自由锻件、模锻件和环形锻件，航空发动机高温合金和钛合金环形件，直升机桨毂等温锻件，航空闪光焊接环形件。航飞精密、高新泰丰、贵阳长之琳、精立航太为飞机、航空发动机提供螺母（含自锁螺母）、螺栓、螺钉、铆钉等。黎阳国际为航空发动机提供转动环、风扇轴等。航天电器、利奇－天义主要产品包括电连接器、继电器、接触器及电气控制组件。

四、对外贸易与合作

贵州省鼓励企业走出去，在更大范围、更广领域和更高层次上参与国际竞争和合作，支持企业与相关方加强合作，共享共建国际营销渠道和资源，对外转包形成较为稳定的业务和规模。其中，航宇科技主营业务已全面融入全球商用航空发动机制造产业链，成为美国GE、英国罗罗、美国普惠、法国赛峰、美国霍尼韦尔、德国戴姆勒全球六大民用航空发动机制造商在亚太区的核心供应商，分别签订了主流窄体、宽体客机新一代发动机用环形锻件的长期协议；安大公司成为英国罗罗、美国 GE、美国普惠等 10 余家国际航空制造企业的锻件供应商；黎阳国际是法国斯奈克玛亚太最大的供应商，是美国 GE 的核心零件供应商，是美国柯林斯中国最大供应商；赛峰飞机发动机（贵阳）公司、贵州大东风机械公司对外提供发动机叶片。

五、重大基础设施建设

贵阳航空通用基础结构制造产业园项目获航空工业集团重点支持，央地共同推动项目规划论证及后续建设实施，目前中航重机总部及研发基地项目已开工建设，正在协商中航重机所属力源公司、永红公司退城进园事宜；安大智能环形锻件生产线项目即将投入运营，航天十院航天智能制造基础件产业集群（一期）项目、航发精铸贵安涡轮叶片生产基地（二期）项目、安吉精铸航空产业园项目等一批重点项目稳步推进。

六、行业管理

1. 大力推动以航空为重点的装备制造业发展。2022 年 1 月，国务院出台《关于支持贵州在新时代西部大开发上闯新路的意见》（国发〔2022〕2 号），支持以装备制造及维修服务为重点的航空航天产业发展。2022 年 6 月，贵州省与航空工业集团签订深化战略合作协议，支持贵州省航空产业高质量发展。

2. 依托“三线”建设航空工业基础和独特的纵深区位，充分发挥民用航空产业国家高技术产业基地和国家通用航空产业综合示范区平台优势，以安顺市全域为规划范围，策划编制贵州航空产业城总体发展规划。

3. 加强航空产业重点企业供应链调研，对贵州省航空产业领域、重点企业供应链配套现状研究，提出贵州省产业发展现状图、招商目标企业库和产业链项目库。

云南省

一、本地区基本情况

云南省从事民用航空产业的企业以运营为主。据统计，云南省从事通用航空产业企业有17家，其中，有10家是通用航空公司和飞行俱乐部，从事旅游、培训和其他服务业。属于制造业的只有7家企业（含无人机制造企业），均为小微企业。

二、生产经营情况

云南省民用航空制造企业以民营企业为主，基础薄弱。弥勒浩翔科技有限公司研发生产的DL–2L双座轻型运动型飞机2014年成功实现首飞，2019年4月，DL–2L双座轻型运动型飞机取得中国民用航空局型号合格证，2022年1月获得生产许可证，实现了云南省整机研发制造的零突破。据企业自报，2022年收到飞机订单3架，2023年内交付。全省民用航空制造业销售收入仅为120万元。企业经营情况普遍不佳。

三、主要产品

弥勒浩翔科技有限公司研发生产的DL–2L双座轻型运动飞机；昆明电缆集团航安线缆有限公司生产民用航空导线和耐高温导线产品；部分民营企业组装、开发生产小型无人机，规模很小。

四、产品开发与技术进步

弥勒浩翔科技有限公司成立于2007年，主要研发生产和销售航模发动机，目前已形成DLE20 – 200等20型全系列航模发动机和活塞式航空发动机的研制能力，拥有全部自主知识产权。弥勒浩翔科技有限公司航模及其他航空专业领域技术研究重点方向主要有三个方面：轻型飞行器设计、小型活塞式航空发动机技术开发、无人机混合动力技术研发。其中，DLP – 1730型活塞式发动机已经开发6年，仍在台架测试。

云南钛业股份有限公司是云南省钛金属材料研发生产的企业，成立于2009年，是一家致力于中国钛及钛合金大型锭坯熔铸、钛卷板、线材、型材、钛制品和钛设备工艺技术研发与产业化的国有控股企业。云南钛业股份有限公司“十四五”期间专业领域技术研究重点方向主要有：Ti–Al–V–M系新型低成本高强韧钛合金开发及应用。

五、对外贸易与合作

弥勒浩翔科技有限公司DL–2L型轻型运动飞机所搭载的螺旋桨，是由波兰AERO AT Sp. Zo.o.生产制造的，由于国际形势、疫情等原因影响，影响了该企业DL–2L飞机的生产。

2020—2022年，云南云上飞鹰航空装备有限责任公司从事捷克Skyleader 600型2座固定翼飞机组装、试产，但由于未能获得“三证”，没有销售，无经济效益。

云南高科新农科技有限公司外购、组装生产无人机，规模较小。

六、行业管理

（一）发展民用航空制造业，对云南意义重大

发展通用航空业对云南省经济发展具有重要的促进作用。云南省具有相对独立的空域管理区域，全省95%地形为山地，陆路交通不便，旅游资源丰富，这些是云南省大力发展通用航空产业的优势和条件。把民用航空制造业培育成为云南省国民经济新的增长点，对促进云南省先进装备制造业的发展将起到重要的促进作用。同时，也将在云南省加快转变经济发展方式、调整经济结构、发展现代服务业和新

兴产业的平台建设中发挥重要作用。

（二）省委、省政府高度重视通用航空产业发展

省委、省政府针对世界和国内通航产业的发展态势，采取一系列措施促进云南省民用航空产业的发展。2022 年以来，云南省多次召开专题会议，听取有关工作汇报，研究民用航空产业发展问题，确定工作重点。省工业和信息化厅进一步加强对云南省企业投资民用航空制造业发展的宏观指导，协调推动全省民用航空产业发展及有关政策措施的细化和落实。

（三）继续发挥已有的民用航空联席会议、协调机制的作用

近年来，随着国家和云南省对发展通用航空产业高度重视，已经相继出台了一系列促进通用航空产业发展的政策措施，同时，为解决通用航空产业发展中的技术、标准、管理等问题及协调各方的利益关系，云南省已经先后于 2007 年、2014 年建立了云南省空管工作军地联席会议和云南省通用航空发展联席会议制度。2022 年上述协调机制总体顺畅。

（四）继续做好《云南省通用航空产业发展规划（2018—2025 年）》贯彻落实

通航产业属于新兴高新技术产业，云南省在许多方面仍是发展空白。2018 年，省工业和信息化厅组织中国航空系统工程研究所编撰了《云南省通用航空产业发展规划（2018—2025 年）》，对指导和促进全省通航产业 7 年内的健康、快速发展，促进全省国民经济的转型升级、加快有关重点通航项目落地，促进云南省高端制造业的发展，促进全省工业增长方式的转变，发挥了积极作用。

陕西省

一、本地区基本情况

陕西省是中国航空工业重要基地之一，形成了以飞机设计、整机制造、试飞鉴定、强度检测、专用装备制造、航空材料制备、零部件加工、航空服务、人才培养等较为完善的航空工业体系，综合实力居全国前列。拥有全国知名的西北工业大学、西安交通大学等高校和试飞院、一飞院、飞行自控所、飞机强度所、航空计算所等科研院所以及西飞公司、陕飞公司、航发动力等龙头企业，1000 余家企业围绕航空产业链进行配套制造生产。现有航空工业集团企事业单位 19 家，科研院所 5 家和中国航发企业 2 家，为航空工业进行专业化配套的机械、电子、锻造等企业 400 余家，从业人员 12 万余人。有 5 个国家重点实验室、十多个国家级企业技术中心和 5 个区域计量站。陕西航空产业园区（基地）建设情况如下。

1. 西安阎良国家航空高技术产业基地。顺利完成“新舟”系列、C919 等多款型号飞机研制生产试验任务。ARJ21 实现年产 30 架份部件能力，AG600 具备年产 5 架份能力。新舟 700 成功首飞，TP500 通用运输无人机、“启明星”50 太阳能无人机、“天荷”1 号人工降雨无人机等首飞成功。国际转包生产实现突破，出口交付额 2.85 亿美元，收入 10.2 亿元。航空航天发动机核心部件研发工程应用中心项目建成投入使用，陕西中科天地研制多款航空电源模块；三角防务建成全球最大 3 万吨等温锻造液压机，博赛旋压建成亚洲最大 5800 卧式和 3600 立式数控旋压机，兴航航空建成国产大飞机蒙皮生产线。富阎园区航空改装及保障设备生产项目（一期）竣工投产，实现年生产维修起落架 16 架份、附件维修 600 件、防护设备 50 套、航空零件 2 万件。民机产业园等 6 个园区初具规模，空天产业园等 8 个园区加快建设；34 个重点项目投资 58.91 亿元，完成年度目标任务的 108.95%。启动“招商风暴”，在珠海航展上与 29 家企业达成投资 260 亿元。“航科数票”线上票据贴现平台上线运营，为 93 家航空产业链企业贴现 3.67 亿元。牵头成立了西北空中应急救援中心，天翼航空、陕西金昊、富沃德等多家民企成为陕西空中应急救援中坚力量。基地申报的航空产业集群入选全国先进制造业决赛优胜集群并通过国家工业和信息化部验收，成为全国航空领域唯一入选集群。

2. 汉中航空经济技术开发区。该开发区是以打造航空产业为核心，以数字产品制造、生物医药、新能源新材料为支撑产业，总部经济、智慧康养、现代物流等为辅的“1+3+X”现代产业集群。现入驻企业 448 家，其中规模以上企业 40 家、高新技术企业 31 家，工业经济总量占全市工业的 20% 以上。2022 年，实现规模以上工业总产值 320 亿元，其中以航空装备制造为主的主导产业产值占 90% 以上。立足区位优势，抢抓打造“西汉蓉”航空产业带机遇，着力构筑“一核一心”“两轴”“三带”的产城发展格局，招引聚集 20 多家“专、精、特、新”航空机载设备、组件及零部件配套企业；引进君泰航空、甘石星智能制造等配套企业。围绕高端装备制造产业链孵化了荣盛蓬机加标准件等一批具有中小企业创新驱动高新技术成果落地转化优质潜力项目。智熔增材 3D 打印、卓尔新材料、德盟特半导体、八度阳光太阳能光伏等一批科研成果转化落地。累计投入近 40 亿元，建成“四横三纵”30 余千米骨干路网、污水处理厂及干管建成运营。变更调整土地性质 4800 余亩，累计征收土地 1300 多亩，完成了陕飞公司涉及总装脉动生产线、技术中心等项目土地征收任务。投资 20 亿元，建设占地 771 亩的高新技术产业孵化园项目，为“新中运”量身打造生产基地，为陕飞公司飞机返厂维修提供作业平台。

3. 西咸新区空港新城。该新城成立秦创原（空港）工作部，发布《西安都市圈临空经济组团建设方案》，印发《空港新城支持秦创原建设若干政策》和《空港新城关于扶持先进制造业发展的奖补政策》；出台《科技经纪人选聘及奖励办法》，组建全省首支37人科技领域特色化、专业化经纪人队伍。在上海成功举办西咸新区空港新城集成电路产业促进交流沙龙活动，签约项目3个。完善临空金融服务体系，设立陕西财金戎均股权投资合伙企业，引进陕投集团、中科创星等总规模25亿元的产业基金，已投项目超2亿元。成功举办第三十届中国西部国际装备制造业博览会、中国欧亚国际工业博览会、第十七届中国欧亚国际军民两用技术产业博览会、第二十七届中国国际电子信息暨国防电子博览会、2022年首届中国西咸新区国际航空航天展览会等5场大型活动，876家科技企业实物参展，现场签约金额7622万元，意向成交额约8.43亿元，涉及328家企业。组织路演活动4场，为31家企业完成投融资3200余万元。设立秦创原空港分中心、空港新城中小企业服务站。秦创原（空港）微电子中试基地、微电子暨信创产业园正式揭牌。打造信创领域产业集群，特种秦创原信创产业园正式揭牌。

二、生产经营情况

2022年，陕西省航空工业积极应对国际贸易摩擦、“新冠”疫情影响，在稳步调整中实现高质量发展，民用航空产业实现营业收入101.16亿元。其中，庆安集团公司完成产品产值同比增长21.7%；西安飞豹科技有限公司完成产品产值1.42亿元。

三、主要产品

（一）民用飞机

“新舟”系列飞机。顺利完成“新舟”系列型号飞机研制生产试验任务。一飞院承担了新舟700研制任务，完成了地面共振试验和模态耦合试验、起落架摆振试验、升降舵静力试验、尾翼复合材料疲劳门槛值试验等12项结构强度试验，开展了全机静力试验。西飞公司交付“新舟”系列飞机部组件1架份。

AG600、C919、ARJ21等机型。试飞院承担的C919大型客机试飞提前1个月完成全部试飞任务。试飞院圆满完成大型灭火/水上救援水陆两栖飞机AG600全状态新构型灭火机首飞任务，并参加2022年度珠海航展飞行演示任务。AG600飞机具备年产5架份能力，标志着全面进入鉴定试飞阶段。ARJ21实现年产30架份部件的生产交付能力，多次荣获中国商飞供应商金奖。

无人机。TP500通用运输无人机、“启明星”50太阳能无人机、“天荷”1号人工降雨无人机等无人化装备首飞成功。一飞院完成了TP500首飞机总装通电检查、总装总检、首飞前机上地面试验、首飞技术质量评审、放飞评审等，在研的“鸿鹄”大型无人机项目启动商业化运作。

榆林市低空飞行服务中心顺利完成民航西北地区管理局的运行前符合性审查，正式投入运行，成为陕北地区唯一的A类飞行服务站。该中心可为各类别低空通航用户、无人机用户、通用机场等提供“一站式”服务，已为40家企业提供370架次飞行服务。

（二）航空发动机及燃油控制系统

产品涉及发动机压气机、燃烧室、涡轮、机匣等关键部件，包括盘类、环类、封严类、轴类、机匣类、控制阀、涡轮叶片和压气机叶片及其他结构类零件等，为全球20多型发动机提供零件配套。航发动力完成了最新遄达系列发动机零件试制和转批产工作；完成国产大型客机发动机、宽体客机发动机主要零部件的试制和交付工作；完成了宽体客机发动机核心机、整机高压涡轮、燃烧室、低压涡轴的试制和交付；启动了“珍珠”700项目低压涡轮盘的试制工作。

（三）航空设备及系统

涉及飞控、高升力、登机门平衡缓冲、侧开舱门平衡缓冲、襟翼控制、灭火任务控制、反推作动、维护打开、电子导航、航姿、货运、主货舱门和飞行数据采集器、飞行数据记录器、飞行数据记录系统等系统，以及刹车装置、扭力杆、支承轴承、飞行锁作动器、起落架、齿轮齿条转弯机构、应急地平仪、转弯侧滑仪、传感器、作动筒、同步轴锁、有锁作动器和同步软轴等。

（四）航空新材料

包括钛材、特种金属等；碳纤维、织物、预制体、预浸料及复合材料制品；轻质高强度镁锂合金材料等。

（五）其他民用航空产品

包括飞行模拟器、客舱训练模拟器、机务训练模拟器和工程试验设备，相关音频、通信及软件技术，飞行环境监视系统、应急撤离信号系统、ELT 应急定位发射器、伸缩电缆装置，风水电气动能供应和齿轮减速器等。

四、产品开发与技术进步

（一）产品开发

1. 民用飞机及部件

AG600/AG600M 飞机。西飞公司完成中机身、外翼、内外襟翼等部段的生产制造任务，交付部组件 3 架份。陕飞公司完成了后机身、垂直安定面和水平安定面部件研制生产任务，交付 2 架机部件。庆安集团公司完成了 AG600M 飞机全状态新型灭火机襟翼控制系统、舱门开闭全自动系统，以及灭火任务控制系统 6 架机交付和鉴定试验，保障 3 机首飞及 12 吨空中投汲水试验。自控所完成了试飞样机和备件及首飞安全试验等重点任务，交付 4 架份。

C919 飞机。西飞公司完成了中机身、机翼、缝翼、副翼、内外襟翼、中央翼部件制造任务，完成部件 4 架份。计算所开展了飞控电子单元、液压环控单元等产品的第二货源市场开发，并积极参与 C929 飞机竞标，对机载信息系统开展联合定义，并争取到 AG325 飞机管理计算机配套研制任务。庆安集团公司保障 C919 飞机试飞、取证及交付运营并签订了《C929 项目 5000psi 襟翼驱动系统采购合同》。自控所完成 TC、PC 取证，启动批产能力建设。

新舟 700 飞机。该机是西飞公司全新研制的具有较强国际市场竞争力的先进 70 座涡桨支线飞机，主要承担 800 千米以内中等运量市场的区域航空运输业务，完成了机翼、中机身、尾翼等部件的研制生产任务。计算所开展了自主工程第二货源项目、信息管理系统、中央维护系统、电气系统控制器、发动机接口控制单元、大气数据计算机等项目的初步设计；完成了工业和信息化部演示验证项目综合模块化处理平台、机载信息系统、综合维护系统等 3 个项目装机。自控所完成 102 架机产品交付。

新舟 60/ 新舟 600 飞机。新舟 60 飞机是按照中国适航规章设计、生产和验证的具有自主知识产权的双发涡桨支线客机。新舟 600 飞机是新舟 60 飞机升级换代产品。西飞公司完成了新舟 60/ 新舟 600 飞机整机制造任务。庆安集团公司成功竞标应急救援机舱门系统手动解闩装置。

ARJ21-700F 飞机。西飞公司完成了 ARJ21 飞机的前机身、中机身、中后机身、外翼翼盒、襟翼、副翼、缝翼、扰流板、舱门、整流罩等 40 个工作包的制造任务，完成部组件 22 架份。庆安集团公司完成 ARJ21 项目货运及舱门全自动系统研制、交付和鉴定，保障了飞机首飞及取证。

“小鹰”700 飞机。由一飞院承担研制的 4 座轻型多用途飞机，飞机兼备正常类和实用类功能，可作为教练机、公务机和运输机使用。飞机采用常规布局，并以 CCAR-23-R3、CCAR-21 等适航规章为基础开展型号设计与合格审定。截至 2022 年底，完成表明符合性试飞科目有燃油热气候试飞、起飞着陆性能、滑翔性能、机动飞行中升降舵操作纵力、纵向操纵、襟翼展态和收态下的着陆操纵等。

2. 航空发动机

航发动力完成国产大型客机发动机 3 台整机配套部件试制交付、2 台核心机配套部件试制交付、4 台低压涡轮轴单元体试制交付和 7 项试验件试制交付；瞄准中国商飞在研的 C929 研制宽体客机发动机，承担发动机高压涡轮转子部件，低压涡轮轴单元体，以及相关试验件研制任务，完成 5 台低压涡轮轴研制交付。

3. 航空机载设备及系统

宝成仪表完成航姿基准系统、基本型近地告警软件、应急磁罗盘等开发，为 ARJ21-700 研制的乘务员手持话筒及音乐播放器通过适航取证，已批产装机使用；完成音频插孔板产品设计更改验证，正在开展试飞验证；为 C919 飞机研制伸缩电缆装置完成改进升级及验证试验，完成手持式送受话器地面联试及补充验证试验，完成小批装机件交付；为AC313A直升机配套机内广播系统完成CDR评审和装机件交付及试飞验证。中飞测试研制的UD1000采集器交付45套，并首次在AG600飞机上全面应用；HVC6000机载视频测试系统、遥测地面位帧同步处理设备的研制，成功保障C919大型客机适航取证试飞。庆安集团公司配套了AC313A主桨全自动器产品02架机交付及首飞。长空齿轮公司研制的齿轮、齿条、连接花键、差速器等产品，配套了国内民机ARJ、C919和国外波音787、A350机型。计算所研制的高安全综合模块化处理平台、机载信息系统、中央维护系统产品配套了C919、新舟700、ARJ21、AC352、C929、AG600等型号飞机。陕西千山航空电子有限责任公司完成了驾驶舱音频记录器、飞行数据记录器、座舱音频记录系统、FB-80M记录器等。

4. 刹车及机轮装置

航空制动完成AG600项目年度目标任务；圆满完成保障新舟700飞机年度试飞任务及相关研制工作；ARJ21机轮刹车获得局方受理批复；开展飞机系列化刹车零部件取证和完成相关产品的适航工程审查及PMA取证工作。

5. 航空锻件

宏远锻造公司主要为商飞ARJ21、C919、C929，西飞新舟700，通飞AG600等民用飞机提供框、梁、架等飞机结构锻件；为商发长江1000系列、长江2000系列等发动机提供盘、轴、颈等自由锻件和模锻件产品。完成新品开发75项，重点涉及长江1000A、长江2000AX、波音787等新型号。新品研发以钛合金、高温合金、超高强度钢等材料的盘、轴、颈锻件转动件为主。承担了1项科研项目“GH4169锻件等材料合格鉴定技术开发”AES100适航认证项目，完成10项锻件的交付，有效推动了部分钛合金、高温合金材料在AES100发动机上的应用。

6. 试飞与试验

试飞院承担C919、AG600等2个民机型号试飞任务。C919大型客机提前1个月完成全部试飞任务。AG600飞机完成全状态新构型灭火机首飞，并完成珠海航展飞行演示任务，标志着AG600飞机全面进入鉴定试飞阶段。飞机强度所所承担涉及4大主机方向，共8型民机型号试验。全年完成了AG600首飞前静力试验，确保该项目陆上及水上双首飞的顺利开展；持续进行了新舟700飞机全机静力试验及ARJ21、C919、新舟600、运12F等4型飞机全机疲劳试验，均按时间节点完成任务。

（二）技术进步

西飞公司开展了自动化制孔技术、舱门压铆技术、自动钻铆技术等研究，《一种数字化激光定位铣切飞机机身舱门门框开口的工艺方法》取得发明专利授权，《一种铝合金管滚波纹模具》取得实用新型专利授权。全年共申请专利231项，授权专利131项，其中发明专利51项、实用新型专利80项。完成知识产权转化7项，科技成果转化5项，科技成果鉴定11项，获各类科技奖励21项。

航空制动从标准化、模块化、精益化设计角度，不断加强基于模型的系统工程（MBSE）设计理念，建立了较为完备的机轮刹车系统设计仿真分析平台，预先研究有效推进，提升民机技术储备，为民机高质量发展奠定了坚实技术基础。

宏远锻造公司在商发Ti17合金第一级整体叶盘锻件试制中借鉴该材料盘及相关转动件β锻造技术，突破了普通锻工艺生产Ti17合金盘轴一体化锻件技术，掌握了Ti17合金盘轴一体化锻件热处理技术。

宝成仪表完成了AG600、ARJ21-700、C919大型客机及AC313A配套研制航姿基准系统、近地告警软件、应急磁罗盘和客舱产品共10项首飞和随机取证任务。直接模式速率传感器项目成功中标，AJP音频插孔板顺利交付，机翼伸缩电缆装置、驾驶舱进入控制系统、飞行锁已完成技术对接。

航发动力持续完善民机管理体系建设，建立了民机生产专区，稳步提升国产大型客机发动机燃烧室、高压涡轮等主要零部件的试制质量，进一步缩短试制周期。

试飞院完成国家气象局2架“国王”350飞机人工影响天气改装、极天目气象探测“国王”350飞机改装、AC311/312直升机培训系统加改装、贝尔407森林消防监控系统改装、运12E飞机物探系统改装，取得通航飞机改装资质 3 项。

计算所通过 C919 生产许可证（PC）预审查，提升计算所对民机研制要求认识，完善计算所民机研制体系建设，补充需求管理、持续适航管理、证后更改等过程文件，为后续运营及批量交付打下坚实基础。依托高完整性端系统关键技术联合攻关团队，结合中国商飞对 C919 后续规划，完成了客户需求分析及初步需求冻结，以及系统初步设计方案。

长空齿轮公司突破发动机齿轮产品方面的硬齿面插齿工艺技术，保证了产品交付周期和客户的精度要求，已成为 C919 大型客机齿轮零件供应商，进入 C919 产品供应链；参与 C929 预研部分零件加工。

庆安集团公司完成了民机高升力系统演示验证项目专题一的蓝、红标文件交付、首轮分系统集成试验及襟 / 缝翼控制计算机第二轮软硬件详细设计工作，专题二进行首批原理样件产出及功能演示，高长力系统电子力矩限制技术系统仿真验证等项关键技术验证及系统需求评审、SOW 签署，货机货物装载系统设计及关键技术研制项目验收申请及资料提交；开展预研项目立项，完成 ARJ21 高升力系统计算机、PDU 等 4 项产品方案论证。

陕西千山航空电子公司突破强冲击防护和记录器大容量记录技术，将强冲击指示由 340*g*/6.5ms 提升到 6000*g*/5ms，有效地提升“黑匣子”坠毁幸存能力；将记录器存储由 8GB 提升到 128GB，以满足将音频信息由 2 小时延长到 25 小时强制要求。

五、对外贸易与合作

2022 年陕西航空单位共完成出口产值 9.28 亿元。

因疫情、国际贸易摩擦，陕西航空工业对外贸易受到影响。航空制动完成长期协议续签，获得 16 项新品 RFQ，完成 2 项隔热屏产品 DVI 研制及 5 批次产品的交付。宏远锻造公司与空客、波音、赛峰和霍尼韦尔等国际航空企业开展合作，完成了钛合金飞机结构锻件、起落架钢锻件，以及航空发动机高温合金锻件等交付，国际转包交付金额 1.35 亿元。西飞公司完成 7 个工作包的国际竞标，成功续签波音 767 地板梁合同，增加订单额 1.1 亿元；签订 A320 机翼项目合同，增加储备订单约 348 架份，增加订单额 33.4 亿元。陕飞公司签订 7 架外贸机合同，首架特种机完成维修并交付用户。西控国际公司与霍尼韦尔航空航天集团、伊顿宇航集团、柯林斯宇航集团等国际航空企业建立了长期稳定合作关系，实现业务收入 5500 万元。长空齿轮公司开发完成 A350 的 4 项零件配套，与穆格、派克航空、伯马公司等开展合作，完成交付额 897 万元。宝成仪表对外贸易主要为通用航空仪表，规模较小，外贸收入 22 万美元。航发动力与 GE 航空集团、罗罗、赛峰等世界主要航空发动机制造知名企业，以及 GEHC 和 SLB 等跨国公司建立了长期稳定的战略合作关系，完成出口交付额 2.05 亿美元。庆安集团公司与赛峰、胜利、伊顿、穆格、柯林斯公司等国际知名航空企业开展合作，提供起落架作动器、舱门作动器、压力开关等零部件，完成转包交付 0.88 亿元。自控所与霍尼韦尔、派克公司等开展合作，与法国泰雷兹公司开展基于 ARJ21 惯性基准系统第二货源项目合作，完成了第一阶段合同执行，开展 IRS 产品初步设计及工程件投产及验证工作。

六、重大基础设施建设

1. 西安先进锻造产业基地建设项目。该项目为非国家立项的固定资产投资项目，项目总投资 14.32 亿元，由宏远锻造公司在陕西省西安市泾渭新城承建，规划新增建筑面积 97249 米 ^{2}，新增工艺设备 334 台（套）。截至 2022 年底，该项目已累计完成投资额 10.61 亿元，完成 201、206、208、209、210 等 5 个单体建设，完成 306 台（套）工艺设备采购。

2. 航空精密模锻产业转型升级项目。该项目为非国家立项的固定资产投资项目，项目总投资为 8.05 亿元，由宏远锻造公司在西安市泾渭新城承建，主要为新增建筑面积 17500 米 ^{2}，新增工艺设备 41 台（套）。截至 2022 年底，该项目已累计完成 1.87 亿元，完成了 203 号综合厂房主体及大型模锻液压机基础建设，工艺设备完成了大型模锻液压机终设评审及部分大件的制造、200 吨 /75 吨和 2 台 50 吨 /20 吨电动双梁起重机制造、16 台炉类设备招标。

3. 大型客机发动机验证机研制保障条件建设项目。该项目2016年由工业和信息化部立项批复，项目总投资1.32亿元，由航发动力承建，主要新增工艺设备31台（套）；含进口设备21台（套）、进口子项2项。截至2022年12月，项目实际完成合同签订31台（套），其中到厂31台（套），交付使用31台（套）。完成投资1.26亿元（其中中央预算内投资7900万元）；工艺设备交付使用5台，完成投资347万元。

4. 富阎园区航空改装及保障设备生产项目（一期）竣工投产。实现年生产维修起落架16架份、附件维修600件、防护设备50套、航空零件2万件。

5. 民用航空液压操纵产品转包生产线建设项目建成验收。该项目由庆安集团公司在西安出口加工区建成面积逾11000米^{2}的大型综合厂房，新增240余台（套）技术成熟且具有国际先进水平的工艺设备，提升了公司相关产品零件加工、检测能力，满足公司承担的转包生产项目各类民用飞机液压操纵产品的订单生产需求。

七、行业管理

1. 战略合作落地有序推进。新一轮局省、央地合作项目协议落地，22条事项有序推进，与航空工业集团合作项目落地建设。

2. 重点建设项目加速。渭南民机试飞基地加快建成，中央举办的C919大型客机适航重大活动中陕西省获得现场联合指挥部和工业和信息化部的感谢信。航空供应链基础配套园机载交付中心在阎良签约落地，航空计算所翔腾航空集成电路产业化项目已与泾河管委会签约，航空飞行自控所微机电系统（MEMS）智能传感芯片产业化项目在西咸新区沣东新城开建，宏远公司一期等温锻生产线建设项目竣工投产、二期西安先进锻造产业基地建设项目加速建设。

3. 积极搭建航空产业合作交流平台。空港新城在上海举办西咸新区空港新城集成电路产业促进交流沙龙活动，签约航空类项目3个；成功举办首届中国西咸新区国际航空航天展览会，上百家科技企业实物参展；成功举办了西安无人机大会，600家企业参展，展出4000余件产品。

甘肃省

一、本地区基本情况

甘肃省现有航空工业企业5家，分别是航空工业兰州飞行控制有限责任公司（简称兰飞）、兰州万里航空机电有限责任公司（简称万里）、中航天水飞机工业有限责任公司（简称天飞）、甘肃长风电子科技有限责任公司（简称长风）和甘肃神龙航空科技有限公司（简称甘肃神龙）。其中，兰飞、万里、天飞3家公司隶属于中国航空工业集团有限公司，长风电子隶属于中国电子科技集团有限公司。

兰飞、万里、天飞、长风4家企业，近年开始逐步涉足民用航空产品的研发应用和市场拓展，但由于体量、规模较小，尚未纳入统计范畴。目前，甘肃省仅有甘肃神龙航空科技有限公司1家企业纳入民用航空工业统计。

甘肃神龙是一家集工程应用型无人飞行器和通用航空轻型飞行器研发、生产和飞行培训为一体的高科技民营企业，在工程化应用型无人直升机、固定翼轻型通用飞机、自转旋翼机、双座动力伞、动力三角翼方面拥有双缸对置式航空发动机、新材料机架结构、设备搭载云台等各型专利，拥有自主知识产权。该公司被列为科技部“十二五”科技支撑计划、国家公共安全应急装备关键技术研究与装备研制项目任务单位。

二、生产经营情况

2022年，实现营业收入1790万元，完成工业总产值2520万元，工业增加值1423万元，利润244万元。

三、主要产品

（一）飞行器系列

轻型无人直升机SLA系列SLA-GH260、SLA-GH52、SLA-GH111、SLA-GH111H2、SLA-GH111H3、SLA-GH111H4、SLA-GH170、SLA-GH170H1、SLA-GH170H2、SLA-GH170H3、SLA-GH190、SLA-GH190H1、SLA-GH500、SLA—GH1000；共轴多用途高原型“蚱蜢”10/20系列无人直升机；“天蝎”轮式双座动力伞；WILD THING（瓦尔辛）2座单发轻型固定翼飞机、分体式旋翼机等。

（二）航空维修改装及服务

SLA-GH260、SLA-GH520、SLA-GH111、SLA-GH170、SLA-GH500、SLA-521-I型软翼飞行器、SLA-D6×0.75多轴飞行器、SLA-D8×0.75多轴飞行器及WILD THING（瓦尔辛）2座单发轻型固定翼飞机等机型的维修、托管作业承包。

（三）人员培训

多旋翼无人机、无人直升机、固定翼无人机的飞行员、机长及教员的执照培训服务。

四、产品开发与技术进步

2022年，甘肃神龙根据市场开拓需求，全力开展分体式旋翼机研发项目，不断拓展新材料新工艺应用，开发多种款式、不同性能，能够满足多性能的旋翼飞机。材料方面，将主旋翼轴、轴座及联动杆系统、起落架、轮毂等主要部件更换使用钛合金材料；在主推进螺旋桨、主旋翼、驾驶舱体及风挡中使用树脂长碳纤维材料（杂萘联苯聚芳醚）；在发动机壳体中使用航空用高压缩比压铸铝，减轻了旋翼机重量，增加了有效载荷，提高了操纵性和安全性。工艺方面，把机体框架结构采用管材焊接工艺；重要连接点及围壳采用拉铆工艺；防电磁探测采用吸波材料喷涂工艺；主旋翼采用可收放工艺；预埋螺母采用拉铆工艺；机身流体线形围壳及透明风挡采用热成形、冷成形模具化生产工艺等手段，有效提高整机寿命。此外，公司在不同型号产品中寻找更换使用国产大功率发动机、变距螺旋桨等关键部件，解决原发动机功率低、升限不足等问题，有效提升了推进效率和飞行速度，从而实现旋翼机制造技术的提升。

第三部分

企业发展概况

中国航空工业集团有限公司

一、企业基本情况

中国航空工业集团有限公司（简称航空工业集团）是由中央管理的国有特大型企业，是国家授权投资的机构，2008 年 11 月 6 日由原中国航空工业第一、第二集团公司重组整合而成立。航空工业集团设有航空武器装备、运输类飞机、直升机、机载系统、通用航空、航空研究、飞行试验、航空供应链、专用装备、汽车零部件、资产管理、金融、工程建设等产业，下辖 100 余家成员单位、25 家上市公司，员工逾 40 万人。

中国航空工业集团有限公司大力发展民用航空产业，自主研制 AG600 大型水陆两栖飞机，系列发展新舟 60、新舟 600、新舟 700 等“新舟”系列支线飞机，AC311、AC312、AC313、AC322、AC352 等 AC 系列民用直升机，大力发展 AG50、AG100 等 AG 系列，运 12 系列、“海鸥”300、SF50 轻型公务机、西锐系列通用飞机和民用无人机，全力支持 C919 大型客机、ARJ21 新支线飞机发展；承接国际航空转包生产任务并成为空客、波音的战略合作伙伴和优秀供应商；组建客舱系统公司，积极拓展民机客舱内饰业务，为国内外客户提供优质座椅、内饰等产品。以通航运营发展为抓手，以商业成功为目的，努力成为国内通航产业系统解决方案实践者、通航产业链健康快速发展的推动者、国家通航产业战略目标实现的贡献者。

二、生产经营情况

2022 年，航空工业集团实现经营收入 5550.62 亿元，同比增长 6.94%；实现利润 231.75 亿元，同比增长 7.12%。在民用航空产业方面，实现收入 221.65 亿元，同比增长 11.88%；交付各类民机 659 架，国际转包和客舱系统交付额 14 亿美元。

三、主要产品

2022 年航空工业集团在产在销的主要民机产品有：新舟 60/600 等涡桨支线飞机；运 12E/F、AG50、AG60 等通用飞机；AC311A、AC312E、AC352 等 AC 系列民用直升机。民用无人机产品主要包括“翼龙”2 应急救援型无人机、“翼龙”2 气象型无人机、AR500 无人直升机等。

四、新产品开发

2022 年，航空工业集团承担的民机型号研制项目进展顺利。大型灭火 / 水上救援水陆两栖飞机 AG600 高质量完成 3 架机总装、3 架机首飞、三大类试验的年度任务目标，签订 5 架购机合同及 6 架购机意向协议，顺利完成 12 吨投汲水试验，加速推进实用化新进程；AC313A 直升机实现首飞，AC352 直升机取得型号合格证（TC）；新舟 600 应急救援型完成初步设计；AS700 载人飞艇完成 02 架艇首飞和改无人型总装，AG50 获得了型号合格证（TC）和生产许可证（PC）。在民用无人机型号研制方面，TP500 货运无人机实现首飞，运 5U 无人机空投空送试验机首飞成功，AR500C 完成技术鉴定。

航空工业集团作为国产大飞机战略科技力量，承担 C919 飞机 90% 以上机体结构部件研制生产、100% 全机强度试验和 70% 以上试飞任务，2022 年圆满完成各项任务，全力支撑 C919 成功取证。按时完成 ARJ21 飞机大部件批产交付任务，全力保障 ARJ21 提升生产速率。

五、航空零部件转包生产

2022 年，航空工业集团全年实现国际转包与客舱系统交付 14 亿美元。承担空客 A220、

A320、A350 和波音 737、波音 777、波音 787 等国际主流商用飞机零部件生产任务，全面满足国际合作伙伴生产需求，实现首架空客 A321 飞机机翼交付空客天津总装线，与波音续签制造创新中心合作协议，深化制造领域培训和人员交流。

六、国际经济技术合作

在国际经济技术合作领域，主导制定并发布 ISO 国际标准 1 项、联合他国发布标准 1 项。持续开展各类双边国际科技交流合作机制，累计组织国际学术交流活动 10 余次，邀请来自 11 个国家百余位专家参与研讨。积极履行国际航空研究理事会（IFAR）国家代表职责，参与编制并向全球发布《IFAR 城市空运技术分析报告》。

七、进出口业务

2022 年，新舟 60 系列飞机海外共交付 2 架。安哥拉罗安达新机场、科威特机场跑道、柬埔寨金边国际机场、埃航新机库等一批航空基础设施项目有序推进，莫桑比克赛赛机场项目已处于竣工验收阶段，赞比亚恩多拉机场主体已进入质保期。

八、通航运营

截至 2022 年底，航空工业集团下属通航运营企业共计 14 家（含境外运营企业 1 家），业务范围向应急救援、科研试飞等制造业紧密相关领域进一步聚焦。主运营基地分布全国 10 个省或自治区，运营机队规模 278 架（国内 237 架），2022 年共完成飞行量约 10.1 万小时，较上年增长约 12%。航空工业通航运营企业在森林防火、人工增雨、短途运输、科研试飞等细分领域处于行业领先地位，在国内运营航空器中，自主品牌和并购品牌飞机占 32%，显著高于行业平均水平，拉动了国产通用飞机的研制和应用。

中国商用飞机有限责任公司

一、企业基本情况

中国商用飞机有限责任公司（简称中国商飞公司）是实施国家大型飞机重大专项中大型客机项目的主体，也是统筹干线飞机和支线飞机发展、实现我国民用飞机产业化的主要载体，主要从事民用飞机及相关产品的科研、生产、试验试飞，从事民用飞机销售及服务、租赁和运营等相关业务。

中国商飞公司于2008年5月11日成立，总部设在上海。中国商飞公司由国务院国资委、上海国盛（集团）有限公司、中国航空工业集团有限公司、中国铝业集团有限公司、中国宝武钢铁集团有限公司和中国中化股份有限公司出资组建。2018年底，新增股东单位中国建材集团有限公司、中国电子科技集团有限公司和中国国新控股有限责任公司。

中国商飞公司的使命为“让中国的大飞机翱翔蓝天”，愿景为“为客户提供更加安全、经济、舒适、环保的民用飞机”。截至2022年底，中国商飞公司所属单位有上海飞机设计研究院、上海飞机制造有限公司、上海飞机客户服务有限公司、北京民用飞机技术研究中心、中国商飞民用飞机试飞中心、上海航空工业（集团）有限公司、中国商飞营销中心、上海《大飞机》杂志社有限公司、中国商飞美国公司、中国商飞四川分公司、商飞资本有限公司、商飞集团财务有限责任公司和商飞学苑（商飞党校）。与俄罗斯联合航空制造集团公司（UAC）合资成立中俄国际商用飞机有限责任公司，作为C929宽体客机研制主体。设立美国办事处、欧洲办事处，参股中国航空发动机集团有限公司、成都航空公司和浦银金融租赁公司等。截至2022年底，中国商飞公司从业人员17456人。

二、生产经营情况

2022年中国商飞公司推动大飞机事业取得具有里程碑意义的历史性成就。ARJ21飞机生产下线20架、交付34架，其中向海外用户交付1架；C919飞机生产下线1架、交付1架；新增C919大型客机订单300架，ARJ21飞机订单30架。

三、主要产品

（一）C919大型客机项目

C919大型客机完成试验试飞任务，取得型号合格证，交付首家用户。先后完成失速、自然结冰、最小离地速度等一批高难度高风险试飞科目，完成全机高强度辐射场（HIRF）、全机电磁兼容性（EMC）等一批关键试验任务，完成取证前全部地面试验、飞行试验、适航符合性技术报告，关闭全部项适航条款，9月29日取得中国民航局颁发的型号合格证，11月29日取得生产许可证，12月9日首架C919交付中国东方航空股份有限公司。

（二）ARJ21飞机项目

ARJ21飞机提升竞争能力，扎实推进系列化发展和国际化开拓。推进精品工程，全三维转换完成数模发放，转入全面实施阶段。加快系列化发展，货机完成适航取证，医疗机完成表明符合性验证，应急救援指挥机基本完成改装，灭火机完成初步设计。进军海外市场，取得印尼民航局颁发的型号认可证（VTC），12月18日交付首家海外用户印尼翎亚航空。

（三）C929项目

稳步推进C929初步设计和立项工作。深入实施正向设计，完成首轮需求验证。扎实技术方案深化设计，精准控制飞机技术指标。

四、航空科研

（一）推进科技创新

创新要素更加汇聚，积极争取国家及地方科研项目资源，累计与77所国内外高校开展1300余项科研合作，成立国家商用飞机产业计量测试中心等创新平台。开放协同更加高效，与上海市科委共建“大飞机专项揭榜挂帅”创新机制，持续推进大飞机先进材料创新联盟第二批项目立项，深入实施COMAC国际科技创新周项目，中国商飞–波音可持续航空技术中心续签5年合作协议。创新成效更加突出，新增125项试验能力，完成“北斗”追踪定位设备等31个项目48项预研成果转化，公司标准规范达到2.6万项，获得授权专利521件。

（二）建设大飞机创新谷

建成2个院士专家工作室、21家联合工程中心（CoE）、9家联合实验室、8个联合创新中心，集聚1500余名创新人才，开展148个入谷项目，形成260余项知识产权，民机模拟器主机系统、5G空地通信系统等一批攻关项目取得重要突破，入选上海市大企业开放创新中心培育计划。

（三）建设5G工业园区

联合25家高新技术企业和科研院校，建成大飞机复材、数控、钣金等全连接工厂和ARJ21、C919全连接产线。围绕设计、制造、试飞、运维等环节，累计开发场景383项，大幅提升了飞机研制生产效率和产品品质。搭建大飞机工业元宇宙系统雏形，发布商飞大脑4.0，获颁国内首个5G无线工业专用网络频率使用许可证。

五、航空零部件转包生产

波音737水平安定面生产227架份，交付255架份；波音787着陆灯整流罩生产16架份，交付20架份；波音777背鳍生产26架份，交付26架份；波音737扰流板生产82架份，交付93架份。

六、重大项目

2022年，中国商飞公司聚焦C929研保、C919和ARJ21批产开展投资工作。在型号建设方面一是开展C919研保建设项目收尾工作；二是启动C919批产建设项目，完成C919批产（一期）可研批复，并完成40台（套）设备采购；三是提前启动C929宽体客机研保建设项目，复材工艺试验厂房完工并达到试生产状态；四是推进ARJ21批生产建设项目，完成数字化服务平台（CIS）和运营合作平台（Flywin）上线，支线喷漆厂房投入使用。在平台配套方面一是加快设计、工艺和运行支持试验验证等平台类和配套类能力建设项目，主要建设目标围绕ARJ21飞机设计优化和C919试验验证工作，弥补飞控、环控、机构功能等专业的现有不足，形成国产民机较为完整的基本试验能力；二是推进5G新基建项目设备供应商选择，细化基础硬件产品配置和软件功能要求，完成项目一阶段设备及软件技术方案深化。

七、机构调整和体制改革

中国商飞公司改革三年行动实现胜利收官，以改革加快推动公司高质量发展，公司竞争力、创新力、控制力、影响力和抗风险能力显著增强。

一是完善中国特色现代企业制度方面，完善重大事项决策权责清单，实现董事会应建尽建、外部董事占多数，依法落实董事会职权，深入实施对标世界一流管理提升行动，完成154项量化指标。

二是健全市场化经营机制方面，16家单位实现经理层成员任期制和契约化管理全覆盖，稳步推进管理人员竞争上岗、末等调整和不胜任退出。

三是国企改革专项工程方面，出台“改革创新十三条”，上航公司、翔运公司、软件公司均在“双百企业”“科改示范企业”2022年度专项考核中获评“优秀”。

四是责任追究体系方面，建立健全责任追究组织体系、责任追究制度体系、责任追究工作机制，各单位修订违规制度，完善违规工作机制，汇总发布违规问题案例。

五是全面推进人力资源改革。落实中央人才工作会议精神，坚定实施“万人精兵工程”，坚持“聚焦聚力聚心”，聚焦型号攻坚主战场，资源重点保障、政策重点倾斜、服务更加精准；凝聚铁杆核心力量，抓好“关键少数”，培育战略人才梯队；凝聚队伍军心，改革逐步深化、关爱贴心暖心，全力保障“三大任务”“两保四高”。公司人才总量突破 1.6 万，技术技能人才占比超过 70%，为大飞机产业化发展提供坚实的人力资源保障。

中国航空发动机集团有限公司

一、企业基本情况

中国航空发动机集团有限公司（简称中国航发）成立于2016年8月28日，由国务院国资委、北京国有资本运营管理有限公司、中国航空工业集团有限公司、中国商用飞机有限责任公司共同出资组建，注册资本500亿元，注册地位于北京市海淀区。下辖27家直属企事业单位，拥有3家主板、1家科创板上市公司，在职员工7.2万人，拥有包括7名院士、200余名国家级专家学者在内的一大批高素质、创新型科技人才，具有较强的科研生产能力，以及较为完整的航空发动机、燃气轮机研发制造体系与试验检测能力。

中国航发坚持“动力为本、质量制胜、人才强企、合作共赢”的经营方针，主要从事航空发动机、辅助动力、燃气轮机、飞机和直升机传动系统的研制、生产、维修和服务；从事航空材料及其他先进材料的研发与制造。中国航发设计生产的涡喷、涡扇、涡轴、涡桨、活塞式发动机和燃气轮机等产品，广泛配装于各类飞机、直升机和大型舰艇、中小型发电机组，客户涉及航空、航天、船舶、能源等多个领域，为我国国民经济发展做出了突出贡献。

在新时代伟大征程上，承载着振兴航空动力的光荣使命，中国航发将以习近平新时代中国特色社会主义思想为指引，坚决贯彻落实习近平总书记重要指示批示精神，深刻领悟“两个确立”的决定性意义，增强“四个意识”、坚定“四个自信”、做到“两个维护”，深入贯彻党中央、国务院和中央军委各项决策部署，积极践行“创新、协调、绿色、开放、共享”五大发展理念，始终秉持“国家利益至上”的价值观，充分发扬“务实创新、担当奉献”精神，坚持聚焦主业，坚持强军首责，努力做航空动力的保障者、制造强国的建设者和创新驱动发展的践行者，为早日建成世界一流航空发动机集团而奋力拼搏。

二、生产经营情况

2022年，中国航发实现航空民品及出口转包收入30.6亿元，同比增加17.2%。

三、主要产品

中国航发现有的民用航空发动机产品主要有涡轴16、涡轴8A/D、涡桨6等。现有直升机传动系统产品主要有配装国产AC311、AC312、AC313直升机的传动系统，以及配装空客H175直升机的尾传动系统。

四、新产品开发

在民用航空发动机方面，针对C919国产干线客机需求，持续推动大型客机发动机原型机长江1000A项目研制，稳步推进核心机和整机试验工作。涡轴16发动机配合航空工业哈飞完成AC352直升机取证，签署首批4台订单，正式进入市场。为满足5～6吨级民用直升机对动力的需求，开展1000千瓦级民用涡轴发动机（AES100）研制，2022年已全面开展适航取证工作，同步启动市场推介，确定首家先锋用户。为满足支线涡桨飞机等对动力的需求，开展5000千瓦级民用涡桨发动机工程验证机（AEP500）研制，2022年深化开展整机验证工作。在民用直升机传动系统方面，持续开展5～6吨级直升机传动系统研制。同时，针对未来通用航空动力需求，启动了中小功率涡桨发动机（AEP100）、小功率涡轴发动机（AES20）及有关传动系统等新产品的研制工作，探索出以AES100核心机为基础的系列化道路，派生发展了满足市场需求的不同功率/推力等级发动机，填补了中国航发通用航空动力谱系的空白。

五、航空科研

为满足大型客机发动机研制及适航取证需求，持续推进大型客机发动机关键材料与应用技术研究；开展设计用性能数据测试，逐步建立和丰富材料性能数据库；分解并验证材料适航符合性要求，为新材料实现工程化及装机应用奠定基础。

六、航空零部件转包生产

2022 年，中国航发航材院、黎明、航发科技、航发动力、南方、西控科技、红林、北京航科、中传等 9 家单位持续开展航空发动机国际转包业务，主要为 GE 航空、赛峰公司、罗罗公司、普惠加拿大公司、普惠公司、霍尼韦尔公司等国际主要航空发动机厂商提供零部件产品，全年航空零部件转包生产交付总额约 4.7 亿美元。

七、国际经济技术合作

中国航发坚持国家利益至上，统筹推动技术合作、国际交流、国际转包、机电进出口等业务发展，持续提升管理水平，以高水平开放合作助推企业高质量发展。一是着眼长远发展，务实推动国际化“十四五”规划落地见效，持续提升企业国际化经营能力；二是整合多种资源，借力政府间合作平台、企业战略合作平台等渠道，积极寻求国际合作新机遇，有力应对全球疫情造成的不利影响；三是深化开放融合，以第十四届中国航展等平台为契机，积极展示企业最新发展成果和创新发展能力，持续提升品牌影响力，以展促贸促交流。

八、进出口业务

2022 年，中国航发对外贸易总额约 7.5 亿美元，其中进口额约 2.5 亿美元，出口额约 5 亿美元。

九、重大设施建设

通过固定资产投资项目建设，一批关键重要设备设施建成投运，助推研制能力升级。中国航发商发建成国内首台满足民用航空发动机试验验证要求的双转子涡轮综合试验器，具备噪声和低雷诺数试验能力，各项技术指标达到世界先进水平。航发科技积极探索数字化、智能化制造技术在航空发动机零部件制造场景的应用，成功改造叶片榫齿加工数字化生产线，实现多品种多工序混流加工，可根据零件类型自动调用加工程序，操作人员减少 50%，设备利用率提升 40%，管理效益和经济效益凸显。

十、资本运营

2022 年，中国航发坚持聚焦主责主业，统筹开展资本运作，进一步优化资本结构，拓宽融资渠道，切实服务主业发展。一是优化股权结构。使用现金、实物资产、独享资本公积等对中国航发商发、长江等子企业增资共 33 亿元，完成航空发动机产业链、供应链股权投资 5.35 亿元；全年实现外部权益性融资 15 亿元，发行集团首笔 9 亿元可交换债券，为主业发展提供资金支持。二是推进资产重组及上市融资。中国航发商发增资扩股及上市工作有序开展，确定员工股权激励方案，引战增资市场反馈积极。三是全面推动上市公司高质量发展。明确工作方案，设立领导小组；加强上市公司投资者关系管理，航发动力、航发控制再次获评信息披露 A 类评价。

十一、机构调整和体制改革

坚决贯彻落实党中央、国务院关于国企改革的重大决策部署，全面完成改革三年行动举措任务，主业更加聚焦、效益稳步提升、机制不断完善。顺利完成“双百改革”“科改示范行动”任务，中国航发商发全面完成“双百行动”第二阶段（2021—2022 年）任务，市场化经营机制进一步健全；稳妥推进科改示范企业航空材料公司首发上市，上市申请顺利通过上海证券交易所科创板上市委员会审核，集团新材料产业上市平台构建迈出关键一步。开展总部机构调整，总部部门由 11 个调整为 12 个，设立科技发展部、质量和管理创新信息化部，撤销质量科技部，进一步提升总部“战略 + 运营型”管控效能。

中国电子科技集团有限公司

一、企业基本情况

中国电子科技集团有限公司（简称中国电科）是中央直接管理的国有重要骨干企业，是我国电子主力军、网信事业国家队、国家战略科技力量。中国电科拥有电子信息领域相对完备的科技创新体系，在电子装备、网信体系、产业基础、网络安全等领域占据技术主导地位，肩负着支撑科技自立自强、推进国防现代化、加快数字经济发展、服务社会民生的重要职责，连续多年入选《财富》世界500强。

中国电科拥有包括47家国家级研究院所、18家上市公司在内的700余家企事业单位，业务布局遍布国内30个省、自治区、直辖市。中国电科拥有员工23万余名，其中两院院士13人，55%为科研人员，拥有国家级重点实验室、研究中心和创新中心41个，拥有一批国内一流的中试线、生产线、装配线和机加工中心，形成了国内电子领域最完整的研究、设计、试制、生产及试验能力体系，取得了一批领先或接近国际水平的重大科技成果，在一些关键技术领域始终保持国内领先、国际先进。在民用航空领域，形成空中交通管理系统与装备、民机电子产品、无人机及通用航空产品等业务体系，取得了显著成绩，品牌地位逐年提升。

二、主要产品

在民用航空领域，中国电科的主要产品包括如下几个方面。

空中交通管理类：空管监视系统整体解决方案、空中交通流量管理系统、空中交通管制自动化系统、塔台管制自动化系统、高级地面活动引导与控制系统、塔台/雷达/程序模拟训练系统、地面管制电子进程单系统、远程塔台系统、综合信息显示系统、机场信息集成系统、全景视频系统、机坪管制自动化系统、泊位引导系统；一次/二次监视雷达、气象雷达、多点定位系统、机场场面监视雷达、ADS-B地面站/数据中心、语音通信交换系统等多个系列化产品。

民机电子主要产品包括：通信导航系统、综合客舱和信息系统、航空互联系统，以及特种飞机任务电子系统等。

无人机及通用航空主要产品包括：中小型无人机系统、通航飞行服务站系统、无人机运行管理系统、通用飞机、高性能复合材料，以及试飞服务等。

三、产品开发与技术进步

中国电科围绕空中交通管理、民机电子、通用航空等三大业务，全面拓展和提升民用航空领域的技术产品水平。在空中交通管理、民机电子关键技术研究和开发取得重大突破，多项技术居国际领先水平，并有多项专利获得受理和授权。

空中交通管理方面，中国电科以电科莱斯为平台，是国内首家获得中国民用航空局颁发《民用航空空中交通通信导航监视设备使用许可证》《民航空管主用系统使用许可证》，首家通过民航第三方软件测试的企业。承担“空管自动化主用系统推广应用”集团“十四五”重大任务，结合空管局“8+N”区管中心建设规划要求，完成中国民用航空局空中交通管理局空管自动化系统运行模式与技术架构研究，牵头负责民用《航空空中交通管制自动化系统第2部分：技术要求》标准修订。研制的“高级场面活动引导控制系统Ⅳ级”“塔台管制自动化系统”填补了国内空白，居国际领先水平，是中国民航行业标准《塔台管制自动化系统技术要求与配置规范》的主要编写成员单位。面向流量管理的未来发展方向，持续开展全国流量系统预战术平台、协同改航策略、跨境流量管理运行模式与数据接口等关键技术攻关，配合空中交通管理局完成二阶段全国性措施运行试验。在淮安机场开展新研系统综合应用验证，完成中小型机场塔台管制自动化系统与IIS、FOD、无人机、全景视频等系统集成互联，为中小型机场整体批量推广应用奠定基础。"空管移动应急系统工程设备舱、天线塔"合同成功签订，标志着中国电科首次进入民航应急装备领域。民航28套国产主用空管系统中，中国电科承担了其中的21套，市场占有率排名第一。低空空管方面，中国电科在低空运行领域实现了基于网络扁平化和数据驱动的一体化分布式系统架构，在飞行服务系统中集成并验证基于大容量高效融合技术的"北斗"RDSS系统、基于3G（WCDMA）的空地宽带通信系统和基于VoIP的语音组网系统，整体技术水平达到国内领先。

民机电子方面：中国电科以电科航电为平台，承担了C919、新舟700、AG600等重点民机型号的通信导航系统、信息系统、客舱系统、数据链等研制任务。同时，研发了"北斗"位置追踪设备、采用相控阵天线的Ka宽带卫通系统、新型机载娱乐系统（iWO）等一批核心机载产品，行业领先。中国电科已建立了较为完整的符合适航标准要求的研发体系、质量管理体系和标准体系，成为国内第一批建立较为完善适航体系的民机电子领先企业，形成了一支结构合理、素质过硬，具有国际视野和工程经验的人才队伍和一批具有自主知识产权的核心技术。

通用航空方面：中国电科以电科飞机为主要平台，通过针对无人机应用、飞行培训和通航作业等市场需求，重点布局中小型无人机系统、通用飞机、高性能复合材料，以及试飞服务等多项业务。无人机业务通过自主创新开发了2类7款中小型无人机系统，部分产品已取得市场突破；通用飞机业务通过对两型钻石飞机的引进、消化、吸收，形成自主研发制造轻型通用飞机的核心竞争力，其中DA42双发4座飞机在国内培训类市场占有率60%以上。中国电科所属莱斯信息中标国内首个低空空域重点实验室项目，实现低空运行管理方向重大突破。

四、国际经济技术合作

中国电科按照拟定的发展规划，确定了"通过国际合作高起点切入民用航空电子领域"的实施战略。2022年，航电公司通过国际合作支持自主研发的发展战略，继续坚定以"外"促"内"发展思路，在继续夯实前期与柯林斯、泰雷兹、钻石等国际公司合作成果的基础上，加速自主创新，通过国际化视野在民机电子和无人机及通用航空领域加强自主研发，争取实现突破。

五、重大项目建设

中国电科在民用航空发展过程中，积极推进内涵式与外延式相结合的经营策略，从体制机制上，探索出一条国有资本、民营资本、地方政府资本互相融合的投资与资本运作的发展模式。

空中交通管理业务方面，中国电科所属电科莱斯完成空管自动化产品领域规模最大、实施点最多的华东三中心项目中的江西空管分局系统现场验收。完成广州终端区备份系统现场验收，作为北上广三大区管首个尝试基于C类移交的终端区独立运行的广州终端区自动化系统，为未来的区域级大型系统常态化使用奠定基础。完成ADS-B技术应用全链条优化调整的应用验证，实现专项研究成果的有效转化，实施了华东、华北、中南片区所有现场的优化升级并投产应用。承建最大单体雷达管制模拟机系统——乌鲁木齐雷达模拟机及规模最大、功能需求最新最全的华北雷达模拟机和塔台模拟机的工厂验收。完成了广州白云机场多点相关定位系统项目竣工验收，并成功中标广州白云机场3期扩建多点定位系统项目。项目建成之后，将创造"单个机场场面多点定位基站数量最多、覆盖面积最大"，以及"首次采用广域多点定位监视手段实现双跑道独立平行进近"等多项纪录。

民机电子业务方面，中国电科所属电科航电与柯林斯和泰雷兹分别合资成立了中电科柯林斯航空电子有限公司（简称电科柯林斯）和中电科泰雷兹航空电子有限公司（简称电科泰雷兹）。其中，电科柯林斯成立于2013年12月，是国内通信导航系统研发、生产和维修中心，是中国民用航空局CCAR-145部维修认证单位；电科泰雷兹成立于2013年2月，以

C919 项目为契机，专门从事民用航空电子领域机载娱乐系统业务，是机载娱乐系统的销售、客服中心，已向空客、波音交付超过 2000 台（套）机载娱乐设备。

通用航空业务方面，中国电科所属电科航电投资成立了中电科芜湖钻石飞机制造有限公司。飞机公司成立于 2013 年 12 月，以引进钻石公司 DA42、DV20E 两条飞机生产线起步，主要业务包括中小型无人机系统、通用飞机、高性能复合材料以及试飞服务等，是国家发展改革委批准的唯一、也是首个国家级轻型通用飞机国家工程设计中心。

上海飞机制造有限公司

一、企业基本情况

上海飞机制造有限公司（简称上飞公司）是中国商飞公司全资子公司和总装制造中心。前身为始建于1950年的飞机修理队，后更名为国营第五七〇三厂、上海飞机制造厂，于2008年5月11日整建制进入中国商飞公司。2009年6月6日，实现公司制改造，由上海飞机制造厂改制成为上海飞机制造有限公司。2018年3月9日，按照现代企业管理制度和国企改革要求，上飞公司成立第一届董事会，推动法人治理机制建设。上飞公司注册资本为83.1亿元。

上飞公司承担着中国拥有自主知识产权的ARJ21新支线飞机、C919大型客机批生产和C929宽体客机研制任务，主要承担着飞机总装集成、关键零部件制造、维修交付和转包生产等主营业务。上飞公司现有浦东和大场两大基地。大场基地占地面积489亩，主要承担航空零部件生产和波音转包生产，特种工艺、衍生机型改装、（危化品）仓储等任务；浦东基地占地面积4049亩，主要承担ARJ21飞机和C919飞机总装集成、C929飞机研制，复合材料研发制造、航空零部件制造，以及飞机维修与交付等任务。其中，浦东基地ARJ21飞机生产线2019年3月投入使用。截至2022年底，上飞公司在编在岗7748人。

二、主要产品

1. C919大型客机。获颁型号合格证（TC）和生产许可证（PC），从研制阶段全面转入产业化发展阶段，实现批产首架机首飞，并交付首家用户中国东方航空股份有限公司。率先实现TC取证复材任务收官，牵头完成CCAR-25.605（民用飞机制造方法的适航条款）关闭工作，首次在批生产飞机上申请取得研制类特许飞行证并完成全机型号检查核准书（TIA）地面检查，取得1C检维修能力，支持航线运行，批产工作稳步推进。

2. ARJ21新支线飞机。完成37架机总装下线，全年交付客户34架机，累计交付100架机。交付首家海外用户印尼翎亚航空有限公司。全年总装下线20架机，累计下线120架机。保障货机取证、医疗机完成全部机上验证试验、应急救援指挥机改装，飞机全生命周期价值实现提升。支持保障海内外用户航线运营。

3. C929宽体客机。完成飞机级制造需求确认和系统级制造需求（机体部件）定义。持续完善生产线工装建模。

4. 航空零部件转包生产。转包项目全年交付396架份，产品质量稳定，一次提交合格率99.92%，顾客满意率99.96%。

三、产品开发与技术进步

攻克民机复材结构设计制造技术，掌握民机复材结构研制规律。立项2项国家标准，发布4项航空行业标准，申请专利256项。获颁国内第一张5G无线工业专用网络频率使用许可证，打造全国首个工业元宇宙园区。发布商飞大脑4.0。建成黑灯数控、绿色热表、精准钣金、智慧复材、柔性装配等数字化车间。建立产品全生命周期的数字孪生和数据模型，实现基于数字样机的产品全生命周期并行协同。完成“两化融合管理体系升级版”3A认证，入选工业和信息化部“2022年新一代信息技术与制造业融合发展”试点示范单位。

四、国际经济技术合作

1月26日，上飞公司与英国吉凯恩航宇民机服务有限公司、中航国际供应链科技有限公司正式成立金属、复材结构件合资公司——凯飞航空制造有限责任公司。伊飞公司在完成管路产品交付的基础上，持续开拓、发展管路维修和泵阀维修服务业务。赛飞公司形成包括移动线束试验验证在内的全套EWIS设计能力，具备全方位EWIS线束制造能力。

五、重大设施建设

工艺试验验证厂房、宽体研保复材试验验证厂房完工。国家商用飞机制造工程技术研究中心通过中国合格评定国家认可委员会（CNAS）科研实验室认可评审。

六、企业改革改制

发布《上飞公司“十四五”发展规划和2035年远景目标》及各分规划、《上飞公司2022—2024年发展纲要》。对标世界一流管理提升与国企改革三年行动全部任务收官，完成翔运公司混合所有制改革。实现特殊综合保税区“一司两地”封关运营。国家商用飞机产业计量测试中心通过筹建验收，正式挂牌成立。“C919飞机复合材料研制双一体化管理”获评2022年上海市企业管理现代化创新成果一等奖。完成13个部门196个次级机构调整。

中航西飞民用飞机有限责任公司

一、企业基本情况

中航西飞民用飞机有限责任公司（简称西飞民机）成立于2015年4月10日，是中国航空工业集团有限公司旗下中航西安飞机工业集团股份有限公司的成员单位。公司性质为国有控股企业，由中航西安飞机工业集团股份有限公司、中国航空工业集团有限公司、陕西航空产业发展集团有限公司等9家单位投资组建。

西飞民机是集民用飞机研发、总装集成、飞机修理、市场营销、用户服务为一体的民用飞机制造企业。公司积极构建完备的民机产业发展体系，形成与国际接轨、功能健全的民机产业布局。当前主要产品包括"新舟"系列涡桨支线飞机、民用货机，以及人工增雨机、遥感机、医疗救护机等多用途飞机。截至2022年底，公司职工人数1238人，其中研发人员占比42%。

西飞民机积极践行"航空报国、航空强国"的初心使命，坚持"以客户为中心，以奋斗者为本"的发展理念，做优新舟产品、做强民机产业，致力于成为世界领先的中型固定翼运输机产品和服务的提供商，用中国高端制造、航空卓越品牌服务全球用户。

二、生产经营情况

2022年西飞民机营业收入3.87亿元，完成2架机合同签署，2架机转场交付，定检维修飞机11架，外场飞机加改装54架。资产总额57.31亿元，较上年增长1.79%。

三、主要产品

西飞民机主营业务范围为民用航空器的设计、生产、维修、试验、销售及相关技术服务，产品主要为新舟60/600系列民用客机、多用途飞机及特种机。截至2022年底，已交付飞机分布在4大洲21个国家，在近300条航线上平稳运营，运送旅客超过1200万人次，为29个国家提供了逾500人次的适航官员专项培训，有效地扩大了中国民机的品牌影响力。基于该平台的人工增雨机、遥感机、海监机、医疗救护机等多用途飞机已经得到广泛应用。正在研制的新一代涡桨支线飞机——新舟700飞机，是中国民机发展战略"两干两支"的重要组成部分。

四、产品开发与技术进步

2022年西飞民机民用航空领域研发投入4.12亿元，围绕型号发展技术需求，探索客机发展与核心技术，完成商用无人系统场景分析、需求捕获、关键技术梳理；完成新能源飞机发展分析及关键技术方向确定。

五、国际经济技术合作

截至2022年底，主导市场产品占有率在民航、应急救援、多用途等领域相关情况分别为：国内支线民航占比11.90%，国际涡桨支线民航占比1.60%，增雨作业飞机占比66.67%，遥感飞机占比50.0%。同时，西飞民机基于"主制造商－供应商"研制模式，坚持核心业务自主创新，部件制造合作开展、零件委托加工的技术发展途径，积极寻求国内、国外制造技术资源和设备资源。

六、企业改革改制

2022年，西飞民机不断完善激励与约束机制，充分发挥公司治理作用，把握发展大局、增强风险意识、实行科学决策，促进公司经营管理水平的提升，确保实现年度经营发展目标。同时，从完善中国特色现代企业制度、推进国有经济布局优化和结构调整、积极稳妥推进混合所有制改革、健全市场化经营机制、加强国有企业党的领导和党的建设等 5 个重点领域，提出了 22 项专题任务，形成了实施方案和建立了工作台账。截至 2022 年底，37 项改革任务和举措全面完成，实现了上级确定的考核目标，取得了一系列重要的阶段性成果，公司发展质量显著提升。

空中客车（天津）总装有限公司

一、企业基本情况

空中客车（天津）总装有限公司（简称空客天津公司）成立于2007年，注册资本6000万欧元，位于滨海新区保税区空港经济区，占地面积约83万米^2，厂区员工1100余人。

二、生产经营情况

2022年实现工业总产值7.4亿元。

三、主要产品

空客天津公司主要从事A320系列飞机总装、喷涂，以及A330、A350系列飞机完成和交付等。具备每月总装交付6架A320飞机和完成交付2架A350飞机的能力。截至2022年底，累计生产交付了609架A320系列飞机和13架A350宽体飞机。

四、产品开发与技术进步

在A320飞机总装线基础上，空客天津公司积极拓展A321机型生产能力，计划2023年3月完成首架交付。

中航通飞华南飞机工业有限公司

一、公司基本情况

中航通飞华南飞机工业有限公司（简称通飞华南公司）隶属中国航空工业集团有限公司旗下中航通用飞机有限责任公司，成立于2012年，注册资金10亿元，是集通用航空产品市场营销、设计制造、试飞交付、客户服务为一体的综合性高新技术企业。通飞华南公司地处粤港澳大湾区重要门户枢纽、珠江口西岸核心城市广东珠海，毗邻珠海机场，占地面积约46万米^2。

通飞华南公司目前通过了AS 9100D质量体系、试飞安全体系、职业健康安全管理体系、环境管理体系等资质认证，是国家高新技术企业和珠海市独角兽种子企业。设有国家级博士后科研工作站、广东省博士工作站、珠海市院士工作站，是广东省首批职业技能等级认定试点企业，先后荣获中央企业先进集体、中国青年五四奖章集体、中央企业青年文明号等荣誉称号，AG600总装生产线先后获批“全国爱国主义教育示范基地”，广东省、中央企业和航空工业集团“爱国主义教育基地”，每年接待逾万名参观者。

二、生产经营情况

截至2022年底，通飞华南公司资产总计24.94亿元，营业收入19.58亿元，同比减少33%；利润总额-0.23亿元，较上年同期增加0.12亿元；工业总产值5.39亿元，同比下降22%。

三、主要产品

通飞华南公司在研的大型灭火/水上救援水陆两栖飞机“鲲龙”AG600是我国首次自主研制的、为满足国家应急救援体系和自然灾害防治体系建设需要的重大航空装备，与大型运输机运20、大型客机C919并称为我国大飞机家族的“三剑客”。AG600技术验证机（001架）已成功实现陆上、水上、海上首飞，突破并掌握气水动融合布局、高抗浪适海船体、复杂高支柱起落架等关键技术，为项目发展奠定了坚实可靠的技术基础，实现了我国特种用途飞机研制领域重大突破，取得了国家创新驱动发展战略重大成果。AG600全状态新构型灭火机于2022年5月31日完成陆上首飞、8月29日完成水上首飞和9月27日完成12吨投汲水试验，项目全面进入加速发展的新阶段。项目先后荣获“中国好设计金奖”“中国外观设计金奖”和“中国航空学会科学技术奖”等荣誉。

四、产品开发与技术进步

2022年通飞华南公司部署科技创新重点工作，突破了森林灭火和水上应急救援体系应用领域多项关键技术。一是把握实现自立自强的基本原则，从科技创新文化、科技创新投入和科技创新人才队伍等6大方面提升公司科技创新能力，支撑AG600自主创新和技术可控。二是梳理制定了技术体系专业目录，共形成11个技术范围，46项一级技术，122项二级技术，430项三级技术。三是新增课题17项，签署合同及协议金额8002.6万元，完成课题回款4173.71万元。完成重点科研课题“水陆两栖飞机搜救功能、运用模式研究与关键技术验证”年度目标任务。四是为使AG600能够在国家应急救援体系中发挥最大效能，解决各种搜救装备间协同配合和配套救援装备研发等问题，策划并承办第一届水陆两栖飞机技术论坛。

完成AG600初步专利布局和成果树策划。完成了89项专利文件撰写（其中发明专利58项）及2项科技成果鉴定，获得广东省科技进步一等奖1项和广东省工程设计中心认定。其中成果树经过7轮构建、评审，形成50项AG600成果树全树型项目，为公司后续知识产权、科技成果申请奠定了基础，提供了指引。

完成年度工作目标。压力传感器完成多项试飞验证，甚高频电台研制达到转段装机验证条件，国产标准件鉴定试验大纲获得适航批准。

五、国际经济技术合作

通飞华南公司与美国西锐公司合作，采用型号合格证（TC，归属西锐公司）与生产许可证（PC，归属华南公司）分开的形式，建成国内西锐飞机总装生产线，实现散件进口后国内装配、国内销售，形成国内公务机产业链，2022 年顺利完成 SR20 飞机 20 架机组装，实现 41 架机交付。

六、重大设施建设

通飞华南公司重点推进 AG600 生产制造、运营支持能力体系建设。持续推进珠海机场改扩建还建项目，完成水密淋雨试验场预验收及特种车辆库主体建设，具备整机 / 大部件淋雨试验条件。航空器运行支持中心建设项目年内实现主、辅楼双封顶。喷漆与维修机库建设项目获得立项批复，在解决公司土地历史遗留问题的同时，为后续生产制造及维修运营提供了能力保障。AG600 研制能力提升建设项目包及研制基础能力建设项目包按计划有序推进，零星技改及续建项目包顺利完成建设工作，AG600 飞机研制保障能力进一步提升。

七、企业改革改制

2022 年完成通飞华南公司章程变更及董事增补，基于新的董事会构成，完成薪酬与考核委员会、审计与风险委员会组建，新增设立董事会办公室。在对各治理主体运行制度全面废、改、立的基础上，按照 1 个基本制度、1 个实施办法、5 个清单、4 个规则、N 个制度的总体框架，重构法人治理文件体系，重理权责清单，实现规范运行。改革目标按节点全面落实，总体进度、重点任务进展实现“双达标”，国企三年改革行动圆满收官。

通飞华南公司全面落实各项战略目标，以总体规划为统领，构建起市场、产品和科技等专项规划互为支撑的“1+7”规划体系，并探索建立一套“战略地图 + 衡量指标 / 行动方案 + 滚动计划”的战略目标实施路线图，在总体规划与专项规划之间、战略规划与计划实施之间架起桥梁。基于初步分解，完成“十四五”规划回头看、年度评估，规划目标综合实现率达到“双 40”标准，为确保 2023 年“双过半”奠定了坚实基础。

中航通飞华北飞机工业有限公司

一、企业基本情况

中航通飞华北飞机工业有限公司（简称通飞华北公司）是由河北省人民政府与中国航空工业集团有限公司在石家庄飞机工业有限责任公司基础上共同出资组建的。公司成立于2012年9月，注册资金15亿元，地址位于石家庄市栾城区。

通飞华北公司是中国航空工业集团有限公司所属成员单位，是航空工业通飞的核心骨干企业。公司占地面积1400余亩，厂房面积14万米^2，拥有1200米跑道A1类通航机场一座，资产总额18亿元，在职员工900余人。公司以通用飞机研发制造为核心业务，推动通用航空全面发展；公司是国内以研制生产通用飞机为主的专业化主机厂，具有机加、钣金、钳焊、铆接、复合材料加工、表面热处理，以及飞机部装、总装、试飞等综合能力；积累了丰富的通用飞机研发、制造管理、适航取证、持续适航的经验和能力。公司是省级企业技术中心，通过了AS 9100D和GJB/Z 9001B质量体系认证，具备装备承制单位资格，拥有自营进出口经营权资格。

企业定位“一体两翼、三个支柱”：即以航空制造为主体，以整机生产销售服务和航空航天结构件配套为两翼，形成通用飞机研制生产、工业级无人机制造、航空航天零部件生产三大支柱产业。通飞华北公司秉承“航空报国、航空强国”使命，坚持“制造与服务融合”方略，打造成为航空工业京津冀协同发展窗口和通航产业发展示范基地。

二、生产经营情况

2022年通飞华北公司基本完成了通飞公司下达的考核指标和任务，主业发展不断壮大，经济总量有所提升，经营状况持续改善，实现效益效率稳步提高。2022年营业收入实现4.18亿元。全年生产交付各型飞机27架，其中运5B飞机5架，赛斯纳208B飞机2架，赛斯纳172系列飞机20架。

三、主要产品

1. 运5B飞机

通飞华北公司主要产品运5B飞机作为建厂之初就投入生产的经典机型。运5B系列飞机符合中国民用航空局CCAR-23部适航标准，广泛应用于农林作业、飞行员培训、空中游览、航拍航测、空投伞降、客货运输、勤务用机等多个通航领域。

通飞华北公司为进一步提升运5B飞机飞行性能，降低运营成本，强化产品核心竞争力，重新焕发经典机型的市场活力，实施了运5B飞机换装涡桨发动机项目，已完成首飞，正在进行取证工作，运5B飞机换装涡桨发动机后性能及技术水平将在同级别机型中处于先进水平。公司积极落实通飞应急救援体系建设规划，正在实施运5B飞机灭火型研制项目，主要应用于森林、山区、交通不便等地区巡逻、灭火作业，满足国家应急救援体系建设需要。

2. “小鹰”500飞机

通飞华北公司主要产品“小鹰”500飞机，是我国严格按CCAR-23部航空规章进行设计、生产、试验、试飞、取证的具备完全自主知识产权的4 ~ 5座轻型飞机。“小鹰”500飞机可广泛应用于飞行培训、私人飞行、旅游观光、农林作业、航拍航测等通用航空领域。

通飞华北公司综合考虑行业发展前景、市场需求、用户使用反馈等多方面因素，对“小鹰”500飞机实施了客户化改进项目，全面提升了机型的运营经济效益及乘用体验。

3. 工业级无人机

通飞华北公司以运5B飞机为平台，合作

开发运5U大型工业级货运无人机，满足航空货运市场和应急救援无人投放的需求，已实现首飞。

4. 赛斯纳208B飞机

赛斯纳208B飞机是一种单发涡桨多用途飞机，具有飞行速度快、商载大、可在未铺筑的跑道上起降、经济性好、可靠性高、维护简便等特点。受到短途客货运输公司、包机公司、航空快运公司，以及从事航空旅游、高空跳伞、航拍、人工降雨、应急医疗救援等业务用户的青睐。

5.“国王”350飞机

“国王”350飞机作为涡桨飞机中的代表具有出色的短距起降性能，具备高品质的客舱管理系统，可以满足客户各式各样的长途或高技术任务需要。

6. 飞机维修服务

飞机维修业务是航空产业链条中的重要环节，是高附加值的业务环节。通飞华北公司下属飞机维修分厂，是少数具有通用飞机大修资质的制造企业之一，具有运5B飞机大修资质，主要开展飞机大修、改装业务。

四、产品开发与技术进步

AG600项目完成3架机发动机短舱及支架、主起整流罩、背鳍、结构散件和系统散件交付，完成紧急订货任务交付；“海鸥”300轻型水陆两栖飞机完成全部适航验证试飞工作；运5B飞机换装涡桨发动机项目完成相关设计改进和装机验证等工作，完成多项验证试飞科目；NADCAP完成化学处理认证。

五、国际经济技术合作

石家庄中航赛斯纳公司取得了赛斯纳208发动机更换和检修资质，首次实现赛斯纳172飞机销售，业务规模进一步扩大。

六、企业改革改制

2022年是国企改革三年行动的决战收官之年，通飞华北公司全面贯彻落实党中央、国资委、航空工业集团、通飞公司等改革三年行动相关工作部署，高质量完成了改革三年行动收官工作，公司改革任务7个方面21类重点改革任务已全面完成；按照公司对标世界一流管理提升行动实施方案，公司对标工作任务全部完成；AOS体系建设年度目标完成，全年编制发布AOS标准文件500余份，上线成熟流程30多个。

浙江万丰飞机制造有限公司

一、企业基本情况

浙江万丰飞机制造有限公司是万丰集团旗下万丰飞机工业有限公司的全资子公司，成立于2021年，位于浙江新昌万丰航空小镇，注册资本1亿元，拥有员工近300人，是一家以飞机研发制造为核心的国际化企业，现与钻石奥地利、钻石加拿大形成国际布局，为全球钻石客户提供有力的技术保障和售后服务，实现国内国外遥相呼应、优势互补、资源共享、互动发展。

二、生产经营情况

2022年，公司实现主营业务17796万元、实现销售收入13599万元、完成工业总产值12730万元、利润716万元。

三、主要产品

公司主导产品为固定翼通用飞机DA40 NG整机及复合材料零部件，包括通用飞机整机及部件的研发和制造，产品维护、修理服务等。飞机主要应用于俱乐部、飞行培训、私人用途、特殊用途，包括森林防护、应急救援、空中游览和海洋巡逻等领域。产品具有精度高、低能耗、低振动和长寿命等优势，通过了AS 9100、ISO 14001、OHSAS 18001和GB/T 29490等体系认证，并满足欧洲EASA、加拿大TCCA、美国FAA等通用飞机适航论证标准和要求。

四、产品开发与技术进步

公司遵循“永恒提升价值 不断奉献社会”的经营理念，坚持科技创新是企业发展的永恒主题，高度重视技术创新，逐年加大科技投入，以人才为基础，加强对外技术交流与合作，不断增强自主创新能力。公司主要研究方向为通用飞机整机及零部件的设计、开发，新材料的研究及测试，设备及系统的检验检测以及复合材料结构件的先进制造工艺研究等。

公司研发中心场地面积200米^2，包含办公区及材料实验室、检测室等。公司现拥有科技人员40人，占总人数比例达到14%，其中正高/博士3人，副高5人。截至2022年底，已立项研发项目12项，完成11项，获批省级新产品5项。公司拥有专利75项，其中发明专利8项。

公司现已获取中国民用航空局颁发的钻石DA20/DA40/DA42/DA62飞机、DF/FM轻型运动飞机的VTC证书，DA40/DF飞机的PC证书，同时获评轻型通用飞机浙江省工程研究中心，构建通航飞机的设计研发平台。2022年作为主要起草单位发布了2项中国航空运输协会团体标准《通用航空器纤维增强复合材料常温胶结工艺》和《通用航空器纤维增强复合材料湿法制造工艺》。

五、国际经济技术合作

2022年度，公司出口固定翼通用飞机复合材料机身等部件41件，累计实现销售收入2365万元。

湖南山河科技股份有限公司

一、企业基本情况

湖南山河科技股份有限公司（2023 年 8 月更名为山河星航实业股份有限公司）是 2008 年由中南大学何清华教授创办的一家产、学、研紧密结合的高科技股份制民营企业，专注从事通用航空领域载人轻型飞机和无人机的研发、制造和销售，是国家级专精特新“小巨人”企业。在国内低空空域管理改革大政策背景下，公司依托“超强的战略定力、理性的发展路径、精干的技术团队、自主的研制体系”，历时多年，突破通用飞机数字化设计、基于超算的数字化风洞仿真、复合材料低成本成形制造、多源扰动作用下无人机航姿稳态控制等一批核心技术，探索了一条自主创新的通用航空发展路线，研发出十多个规格型号、具有自主知识产权的通航产品。

公司拥有中国民用航空局（CAAC）颁发的飞机型号合格证（TC）、生产许可证（PC），美国 FAA 颁发的 LSA 适航认证、无人机驾驶员培训资质及 AS 9100D 国际航空航天质量体系认证；已获授权专利 50 多项，承担了多项国家级、省部级科技创新项目，获得首届“中国优秀工业设计奖金奖”“中国专利优秀奖”、第二届“芙蓉杯”企业组企业优秀奖和湖南省专利奖三等奖等荣誉。

面向未来，公司将立足自主，开放创新，为不断研制性能优异、安全可靠、性价比高的自主品牌通航产品不懈努力，为民族自主通航产业的发展做出更大贡献。

二、生产经营情况

公司现有员工 350 人（含分公司），其中专职研发人员 66 人，研发人员占比 18.9%。截至 2022 年底，公司总资产 24669 万元，负债率 12.01%；近 3 年（2020—2022 年）主营收入分别为 3634 万元、5163 万元和 9785 万元，营收快速增长；研发投入分别为 653 万元、896 万元和 1159 万元，研发投入大幅增加。2022 年，公司主要产品 SA60L 轻型运动飞机交付 43 架，占国内细分市场的 74%，继续占据市场领先地位。

三、主要产品

公司现有产品包括轻型运动飞机（及改装的特种飞机）、大型固定翼无人机、多旋翼无人机和无人直升机等系列产品。

1. SA60L 轻型运动飞机系列

SA60L 飞机是国内首款通过适航认证的全复材轻型运动飞机，历经 10 多年的技术积淀，不断进行技术优化和创新，已形成 SA60L、SA60L-iS、SA60L-T、侦察巡逻、中继通信、航拍测绘等系列飞机产品。SA60L 飞机采用碳纤维复合材料一体成形制造，飞行性能、安全性均达到国际先进水平，主要用于私人飞行、飞行培训、飞行体验、航拍航测等，最大起飞重量 600 千克，最大航程 1200 千米，可使用 95 号及以上无铅汽油。目前，SA60L 系列飞机已累计交付 240 多架，在同类型飞机的国内市场占有率上遥遥领先。

2. SA70L 轻型运动飞机系列

SA70L 飞机是基于 SA60L 飞机研制的升级产品，包括 SA70L 和 SA70L-iS 两个构型。相较 SA60L 飞机，SA70L 机身结构进行了加强，具有更大的起飞重量和负载能力；配装了 GRS 整机降落伞，在操作失误和机械故障情况下仍可保证机组人员安全；选配了功能更丰富的 Garmin G3X 航电系统，飞行体验更佳。

3. SA70U 无人机

SA70U 无人机是一款 700 千克级智能无人机系统。最大起飞重量 700 千克，实用升限 7000 米，具备高高原起降、短距起降能力，配置整机降落伞，可广泛应用于反恐侦察、边境巡逻、森林巡防、物资输送、通信中继等领域。

4.“雷霆”多旋翼无人机

“雷霆”多旋翼无人机是一款纯电动 6 轴工业级无人机，可搭载吊舱、照明灯多类型任务设备，执行地质勘探、巡线测绘、核辐射探测、物资输送、应急通信与照明等任务。整机核心部件采用冗余设计，具备任意单个部件故障后安全迫降能力；采用折叠结构设计，运输安装方便快捷，目前该机型已通过公安部检测机构认证。

5.“飞玥”无人直升机

“飞玥”无人直升机是一款多功能通用自主型无人机系统，打破了日本雅马哈无人直升机的垄断和禁运。该产品自主化程度高，具备全自主起降和飞行功能；应用范围广，模块化任务载荷可选装吊舱、中继通信、灭火弹等，可应用于侦察测绘、应急通信和森林消防等。

6. 系留灭火无人机

SAX120 消防系留灭火无人机是面向城市高层建筑灭火难题研制的系留式大载荷灭火装备，基于消防车底盘，集成了动力、压缩空气泡沫灭火系统（CAFS）、系留无人与指控系统，响应速度快，机动能力强。该装备自动化水平高，仅需 3 人即可操作，具备单装自动消防作业，也可多装联合作业。

7. 高性能复合材料制件

可根据用户需求，提供从复合材料零部件设计、强度计算、复材铺层设计、复材成形制造、零部件测试等一体化服务方案。目前已完成的具有代表性的产品包括大型固定翼无人机复材机翼、应急救援直升机复材水箱、全复材结构显控台和设备表面吸波复材面板等。

四、产品开发与技术进步

（一）新一代多用途轻型运输飞机（SA750 飞机）关键技术研究与应用

服务“三高四新”战略，为低空空域管理改革提供高性价比短途通勤类飞机。公司研发团队联合中国航空研究院、中国航发南方公司、中南大学、南京航空航天大学、株洲菲斯罗克光电科技股份有限公司，整合通航产业链资源，共同攻克轻型运输飞机短距起降气动优化设计、中等功率航空涡桨发动机系统集成、大型航空复合材料部件成形等关键技术，研制一款实用性强、使用成本低的全复合材料轻型运输飞机（SA750），推动在湖南建设我国轻型运输飞机产业基地。该型飞机已完成详细设计和首架机的零部件试制，正在开展总装工作。

（二）5 座全复合材料通用飞机（SA160L 飞机）关键技术研究与应用

SA160L 飞机是依据中国民航 CCAR-23 部适航法规研制的单发 5 座通用飞机，对标 SR22、DA50 等国际一流活塞类高端豪华私人飞机，以安全、舒适、现代、智能的飞行感受为目标，飞机采用全复合材料机体，高强度与低重量兼具，整体技术指标达到世界先进水平。目前已完成原型机的试制与试飞测试，正根据测试结果及最新的市场反馈情况，对飞机开展优化设计。

（三）超高层建筑系留式灭火无人机系统（SAX200）研制与应用示范

基于 120 米系留式灭火无人机技术，公司联合清华大学、中国矿大深圳研究院、应急管理部沈阳消防研究所等 9 家国内行业领先大学和科研院所，开展 200 米级超高层建筑系留灭火系统研制，该项目将进一步突破高功重比电动力系统集成、火场复杂环境抗干扰飞行控制技术、分布式多智能体联动作业控制技术等关键技术，并在消防队伍的支持下开展消防演练等综合应用示范，最终为我国超高层建筑提供一种可靠的消防装备。

五、国际经济技术合作

在技术领域，公司与大众集团联合开展了纯电动垂直起降飞行器（EVTOL）研究，在高密度功率电机、轻量化复材结构、大功率配电管理等领域开展了合作并取得突破，目前首架样机已完成试制和初步试飞测试。

在市场领域，公司与澳大利亚东海岸航空器维护中心开展了市场推广合作，推动 SA60L 系列轻型运动飞机在国外市场的应用推广。

六、重大设施建设

公司二期10000米^{2}厂房已完成建设并投入使用，二期工程包括了一个恒温恒湿复材生产车间、一条轻型运输飞机总装生产线、一个通用飞机力学实验室。二期工程将进一步提升公司产能，实现SA60L系列产能从100架/年到150架/年的提升，并初步具备了轻型运输飞机的制造能力。

七、企业改革改制

公司已完成员工股权激励，通过持股平台，公司骨干员工累计持股1600.3万股，占公司总股份的12.3%，将实现员工共享公司发展红利。

航空工业哈尔滨飞机工业集团有限责任公司

一、企业基本情况

航空工业哈尔滨飞机工业集团有限责任公司（简称航空工业哈飞）创建于 1948 年，是我国“一五”时期 156 个重点建设项目之一，曾支援航空工业 20 余个厂所的建设，设有国家级技术中心和博士后工作站。管理天津直升机有限责任公司（简称天津直升机公司）、中国飞龙通用航空有限公司（简称中国飞龙）、哈尔滨通用飞机工业有限责任公司、哈尔滨哈飞空客复合材料制造中心有限公司（简称哈飞空客复材制造中心）等所属企业。

近年来，航空工业哈飞聚焦航空主业，加快推进航空产品升级换代，形成了以 AC312E、AC332、AC352 民用直升机和运 12E、运 12F 固定翼飞机为代表的民机产品体系，全方位满足客户需求。航空工业哈飞拥有获得国际权威适航当局认可的、健全的设计研发制造体系，同时具备直升机和定翼机设计研发制造能力。复合材料设计与验证等多项技术处于国内领先地位，是国内最大的航空复合材料零部件生产基地。

二、生产经营情况

航空工业哈飞 2022 年民用航空产品产值 8.66 亿元，同比增长 5.04%；实现民用航空产品收入 6.54 亿元，同比增长 20.37%。全年转包产品交付额 0.67 亿美元，同比增长 8.12%。此外，航空工业哈飞全年实现通航运营收入 3.07 亿元。

三、主要产品

航空工业哈飞目前在产的主要民用航空产品有 AC312E 直升机、运 12 系列飞机、运 12F 飞机、C919 大部件、国外飞机型号大部件和转包产品等。

（一）民用产品

航空工业哈飞生产的 AC312E 直升机具备在昼夜及复杂气象条件下飞行的能力，具备优异的高原飞行性能，填补了国内双发轻型直升机高原领域空白，目前已取得中国民用航空局（CAAC）型号合格证和生产许可证，累计交付 7 架机。运 12 系列飞机是公司于 20 世纪 80 年代自主研发的一款轻型多用途飞机，目前已取得中、美、英、法、俄等 14 个国家的型号合格证 / 认可证，累计销往 30 余个国家和地区，当前在产型号为运 12 Ⅳ和运 12E 型飞机。运 12F 型飞机是在运 12 系列飞机的基础上，于 21 世纪初全新研制的一款双发多用途通用飞机，于 2015 年 12 月取得 CAAC 型号合格证，2016 年 2 月获得美国 FAA 型号合格证，通过了中美航空器评审组（AEG）审查，该飞机以技术先进、空间宽敞和商载突出的优势在 23 部飞机中受到关注。

航空工业哈飞始终以积极开放的态度，壮大航空事业朋友圈，与合作伙伴实现互利共赢。2022 年 11 月 7 日，在珠海举行的第十五届航空航天月桂奖颁奖典礼上，航空工业哈飞与中国民用航空适航审定中心、中国航发东安、空客直升机、赛峰直升机发动机共同获得“携手合作奖”。同时，航空工业哈飞也始终把客户需求放在首位，狠抓质量管控和售后服务，不断开拓全球市场。2022 年 11 月 8 日，在第十四届中国国际航空航天博览会首日，航空工业哈飞与保利科技有限公司签订 2 架“吉祥鸟”AC312E 直升机采购合同，开创了该型直升机首次出口国际的新局面。

（二）通航运营

航空工业哈飞的所属单位中国飞龙承担通航运营、航空器托管服务、飞行员培训、地勤培训、航空器维修和改装等业务。该公司具有完善的通航运营资质，是哈尔滨平房机场（A1）运营人，飞行作业区域遍布我国除台湾外的所有省份，并已初步建立国内整体运营网络，形成“固北拓南”发展格局。每年航空护林面积超过我国国土面积的10%，是首家运营重型直升机进入应急救援领域的通航公司，具有重型直升机的运营领先地位；是公安部警航办指定的初始培训、飞行技术保持和提高培训机构；是国内第一家获批的135运营单位，使用运12飞机开辟了国内首条以通用飞机执飞的客运航线。

在通航运营方面，2022年中国飞龙首次与吉林大学白求恩第三医院合作，使用民用直升机开展医疗救援任务；深耕细作应急救援市场，运12应急救援指挥机首次在国家林草局应用，并获得广泛好评；运营能力稳步提升，飞行学院达到192人训练容量标准，新增伊春运行基地。

四、产品开发与技术进步

（一）AC352直升机

AC352直升机是公司与空直采用项目对等合作的形式联合研制的一款6吨级通用直升机，可广泛应用于通用运输、近海海域作业支援、搜救、警用反恐等民用领域。

7月26日，中国民用航空局向航空工业哈飞颁发了先进中型多用途民用直升机直15（AC352）型“吉祥鸟”直升机型号合格证，标志着该型直升机研制工作取得圆满成功，填补了我国民用直升机谱系空白，为国民经济发展和航空应急救援装备体系完善做出了贡献。

（二）AC332应急救援型直升机

本项目旨在研制出满足CCAR最新适航标准要求的先进直升机，填补我国4吨级应急救援直升机的空白，满足应急救援体系建设需要，推动我国航空应急救援能力快速成形。该机型未来将主要瞄准紧急医疗救护、警用执法、应急救援、高原作业、海上作业等目标市场。目前研制顺利推进，完成静力机（001架）铆接，标志着AC332研制工作向前迈出坚实一步。

（三）AC352搜救型直升机

本项目主要通过在AC352基本型已取得型号合格证（TC）的基础上开展应急救援改型研制工作，使其能够在海上搜索救援、应急运输等任务中发挥优势作用，助推形成快捷、高效、全天候的海上救助能力，完善我国救援直升机谱系，支持我国应急救援体系建设。产品未来将主要瞄准应急救援、警航等目标市场。

五、国际经济技术合作

航空工业哈飞积极融入世界航空产业链，凭借先进的复合材料和整机制造技术优势，先后与美、俄、英、法等十余个国家开展合作。目前，公司与空直、英国GKN等公司有着直接的合作，现有AC352直升机、赛峰F7X短舱风扇罩、GKN发动机短舱等国际合作项目；旗下与空客集团合资成立的哈飞空客复材制造中心是A350系列飞机方向舵、升降舵等部件的唯一供应商、A320系列飞机方向舵的主要供应商。

昌河飞机工业（集团）有限责任公司

一、企业基本情况

昌河飞机工业（集团）有限责任公司（简称航空工业昌飞）始建于1969年，隶属中国航空工业集团有限公司，具备研制和批量生产多品种、多系列、多型号直升机和航空产品零部件的能力，是中国直升机科研生产基地和航空工业骨干企业。公司具有雄厚的科研生产和技术实力，设有博士后科研工作站，是国家企业技术中心、工业和信息化部首批智能制造试点示范单位、国防科技工业高效数控加工研究应用中心，与清华大学合作成立了直升机先进制造研究院，拥有国家认可的理化计量中心重点实验室，设有航空应急救援重点实验室，是江西省航空应急救援装备保障及培训基地。公司荣获“智能制造标杆企业”，拥有智能物流配送中心、精益制造生产线，数字化集成制造、复合材料加工、直升机动部件生产等处于国内先进水平。

航空工业昌飞现有资产总额196.37亿元，占地面积254.41万米^2，职工6000余名，其中具有中高级技术职称的1347名，享受国务院政府特殊津贴5名，航空工业首席技术技能专家4名和特级技术技能专家29名。

二、生产经营情况

2022年航空工业昌飞实现工业总产值72.57亿元，营业收入68.06亿元，利润总额0.49亿元。

2022年，向西藏民航发展投资有限公司生产交付3架AC311A直升机，并完成租赁10架机（2架AC313、2架AC311A、6架AC311）业务。同时，公司加大了民机市场推广力度，主动作为，开展了多项推广活动。

1. 对标航空工业集团与江西省合作备忘录要求，积极参与江西省及各地市航空应急救援产业与通航产业发展，全力保障1架AC313型机常驻宜春、南昌两地航空护林备勤，累计飞行243小时，保障参股的华夏九州通航开展南昌、景德镇、抚州、宜春、吉安等地市公益飞行、市政飞行近230小时；积极参与江西省低空空域管理改革，承担江西省通航运行景德镇分中心技术运营，与中国民航局第二研究所完成了通航运行系统的安装调试工作。

2. 成为景德镇通航产业发展的核心力量，全力支持、协办2022中国航空产业大会，实施景德镇消防救援队和特警索降培训90飞行小时，打造江西省首支具备航空应急救援索降能力队伍，编制景德镇市政府通航飞行服务菜单，形成一套“直升机销售＋托管服务”销售模板，成功推动了景德镇第2架直升机（AC311A警用型机）销售。

3. 与江西适航审定中心、航空工业直升机设计研究所共同打造“五个融合”协同工作机制，制定了民用直升机项目适航审定协同管理办法，建立项目例会、现场办公会、工作简报等机制。

4. 探索创新金融方式方法，持续推进与中航租赁成立SPV项目公司，共同前往苏州市澄湖航空飞行营地推介AC311A直升机，提供跳伞运营方案以及融资方案，推进苏州地区通航市场的开拓。

三、主要产品

航空工业昌飞始终坚持自主创新和国际合作相结合的发展思路，不断开拓民用直升机产品，与美国西科斯基公司、阿古斯特直升机有限公司、波音公司建立了良好合作关系，拥有1吨、2吨、3吨、6吨和13吨等多种民用直升机型号，已形成自主创新和国际合作齐头并进的产业模式。先后研制生产的民用直升机型号如下。

（一）1 吨级 S300 直升机

S300C 直升机是美国施韦策公司在产的单旋翼带尾桨、1 吨级轻型直升机。1956 年 10 月首飞，1970 年获得 FAA 适航证，现已进入批量生产，目前全球共生产销售了 2000 架。S300 型直升机具有重量轻，体积小，各种辅助、助力设备少，适用性广泛，机动灵活，经济的价格及低廉的飞行、维护费用等特点，因而特别适合用于执法（公路巡逻、执法巡逻、空中指挥、追捕逃犯等）、训练（直升机飞行员飞行训练和培养飞行员）和通用用途（旅游观光、工作巡视、体育、航拍等）领域，市场应用十分广泛。2006 年公司与美国施韦策、西科斯基、RSG 公司开展了一系列 S300C 项目合作，2018 年，公司在 S300C 系列直升机获得中国民用航空局颁发的型号认可证基础上，于 2019 年 4 月获得中国民用航空局颁发的 S300C 系列直升机生产许可证。

（二）2 吨级 AC311 系列型机

AC311 型机是在直 11 型机基础上改进改型的轻型民用直升机，2010 年 11 月 8 日实现了首飞，2012 年 5 月 8 日完成型号合格证（TC）取证，2012 年 11 月 13 日完成生产许可证（PC）取证，并通过 AEG 审查，是我国首型通过 AEG 审查的旋翼类航空器。

为满足市场需要，提高整机性能，2014 年在 AC311 基础上进行升级改型，开展了 AC311A 型机研制，2014 年 8 月 14 日实现了首飞，10 月完成高原试飞。2016 年 8 月完成 TC、PC 取证及通过 AEG 审查。

（三）13 吨级 AC313 系列型机

AC313 型机是按适航标准研制的大型民用直升机。2010 年 3 月 18 日实现了首飞，2011 年完成高原试飞，创造了国内直升机海拔 8000 米升限纪录。2012 年 1 月 5 日完成型号合格证（TC）取证，2012 年 11 月 13 日完成生产许可证（PC）取证，2013 年通过 AEG 审查。

为响应国家大型航空应急救援装备建设需求，公司加快开展大型直升机 AC313A 研制，2021 年完成铁鸟机总装及首飞机总装，2022 年圆满完成 AC313A 型机首飞。

（四）C919 型机部件

航空工业昌飞承担了中国商飞公司 C919 项目前缘缝翼和后缘襟翼的研制，2012 年项目启动研制，2013 年完成了铁鸟试验件的交付。2014 年完成难加工零件工艺试验，2015 年完成本体件生产准备工作进入加工试制，2017 年完成首架本体件交付，2018 年完成 PPV 验证，2018 年交付第 2 架份，2019 年交付第 3 架份，完成了科研阶段 3 架份的交付任务。2021 年全面启动批产首架机的投产工作，2022 年实现批产配套生产 1 架份交付。

四、产品开发与技术进步

1. 2022 年航空工业昌飞组建首支 AC313A 型机试飞机组，圆满完成 AC313A 型机首飞任务，期间中央电视台新闻频道滚动播出首飞实况、《新闻联播》专题报道、中央媒体报道 600 余篇、集团官方短视频浏览量破千万、抖音 TOP1，扩大了航空工业品牌影响力，增强民机发展自信。

2. 以客户需求为导向，拓展平台任务能力，完成 AC311A 警用型加装光电吊舱、图像传输等任务设备适航取证，完成 AC311A 救援型大容量供氧系统、带有 ADS-Bout 功能的航管应答机、医疗担架、消防吊桶等任务设备适航取证，成功交付西藏高原客户。

3. 聚焦“工艺优化、配套受限、性能拓展、设计改进、对标提升”5 个方面，完成 AC311 系列 88 项“产品品质对标提升”持续改进项目，从“外观喷漆质量、内饰、间隙与阶差、制造优化、防磨防护”等方面着手，实施完成 137 项“交付品质改进”，实现 AC311A 型机以外观“一级品”交付客户。

4. 航空应急救援重点实验室作为江西省航空应急救援重点实验室平台，不断加大航空应急救援标准体系研究力度。2022 年开展了《航空应急救援》3 项标准研究工作，《直升机应急医疗救援转运操作指南》《直升机舱内物资投送操作指南》《直升机目视搜索操作指南》3 项地方标准经江西省市场监督管理局批准正式发布。

五、国际经济技术合作

2022 年，航空工业昌飞的波音 767 项目完成零件出口交付 11660 件，交付金额 50 万美元；波音 737 项目转包完成交付 1816 件，交付金额 166.95 万元。完成交付美国西科斯基公司 S92 尾斜梁 4 架份，交付金额 97 万美元；完成交付 S92 备件 30 件，交付金额 9.07 万美元。完成美国 SRSG 公司油箱和油箱托盘订单交付，交付金额 4.24 万美元。按照 S76 清算协议的要求，2022 年已完成所有 S76 出口退运物资（包括大型工装、航电设备、零件等）共计 4000 多项。并完成了 S76 剩余物料约 5000 多项的报废处置工作。

六、重大设施建设

2022 年民用航空基础设施建设项目 4 项，新开工 1 项，总投资 11900 万元，其中新开工项目投资 2000 万元，续建项目投资 9900 万元。

重大基础设施建设 3 项，包括维修厂房、复合材料桨叶厂房、昌飞青年公寓及职工食堂项目，其中维修厂房及昌飞青年公寓及职工食堂项目已建成并交付使用。

航空工业昌飞建立了《固定资产投资管理规定》等与基础设施建设相关的管理制度 20 余项，基本规范了建设项目全过程管理。各项目建设内容均按国家有关法律法规、上级文件及公司内控制度要求实施，建设过程合法合规。

航空工业昌飞通过基础设施建设，为型号研制、批生产提供了必要的条件，提升了公司核心制造能力，推动了直升机制造智能化发展，有力保障了民品型号任务的完成。

七、企业改革改制

2022 年，航空工业昌飞改革三年行动高质量收官。完成和利通航股权清理，厂办大集体和医院改革收尾平稳过渡；完成技装公司市场化改革，实现公司与民企、地方政府航空产业合作共赢，探索航空维修分公司模拟市场化运作考核；扎实推进对口支援赣州市章贡区工作，赣州澳克泰工具公司列入公司合格供应商目录。

大疆创新科技有限公司

一、企业基本情况

深圳市大疆创新科技有限公司（简称大疆）成立于2006年，致力于成为持续推动人类文明进步的科技公司，以让生命更丰富为使命，坚持“秉持公心、反思自省、求真品诚、激极尽志、积极正向、知行合一”的价值观。

大疆经历创业之初6年的积累，于2012年带来了划时代的无人机系统与影像解决方案，并开启了“天地一体”的影像新时代。公司依托创新、可靠的产品，迅速进入影视传媒、能源巡检、遥感测绘、农业服务、基建工程、前沿应用等多个领域，为各行各业提供了高效、安全、智能的工具。同时还致力于成为公共安全和应急救援中不可或缺的中坚力量，在地震，火灾，危化物品泄漏、爆炸，突发疫情中提供强有力支持。

二、生产经营情况

大疆始终坚持自主创新，多年来研发投入占比超15%；累计申请专利近20000件，其中PCT专利6000件。全球商标布局57个国家和地区，注册1800多件。在9个国家设有17家分支机构，销售与服务网络覆盖全球100多个国家和地区。2022年公司民用无人机产值305.7亿元，其中出口交货值174.8亿元。

三、主要产品

目前大疆的业务已从无人机系统拓展至多元化产品体系，在无人机、手持影像系统、机器人教育等多个领域成为全球领先的品牌，并将技术延展到自动驾驶、激光雷达、高清摄录一体机等新领域。

2022年，大疆仍然保持着较高的创新能力和成果产出能力，共推出20余款新产品，并获得市场好评。其中，DJI Avata采用全新外观设计，搭配飞行眼镜和穿越摇杆一同使用，通过转动手腕可实现体感控制，无论是飞行还是航拍，新颖的沉浸式玩法都能让你享受纯粹的乐趣；相比普通航拍机84°的可视角度，DJI Avata的录像视角范围拓宽至155°，突破常规航拍视野，带来更具冲击力的视觉效果。得益于下视双目视觉和ToF红外传感系统，DJI Avata可感应机身下方障碍物，并能实现低空飞行以及室内飞行。超强增稳和地平线增稳在航拍时“发力”，最大限度消除画面晃动，带来各具特色的影像风格，将超高清视频稳稳拿下。

“经纬”M30是背包里的行业旗舰机，飞行性能强劲，最长飞行时间41分钟，抗风能力15米/秒，最大飞行高度7000米，IP55防护等级，工作环境温度范围达-20～50℃，可轻松应对极端恶劣环境；机身6向都具备双目视觉及近红外传感器，全方位避障，保障飞行安全；4天线O3图传行业版，2路发射信号，4路接收信号，最多同时支持3路1080p图传。

T50农业无人机延续强劲的共轴双旋翼动力系统，采用分体式抗扭固定结构，强度更高。搭载双重雾化喷洒系统、前后相控阵雷达与双目视觉系统，集航测与飞防于一体，带来更稳定的作业保障与更优质的作业效果。双重雾化喷洒系统，带来16升/分钟超大流量（2喷头喷洒），雾滴均匀细密，无滴漏。针对果树作业，还可选配50升喷洒箱和增配一对离心喷头，流量可提升至24升/分钟（4喷头喷洒），增加喷洒覆盖面积，有效提升作业效率和叶背药液附着率。全新播撒电机和螺旋流道甩盘，大幅提升播撒效率与流畅度。

四、产品开发与技术进步

大疆以市场需求为导向，围绕企业经营发展战略，加强自身建设，加大产学研合作的力度，积极进行技术创新和新产品研发，为企业持续发展提供长期的技术支撑，实行“研制一代、开发一代、生产一代、储备一代”的产品开发方针，突出发展高技术产品，突出发展填补国内外空白的产品，使企业的研发和制造水平显著提高。

亿航智能设备（广州）有限公司

一、企业基本情况

亿航智能设备（广州）有限公司（简称亿航智能）成立于2014年，是一家城市空中交通科技企业。亿航智能为全球多个行业领域客户提供无人驾驶航空器产品和解决方案，覆盖空中交通（包括载人交通和物流运输）、智慧城市管理和空中媒体等应用领域。

亿航智能2016年发布了全球首款无人驾驶载人航空器，2019年12月12日，登陆纳斯达克，成为全球首家上市的城市空中交通公司。凭借持续不断的科技与产品创新，亿航智能先后获得了国家高新技术企业、国家知识产权示范企业、广东省专精特新中小企业认定，通过了AS 9100D航空航天质量管理体系认证，获得第九届广东专利奖金奖，在分布式操控无人机电子围栏等方面处于领先地位。

亿航智能致力于无人驾驶航空器的研发、生产和销售，配备了先进的研发、生产和检测设备，具备自主研发及科技成果产业化条件，被广东省科技厅认定为广东省空中交通飞行器工程技术研究中心。

二、生产经营情况

2022年，亿航智能投入研发经费6815万元，营业收入6085万元。

三、主要产品

亿航智能自主研发多款有人、无人飞行器，包括无人驾驶载人航空器EH216–S、物流版无人驾驶航空器EH216–L、消防版无人驾驶航空器EH216–F，以及长航程电动垂直起降飞行器VT–30、“天鹰”B系列行业应用无人机、编队表演无人机等产品，具备较强的自主创新能力。

四、产品开发与技术进步

亿航智能无人驾驶航空器以全备份安全设计、无人驾驶、纯电力能源、集群管理、实时联网为核心设计理念。亿航智能对飞控系统、各类传感器、动力系统、电池及其管理系统等关键飞行部件采用全备份设计，配以fail–safe系统管理，确保飞行器没有单点失效故障点。此外，亿航智能无人驾驶航空器通过飞行指挥调度中心进行系统化集群调度管理，可在紧急情况下介入，最大程度保障人机安全。

中航（成都）无人机系统股份有限公司

一、企业基本情况

中航（成都）无人机系统股份有限公司是航空工业集团着力打造的无人机产业化、市场化平台。公司成立于2007年，2018年完成重组，并于2022年6月在上海证券交易所科创板上市。公司是国家发改委批复的第四批混改试点单位，具备无人机设计、研发、制造、销售、服务一体化能力，是国内大型固定翼长航时无人机系统的领军企业。

近两年来，公司获得省级无人机产业创新中心、国家级制造业单项冠军企业、四川省"专精特新"中小企业等资格和荣誉称号。随着国内民用市场不断发展，"翼龙"系列无人机拓展了应急救援、人工影响天气、气象探测等方面的新手段、新办法。

公司基于"翼龙"系列无人机10余年的发展，不断提升产业链和供应链的稳定性、竞争性。与无人机产业上、中、下游技术领先单位、关键供应商、专业用户开展协同创新、研发合作等，整合国内优势资源，不断提升公司和合作伙伴的核心能力，在协同中拉动新技术的应用，促进全产业链的协同发展。

二、生产经营情况

公司2022年实现销售收入总额27.73亿元，利润总额4.05亿元，2022年末资产总额77.93亿元。

三、主要产品

公司是专注于大型固定翼长航时无人机系统成体系、多场景、全寿命的整体解决方案提供商，主要从事无人机系统的设计研发、生产制造、销售和服务。

（一）无人机系统

公司主要产品为"翼龙"系列无人机系统，由无人机平台、地面站、任务载荷及综合保障系统组成。公司聚焦大型固定翼长航时无人机系统，以拓展市场应用为基础，实现产品谱系化发展，目前产品包括"翼龙"1、"翼龙"1E、"翼龙"2、"翼龙"2D、"翼龙"3等无人机平台。

（二）无人机技术服务

公司持续深耕无人机技术服务市场，为客户的应用需求提供专业飞行服务，实现了人工影响天气、气象监测、应急救援等领域的成功应用，并提供各种载荷验证的试验飞行服务。公司以增进民生福祉为目的，2022年成功完成青海大通县泥石流和泸定地震应急救援、人工影响天气、高原气象探测等重要任务。

四、产品开发与技术进步

"翼龙"2人工影响天气型无人机完成首飞，进一步提升了无人机系统气象作业指挥、气象数据探测、气象数据处理能力及无人机复杂气象环境适应能力，可用于全域气象探测及人工影响天气作业，同时提升无人机在应急救援等活动时对复杂气象环境的适应能力，拓宽适应范围。

大型长航时无人机应急通信系统项目完成研制，建立空中应急通信，PDT中继及灾情探查体系，达到行业领先水平，并应用于多种灾害环境的应急通信保障。

五、企业改革改制

公司落实改革要求并结合在科创板发行上市的情况，修订完善《公司章程》、"三会"议事规则及公司权责清单；制定落实董事会职权实施方案并建立完善相关配套制度，进一步规范公司董事会运作，全面推进董事会职权落实；修订完善《董事会授权管理办法》并制定《董事会授权管理实施细则》，进一步规范董事会授权管理行为，促进经营层依法行权履职，提高经营决策效率。

公司以实施新一轮国企改革深化提升行动为契机，以党的领导激发示范创建工作的活力和动力。同时，健全全面风险管理体系，确保公司的合规经营管理，并不断完善灵活高效的市场化机制，以更大力度落实“三能”机制，充分激发人才资源活力和动力。

公司不断强化精益管理和精益运营，打造卓越的管理运营体系，形成与业务特点相匹配的管理模式，充分利用新一代信息技术手段，促进管理的数字化、智能化转型。

广州极飞科技股份有限公司

一、企业基本情况

广州极飞科技股份有限公司（简称极飞科技）成立于 2012 年，是一家以“提升农业生产效率”为使命的农业科技公司，致力于用机器人、人工智能和新能源技术为农业赋能。极飞科技长期以智慧农业为发展方向，发挥研发与先进制造优势，不断将前沿技术带入农业生产管理中，以科技平民化、成果产业化、产品普惠化的形式，搭建起广大农民与科技之间的桥梁。

在数字农业领域，以“北斗”卫星导航系统为基础，极飞科技在中国架设了 2300 多个 RTK 导航基站，覆盖超过 35000 个村庄，结合公司测绘无人机拍摄的高清农田地图，建成了厘米级的高精度农业导航网络，保证农业无人机、农业机器人与农田自动驾驶的顺利运行。

在精准农业领域，极飞科技拥有行业领军的精准作业能力。公司凭借全自主运行的植保无人机和机器人，通过精准喷洒与播撒、无人化作业，减少了 30% 的农药和 90% 的植保用水，提供农业生产最优解决方案的同时，有效减少了环境污染和农产品化学残留。随着全球化战略布局，公司目前每日在运营的智能农业设备服务范围覆盖了 38 个国家和地区，通过精准农业技术，保护全球作物与生态环境。

在智慧农业领域，极飞科技通过农业无人化设备采集的农业地理信息数据、农业生产数据、作物生长数据及生长环境数据，让农民掌控土地、作物与农事管控全过程，结合农业专业知识，首创农业人工智能与智慧农场管理平台，辅助生产者做出科学的农事决策。

极飞科技坚信，科技是这个时代最大的公益。用技术赋能农业，既是公司的主营业务，也是公司回馈社会所践行的一份责任与担当。截至 2022 年 12 月 31 日，公司的智慧农业产品累计作业面积达到 14.5 亿亩，累计为农民提供无人化生产服务 1.94 亿人次；公司各款电动无人化设备通过自主研发的智能离心雾化喷洒系统和精准流量控制技术，累计节省燃油消耗 5.2 亿升，节水超过 4908 万吨，助力减少农业生产碳排放 140 万吨。

极飞科技拥有一支稳定、高素质的技术团队，现有研发人员 430 余人，占员工总数的 60%，本科及以上学历人数占 84% 以上。截至 2022 年 12 月 31 日，公司国内申请专利 3004 件，已获得授权专利 1845 件，其中，发明授权 317 项，实用新型授权 1055 项，外观授权 473 项。打破知识产权国际壁垒，PCT 专利申请 95 项，进入欧、美、日专利 58 项，软件著作权登记 39 件，并获得 16 项高新技术产品认定。

截至目前，极飞科技已参与制定了 2 项国家标准、1 项行业标准、11 项团体标准，还制定了 41 项企业标准。公司先后主持和参与了国家重点研发计划、省重点研发专项、市科技计划项目等相关科研课题 12 项。

凭借先进的创新技术能力，极飞科技先后获得了国家级专精特新“小巨人”企业、高新技术企业、广东省专精特新中小企业、广东省重点农业龙头企业、广州市独角兽创新企业、广东省专利奖金奖、第九届省长杯工业设计大赛钻石奖、第九届省长杯工业设计大赛一等奖、广东省名优高新技术产品、德国红点设计大奖、中国设计制造大奖佳作奖、中国应急救援创新设计大奖银奖等。公司是首家斩获农业科技界奥斯卡“最佳精准农业技术创新奖”的中国农业科技公司、首家荣膺路透全球商业责任大奖“可持续发展创新奖”的中国企业、“十三五”广东省二十强农业科技创新企业，入选中国“十大智慧农业新技术应用模式”和联合国“十大数字农业与人工智能应用案例”，公司无人机产品得到中国国际电视台 CGTN 旗舰栏目

Global Business（《全球财经》）专访，向世界展示了新疆棉花丰收背后的高科技含金量。

二、生产经营情况

极飞科技坚持技术创新，高度重视研发工作。建有国家级工业设计中心、广东省植保无人机工程技术研究中心与广州市院士专家工作站，研发场地 8000 米 ^{2} 以上，拥有研发设备价值 800 万元以上。研发经费投入逐年增加，近 3 年研发经费投入累计超过 4.5 亿元，占营业收入比例平均超过 25%。

三、主要产品

极飞科技主要产品包含农业无人机、农业无人车、农机自驾仪、遥感无人机、农业物联网和智慧农业系统，通过构建完整的产品矩阵和数据闭环，为广大农业工作者提供精准、高效、灵活、经济的无人化生产解决方案，以解决农业生产中劳动力不足、管理粗放和环境污染等问题。

四、产品开发与技术进步

极飞科技专注于研发农业无人机，取得“补短板”“填空白”成效。无人机采用基于高阶控制算法、惯性传感器三冗余以及 RTK 多路冗余的飞行控制系统，实现自主测绘、精准喷洒和高效播撒。无人机替代传统农机作业技术领先于国内外，破解了“无机可用”“无好机用”“有机难用”困局，补齐农业产业链田间管理环节机械化短板。行业首创的折叠倾转双旋翼农业无人机突破大载荷无人机构型，优化气动布局和风场利用率，提升飞行效率与电量使用率，打破传统 4 旋翼、6 旋翼和 8 旋翼农用植保无人机构型限制，相关技术获中国专利优秀奖、广东省专利奖金奖、广东省专利奖银奖、第九届省长杯工业设计大赛钻石奖等荣誉。

极飞科技首创超低空自主飞行施药作业模式、离心雾化喷洒，实现喷洒雾滴精量可调、沉积均匀、飘移可控，该技术获得第七届广东省专利奖金奖。在智能感知方面，研发出了复杂环境下的自主感知规避技术，实现无人机飞行方向全向、四维感知障碍物及精准绕行，该技术获得了第九届广东省专利奖银奖。行业首创的垂直式智能播撒系统，随飞行速度变化自动控制推料量，精准控制亩用量与播撒密度，该技术参与并通过了科技部国家级“工厂化农业关键技术与智能农机装备”重点专项 2021 年度项目“水稻全程无人化生产技术装备创制与应用”。无人机运动规划与控制技术精准变量喷洒、仿地飞行等技术获得全国农牧渔业丰收奖一等奖、广东省农业技术推广奖一等奖、江苏省科学技术奖二等奖、广西科学技术进步奖二等奖，以及中国农业科学院科学技术成果奖等多项科技奖项。在智慧农业领域，公司通过信息化、自动化、智能化技术，与农场生产的农艺技术深度融合，构建无人化的智慧农业生态，实现全面感知、自主决策、精准执行的农业无人化闭环。

五、国际经济技术合作

截至目前，极飞科技已在澳大利亚、日本、韩国、美国等 20 多个国家设立了试验基地，与中国农业大学、荷兰瓦赫宁根大学、英国哈伯亚当斯大学、澳大利亚悉尼大学等知名研究院校建立长期合作，并与国内外多所农业大学、研究机构合作，集成全球科研智慧，构建无人机研发技术壁垒。

六、重大设施建设

在广州黄埔区建设了 263.53 亩示范基地——极飞超级农场，由 X-Loft、智慧农业试验田、超级稻田、超级果园和生态林组成。超级农场完成了农场基础设施以及周边配套建设，包括田块平整、排灌设施、产品展示室、培训室、RTK 基站架设。超级农场无人车测试道路建设和集装箱设计与组装，为示范基地提供场地支持，致力于把“智慧农业”贯穿整地、播种、田间管理、收获、生产管理等各个生产作业环节，形成可复制、可推广应用的“无人化农场”方案。超级农场的使命是展示领先技术，培养农业人才，探索未来方向，旨在打造世界级的智慧农场样板、中国农业科技和乡村振兴的名片。

苏州极目机器人科技有限公司

一、企业基本情况

苏州极目机器人科技有限公司于 2016 年 6 月成立，2017 年被认定为园区领军成长企业。公司致力于机器视觉领域的数据、技术和产品研发制造，研发成果可应用于农业服务、电力巡检和轨道交通领域。

二、产品开发与技术进步

2017 年技术团队将双目视觉感知控制系统整合到无人机，成功开发了全球首款全域感知植保无人机。目前，公司已实现自主驾驶、机器视觉等前沿技术在农业植保无人机上的应用，拥有当前全球领先的自主型全域智能感知植保无人机产品，配套自主开发的农业数据管理系统平台。公司在美国硅谷、苏州及武汉设有三大研发基地。美国技术研发中心主攻感知及自主飞行的智能控制技术；苏州研发基地致力于整机设计、地面站和差分基站等配套系统开发及产品工程化；武汉软件研发中心负责地面手持端软件、后台控制及数据中心软件开发。依托极目技术、极目数据及极目金融三大平台，公司已在广州、河南、新疆设立分支机构，实现全国性市场布局。

成都纵横自动化技术股份有限公司

一、企业基本情况

成都纵横自动化技术股份有限公司系2010年4月设立于成都市高新区的民营高新技术企业，注册资本8758万元。公司员工近700人，研发人员超过200人。

公司于2021年2月10日正式在上海证券交易所科创板上市，为国内第一家以无人机为主营业务的上市公司。此外，公司系工业和信息化部国家级专精特新“小巨人”企业、工业和信息化部新一代人工智能产业创新重点任务揭榜优胜单位、国家知识产权优势企业、四川省企业技术中心、四川省新赛道领先型“赛手企业”、四川省新经济示范企业、四川省优秀民营企业、成都市百强民营企业、成都市高价值专利培育中心、成都市工业无人机链主企业，承担了“国家新一代人工智能创新发展试验区建设”——智慧空管关键技术突破项目，以及“国家重点研发计划”等重点项目任务，产品获得电力科技创新奖一等奖、地理信息科技进步奖一等奖等奖项。

公司投资修建的鹏飞科技园位于成都市天府新区精工东一路，园区建设总投资3.4亿元，占地面积约50亩，总建筑面积约5.4万米^2，配套相关车位及市政共用设施。公司目前拥有彭州磁峰、绵阳北川、德阳什邡3个试飞测试基地。目前正在开拓大载重固定翼无人机试飞及总装基地。累计总投入不低于1.6亿元。

公司专注于工业无人机相关产品的研发、生产、销售及服务，致力于为客户提供智能化、平台化、工具化的工业无人机系统，是国内工业无人机领域规模领先、极具市场竞争力的企业之一。通过多年积累，公司在智能控制、飞行器平台设计及制造、云平台等领域形成了核心技术优势，是国内极少数能系统运用飞行器专业设计体系的企业，整体技术水平处于国内领先，部分产品和技术达到国际先进。公司大力推进工业无人机系统“智能化、平台化、工具化”应用，“云、网、端”三层次系统架构布局取得积极进展。

公司无人机产品在国内外具有良好的口碑与极强的市场竞争力，广泛应用于测绘、能源、警用安防等领域，远销美国、俄罗斯、巴西、澳大利亚、埃及、东南亚等国家和地区。

二、生产经营情况

2022年，公司新获订单总额约4.3亿元，同比增长23.8%；实现营业收入2.9亿元，同比增加14.8%。

三、主要产品

（一）垂直起降固定翼无人机系统

公司具有吨级以下谱系化中小型工业无人机产品，包括CW-007、CW-15、CW-20、CW-25/E/H、CW-30、CW-40、CW-80、CW-100等系列；最大起飞重量涵盖6.8～110千克，载荷0.8～25千克，航时1.5～10小时，产品涵盖纯电动无人机、油电混合无人机，以及以氢燃料为代表的新能源无人机系统。

（二）多旋翼无人机系统

公司PH系列工业级多旋翼无人机是为公司配套现有垂直起降固定翼无人机应用场景而开发的产品，高度集成无人机飞行平台与载荷，高效协同公司固定翼平台、地面站系统而实施任务作业。现有产品包括PH-007、PH-X、PH-25三款旋翼无人机产品。

（三）无人值守系统

公司按照零基础操作理念，结合无人机巡检自动化、部署异地化、操作管控网络化的发展趋势，在现有垂直起降固定翼无人机CW-15基础上，研制出纵横昆仑JOS-C2000无人值守系统。该系统能实现无人机自动巡检、自动充电、异地部署、远程规划指挥、数据自动回传等功能，并结合纵横云平台作为用户接口以及高可靠低延时数据链路，有效帮助客户解决飞手缺乏、操作复杂等痛点问题，为无人机大规模普及应用奠定基础。

（四）无人机应用软件

为适应应用解决方案的需要，公司自主开发标准化、可扩展的、可定制化的软件平台（JOUAV Application Software Development Platform），形成包含面向工业无人机核心业务的应用软件开发套件（ASDK）以及纵横云账户管理、设备管理、数据管理和算法应用等一系列配套服务的自主应用软件开发平台，在统一的技术架构下有效支持各类无人机应用程序和系统。公司的软件平台在软件架构设计、算法开发、数据分析等方面具有领先优势，在软件质量管理、软件测试和软件安全等方面具备较强的专业能力。

四、产品开发与技术进步

2022 年，公司推出了 CW-15X 无人值守系统并实现了首次交付；启动 PH-25 多旋翼无人机、PH-X 3 旋翼无人机等产品研发。

公司升级完善了 CW-15 二代警用无人机系统；升级 CW-100 并推出二代产品；持续改进 CW-25、CW-25E、CW-40 等产品，不断提升产品可靠性；2022 年，公司软件开发能力有效提升，完成 CMMI V2.0 成熟度三级认证，升级版纵横云平台实现独立交付，完成基于华为 Atlas 系列兼容性测试。公司积极推动机载任务处理设备研制，推动国产化 AI 图像、硬件系统在工业无人机领域的应用；集成搭载新型号光电吊舱、喊话器、长测程激光雷达、多气象要素探测设备等任务载荷，形成更多元化的解决方案和行业应用。

在科研项目方面，公司参与工业和信息化部人工智能应用技术基础公共服务平台、民用无人机商用密码、低空智联网安全管控与服务、四川省科技厅城市低空物流无人机运行空管关键技术研究等项目。

五、国际经济技术合作

2022 年，公司海外营业收入达到 3994.37 万元，营业收入比上年增长 39.18%。产品主要出口至印度尼西亚、菲律宾、马来西亚、韩国、智利、哈萨克斯坦、新西兰等国家和地区，无人机系统主要出口型号包括 CW-15、CW-25、CW-40、CW-100 及其系列无人机系统。

六、重大设施建设

公司的“大鹏无人机制造基地”位于成都天府新区，总投资 3.4 亿元，总建筑面积约 5.4 万米 ^{2}，拥有国际领先的生产研发体系。截至 2022 年 11 月，已累计投入资金 22069.34 万元，资金投入率达 63.67%，项目总工程量已完成 80%，已建设年产约 1700 架标准机型无人机生产线及相关配套设施。2022 年，一期项目建设已完工，大部分生产设备已入场并投入运行；二期项目已完成主体建设，正在开展装修装饰工程。此外，公司试飞基地什邡于 2022 年完成投资。

浙江科比特创新科技有限公司

一、企业基本情况

浙江科比特创新科技有限公司（简称科比特）成立于2014年，致力于打造国际领先的无人机产业平台。是一家专业从事工业级无人机研发、生产、销售和服务的高新技术企业，是国际标准化组织无人机专家组副组长单位、中国无人机系统标准化协会副理事长单位，同时参与国家标准和国际标准制定。目前，公司已经成为基于“硬件+SAAS平台+服务”的无人机综合解决方案提供商，打造了完整的硬件制造和服务产业生态链，是具有完整的无人机制造产业链的厂商，同时也是成熟的移动智慧城市解决方案服务商。

近年来，科比特陆续成为公安部、国家电网、中国国电、中石油的重要供应商，并成为中国联通、中国电信、华为的优质合作伙伴。公司移动智慧城市业务陆续在全国多个城市落地，分销网络及服务网络遍布全球，成为国内极具发展潜力的企业之一。公司拥有300多项知识产权，其中包含专利224项、软件著作权35项、资质证书21项，参与制定国家及团体标准共15项。

受浙江优越的区位、完善的配套和“最多跑一次”政策等吸引，2021年3月，总部正式迁址至浙江嘉善，由原来的深圳科比特航空科技有限公司正式更名为浙江科比特创新科技有限公司。

科比特目前已成为无人机软硬件综合服务商的头部企业，以最高分通过国家电网检测，成为国家电网无人机设备最大供应商；高分通过国电无人机认证，成为国电系统唯一无人机供应商；以总分第一的成绩入围中国石化供应商目录，成为中石化无人机巡检最大供应商。

科比特启动全产业链生态圈建设，连续并购13家无人机上下游企业及多个飞行平台、飞控、图传、动力系统、任务系统、软件系统、无人机零配件研发团队，现已成为打通无人机全产业链的企业，实现无人机整机自主研发生产。

科比特与知名高校及科研院所共建了自然资源重点实验室，同时不断积极引入海外高层次人才，博士4位，硕士18位，创建研发团队，还引进美国加州大学机械与航空航天工程学博士，全面打造无人机生态网络、定制开发团队。

二、生产经营情况

2022年，科比特产值近2.6亿元，预计2023年产值达到3亿元。

三、主要产品

“入云龙”系列多旋翼无人机：采用碳纤维一体成形，实现了防风防雨防高温的“三防”机身。

“插翅虎”系列垂直起降固定翼无人机：采用4旋翼加固定翼的复合气动布局，具有稳定性高、航程远、机动性高、起降条件适应性强等特点。

“小旋风”系列工业级4旋翼无人机：机身采用碳纤维一体成形工艺，同时采用可折叠和快拆设计，最大程度地方便运输与使用。

四、产品开发与技术进步

（一）智多星——无人机硬件生态

针对行业硬件成本高、研发周期长、投入大、迭代快的痛点，科比特创新推出“智多星”标准化航电系统。该系统基于开源生态，拥有标准化接口和快拆设计，可免工具拆装，兼容多种辅助飞行外设硬件，搭配标准化载荷后，可满足绝大多数行业的应用需求，并支持后续推出的配件无缝迭代升级。

（二）天目将——无人机软件生态

截至目前，科比特已经开发超过 120 种专业标准化无人机应用行业解决方案，在行业应用的实践中积累了丰富经验，并在对作业流程、成果交付等进行标准化设计的同时，坚持多平台适配，开放数据接口，努力建设开放的无人机软件生态。

（三）神算子——无人机人工智能生态

科比特通过自主研发、合作开发、外部采购等形式积累的无人机算法已超过 100 种，并在公安、应急、电力、水利、环保等一大批行业的项目中实现应用和优化。在整个无人机作业流程中，实现数据智能化分析、数据实时处理、多维度数据融合，最后自动生成任务报告。

（四）云享飞——无人机服务生态

该平台是目前行业内首个无人机服务网约平台，通过中心化运营模式和运力匹配技术实现无人机作业一站式服务，线上生态合作伙伴超千余家。

五、企业改革改制

科比特自 2016 年以来，专注企业转型升级，着力打造高端装备制造型企业和现代软件与信息服务型企业，致力于在工业、大数据两大领域深耕细作。

科比特搭建起了多个无人机—大数据一体化综合管理指挥系统。针对水利环保，紧紧抓住浙江“五水共治”“三改一拆”重大战略机遇，在国内率先探索利用无人机、无人船技术，实现大数据科技治水的模式；针对城市交通管理，研发无人机智慧交通指挥系统，上海试点成功，处理效率提升 1 倍以上；针对京沪高铁巡检，通过激光点云、红外巡检等方案，搭建高铁 3D 模型，实现实时监控反馈，搭建无人机常态化巡检系统，保障列车安全出行。

目前，科比特已经在全国 16 个城市开展相关应用，尤其是公司连续 4 年服务上海城市综合治理，并在江苏盐城中标 1.3 亿元项目，行业无人机参与城市综合治理。

四川腾盾科技有限公司

一、企业基本情况

自2016年成立以来，四川腾盾科技有限公司一直致力于成为国内顶尖、世界领先的智能装备解决方案供应商。经过7年多的发展，公司注册资本已增至88000万元。作为大型无人机总体单位，现已拥有完整的无人机系统研制体系，拥有大型无人机正向设计/综合集成能力，涵盖无人飞行器系统研发、生产、综保和运维所需的11大领域77个专业。已取得从事民用产品科研生产工作相关资质和国家民航组织相关培训资质和经营许可，掌握核心技术，拥有完全自主知识产权。公司在编员工600余人，其中国家级专家8人，省部级专家42人，专业技术骨干（具有高工以上职称者）90余人。获得授权专利161项，其中发明专利64项，实用新型专利50项，外观专利15项；获软件著作权20项。

二、生产经营情况

2022年，公司资产总计184625.60万元，营业收入8566.05万元，其中高新技术产品收入8562.75万元，产值41549.05万元。

三、主要产品

公司共研发出9款产品，涵盖了固定翼、旋翼，单发、多发，高原起降、水陆两栖等多种机型，产品性能国内领先。产品在民用领域应用广泛，可用于监视巡逻、物流运输、救灾救援、勘察测绘、管线巡检、执法取证、科学实验等国计民生领域。目前正积极拓展空投物资、通信中继、远程指挥、航线试飞、台风观测、人影天气等无人机应用领域。

四、产品开发与技术进步

公司2022年开发2款产品，分别是“双尾蝎”B无人机和“双尾蝎”D无人机。“双尾蝎”B是双尾蝎无人机的复合材料型产品，于2022年5月8日首飞，是国内首款2000千克级大型双发、模块化、多用途、中空长航时固定翼无人机系统；“双尾蝎”D是双尾蝎无人机的支援保障型产品，于2022年10月25日首飞，是大型4发、模块化、多用途、中空长航时固定翼无人机系统。

2022年，公司实现了无人机飞行结冰探索与防除冰技术的工程实用化。

五、重大设施建设

为满足发展需要，公司在建两大产业园区——自贡产业基地和成都全国总部基地。

自贡产业基地即腾风科研生产测试基地（一期和二期），位于自贡航空产业园内，占地154亩，规划建筑面积6.4万米^2，主要承担大型无人机批量生产、交付、试验试飞、飞行培训和运营服务等。2022年1月，腾风科研生产测试基地一期项目建成投产；2022年9月，腾风科研生产测试基地二期项目办理土地不动产权证。

成都全国总部基地即腾盾科创全国总部基地，位于成都市金牛区人工智能产业园内，占地约100亩，规划建筑面积约13.8万米^2，主要承担总部办公、新技术研究、产品研发、科研试制、执业飞行员培训等任务。2022年12月，成都全国总部基地项目签订《建设用地使用权出让合同》。

六、企业改革改制

2022年6月，通过公司股东会决议，同意公司注册资本由60000万元增加至88000万元，新增的28000万元注册资本由股东四川腾盾科创股份有限公司全部认缴。

中国航发商用航空发动机有限责任公司

一、企业基本情况

中国航发商用航空发动机有限责任公司（简称中国航发商发）成立于2009年1月，是由中国航空发动机集团有限公司与上海烟草集团有限责任公司、上海电气（集团）总公司、上海国盛（集团）有限公司、上海心梦商发企业管理有限责任公司共同出资组建的股份多元化企业，注册资本105.93亿元，下设部门35个、全资子公司1个，建有闵行和临港两个基地，占地面积1686亩，致力于在上海打造商用航空发动机产业基地。

中国航发商发作为国家商用大涵道比涡扇发动机总设计师单位和总承制单位，主要从事商用飞机动力及相关产品的设计、研制、生产、总装、试验、销售、维修、服务等业务，建有3个省部级科技创新平台和企业技术中心，设有院士专家工作站、博士后科研工作站，是国家引才引智示范基地、上海市海外高层次人才创新创业基地、上海市产学研合作创新示范基地。截至2022年底，在册人员2340人，硕士及以上学历占比77%，中级职称及以上专业技术人员占比62%，拥有一支高素质商用航空发动机人才队伍。

中国航发商发秉承“创新驱动、质量制胜、人才强企”的发展战略，以“提供商用大涵道比涡扇发动机系列产品及相应服务”为使命，以“成为商用航空发动机全球主制造商之一”为愿景，秉承“责任、包容、开放、共赢”的价值观，构建商用航空发动机的设计研发、生产制造、总装总承、适航取证、供应链管理、市场营销与客户服务等核心能力，打造强劲“中国心”，助力实现“中国梦”。

二、生产经营情况

2022年，中国航发商发实现营业收入42亿元、净利润686万元，连续11年实现国有资产保值增值。

三、主要产品

中国航发商发主要规划发展窄体客机发动机长江1000、宽体客机发动机长江2000两个产品系列。

四、产品开发与技术进步

2022年，中国航发商发高效统筹疫情防控和复工复产，全面完成科研生产任务，长江1000A、长江2000等项目如期实现年度主要目标。

中国航发商发加快提升自主创新水平，全年取得13项基础研究成果；10项科技成果通过中国航空学会鉴定；获得外部科技成果奖励9项；新增国内专利申请617件，其中发明专利430件；获得上海市2022年度知识产权创新奖（创造类）。持续加大协同创新力度，组建上海商用航空发动机产业创新研究院，新增3个联合创新中心，“民用飞机及航空发动机质量与可靠性工程技术”联合实验室获批工业和信息化部重点实验室。

五、国际经济技术合作

2022年，中国航发商发务实开展国际合作，围绕短舱研制等与国外企业持续开展合作洽谈；针对技术难点和资源不足问题，与俄、德、英等国家（地区）12家单位开展设计评估、试验合作16项，3项完成结题验收。

六、重大设施建设

2022年，中国航发商发研保条件建设继续提速，多台（套）急需关键设备设施完成安装调试、正式投入使用，按照“急用先行”原则，提前启动新整机台等项目论证备案及建设。

七、企业改革改制

2022年，中国航发商发扎实推进改革发展任务。全面高质量完成111项国企改革三年行动及54项“双百行动”全部改革措施任务；推动组织机构及项目团队管理模式优化升级，管理层级由三级压缩为二级，建立起跨组织、跨单位的产品开发团队（PDT）运作模式；增资扩股取得里程碑进展，协调上海市3家股东单位15亿元现金实缴到位，股权激励方案通过职代会审议，如期完成员工增资审批及工商登记变更。

成都飞机工业（集团）有限责任公司

一、企业基本情况

成都飞机工业（集团）有限责任公司（简称航空工业成飞），隶属中国航空工业集团有限公司，是国家“一五”计划156个重点建设项目之一。公司创建于1958年10月18日，1979年以“成都飞机公司”名义对外开放，1998年组建为成都飞机工业集团，是我国民机零部件重要制造商，是国家和省市的重点优势企业。公司地处四川省成都市青羊区，拥有专用的机场和铁路货运线，毗邻成都火车西站，交通便利，物流畅通。

航空工业成飞拥有雄厚的技术实力和与国际接轨的质量保证体系，获得国家和省部级科技进步奖500余项，有效发明专利拥有量突破1000项，形成了以民机机头研发制造、国外转包为核心的民机产业，外贸及工业级无人机产业，一体化维修服务保障产业，具备了民机机头、舱门、翼面和壁板类制造专业化优势，整体实力处于国内行业领先地位。

航空工业成飞先后承接了麦道机头，波音757尾段和波音787方向舵，A320前/后登机门和A350下垂板、扰流片，达索公务机油箱，G280公务机机头和后机身等项目的转包生产，是国际民机大部件优秀承包商。与中国商飞共建中国商飞上飞院（成都）机头设计中心，致力于打造大飞机发展“生命共同体”；先后承担了大型民用客机C919、新支线客机ARJ21、大型灭火水上救援水陆两栖飞机AG600、新型涡桨支线飞机新舟700机头的研制任务，以及长江1000A大涵道比发动机短舱进气道研制任务。

积极融入“大应急”体系，“翼龙”2执行泸定地震通信保障、四川人工增雨等应急救灾保障任务，取得良好社会效益。

自行研发的“翼龙”10、“翼龙”2无人机，多次执行中国气象局“海燕计划”项目等任务，验证了基于高空大型无人机平台机动观测模式，为建立完善国家级机动气象观测业务系统奠定了坚实的基础。

截至2022年末，航空工业成飞在册员工2.2万余人（含所属企业），为国防现代化建设和国民经济建设做出了重要贡献，先后荣获了全国五一劳动奖状、全国文明单位、全国“讲理想、比贡献”活动先进集体、全国质量奖、全国质量标杆、全国实施卓越绩效模式先进企业、全国思想政治工作先进单位、全国审计工作先进集体、中国企业自主创新奖、中央企业先进集体、中央企业先进基层党组织、中央企业思想政治工作先进单位、中央企业抗震救灾先进集体、四川省先进基层党组织等近500项省部级以上荣誉，是中国企业形象AAA级单位。

二、生产经营情况

2022年，航空工业成飞实现民用航空产品收入12.82亿元，较2021年同期增长了41%。

三、主要产品

航空工业成飞民用航空产品主要包括国外民机转包项目、国内民机项目和民用无人机项目。

（一）国外民机转包项目

主要包括波音737前登机门、波音787方向舵、波音737方向舵、波音747–8平尾、A350下垂板和扰流片、A320前/后登机门、A320地板和1号框、A320前起落架舱、F7X壁板、G280机头、G280后机身、波音737客改货、波音767客改货、波音777客改货等国外民机转包项目。

（二）国内民机项目

主要包括C929大型民用客机机头、C919

大型民用客机机头、ARJ21 新支线客机机头、AG600 大型水陆两栖飞机机头、长江 1000A 发动机短舱等。

（三）民用无人机

主要包括“翼龙”10 无人机（气象型）、“翼龙”1/2 无人机（气象型，应急救援型等）、“云影”80（环保检测型）等。

四、产品开发与技术进步

以长江 1000A 发动机短舱项目为载体，航空工业成飞首次提出基于正向设计的技术管理原则，通过“项目需求分析—方案规划—方案设计—仿真与实物试验结合”的正向研发流程，先后攻克 10 项关键技术，提出专利申请 12 项，为公司新业务领域开发以及技术储备打下坚实基础，有力推动了公司技术进步。

2022 年 6 月完成长江 1000A 短舱挂飞进气道首台交付，标志着产品开始向挂机试飞迈进。

五、国际经济技术合作

与美国 AIS 公司合作，开展 C919 机头数字化装配生产线研发工作，2022 年完成硬件安装，并开展软件调试工作。

六、企业改革改制

2022 年，航空工业成飞如期完成各项改革任务，实现国企改革三年行动圆满收官，成功入选“科改示范企业”。

完善中国特色现代企业制度，通过修订《“三重一大”决策制度实施办法》，动态完善《党委前置研究讨论重大经营管理事项清单》《党委研究决定事项清单》《董事会权责清单》及《经理层经营权限清单》4 张清单，整合 4 张清单为《公司权责清单》，开展系统性、标准化、全覆盖的“三重一大”决策情况专项检查与整改工作，航空工业成飞及所属企业进一步厘清了各治理主体的权责边界；全面实现董事会应建尽建、外部董事占多数，制定完善《成飞落实董事会职权实施方案》《成飞落实所属子企业董事会职权工作方案》，分类分批有序落实董事会职权。

推进产业布局优化，无人机发展迅猛，多型装备在应急救援任务中表现突出；拓展航空大部件业务，全力支撑 C919 取得型号合格证，实现 C919、AG600 等机头准时配套交付。与川内相关企业联合申报四川省航空装备先进材料创新联合体，实现区域产业的协同发展。

激发科技创新动能，发布科技创新“五大行动方案”，从体制机制、原创技术策源地建设、重大专项、人才队伍等方面全面部署公司后续科技创新行动。持续加强科研投入，2022 年公司研发经费投入为 41.75 亿元，增长率超过 58%；全力推进国家高端航空装备技术创新中心建设，获得科学技术部批复。举办科学技术大会，颁发“科学技术进步贡献奖”“青年科技创新奖”等奖项；发布航空工业成飞《先进文化力——创新行动指南》，统一创新活动的价值遵循，弘扬科学家精神、传承工程师文化；成功获评国家技术创新示范企业。

健全市场化经营机制，高标准推进经理层成员任期制和契约化管理，持续深化三项制度改革，全面实施公开招聘，完善员工退出谱系图，畅通退出通道，明确了管理人员“下”的导向、形式、依据和流程，实施全员绩效考核，不断完善基于价值创造的差异化薪酬分配方式，激发人才价值创造活力。

武汉航达航空科技发展有限公司

一、企业基本情况

武汉航达航空科技发展有限公司（简称航达公司）创建于2000年，是主要从事飞机附件研制、开发、生产、维修、服务的高新技术企业，是我国规模最大的民用飞机附件维修企业，是为国产飞机C919配套的民营企业之一。

航达公司占地约为350亩，厂房面积约10万米^2。近年来，由于业务拓展需要，航达公司先后在长沙、石家庄、昆明等地建立分、子公司，初步形成以武汉为总部的集团化格局。

航达公司现有员工800多人，具有大专及以上学历的员工占总数的近70%，具有丰富的航空附件研发经验和工程技术能力。

航达公司保持与时俱进，不断开拓新能力，目前已取得各类专利过百项，自主开发大型试验设备近百台（套），建立各种飞机附件维修能力8000多项，在国内同类型企业中，维修能力遥遥领先，在气动、液压、机电等附件的维修方面积累了丰富的经验，业务范围涉及波音系列、空客系列、中国商飞ARJ21与C919等各种在役机型的各类附件，以及各种飞机发动机附件。

航达公司获得了中国民用航空局（CAAC）、美国联邦航空局（FAA）、欧洲航空安全局（EASA）维修许可，并获得了英国、日本、新加坡、印尼、泰国、韩国、印度、马来西亚、孟加拉国等国家民航局的批准，以及中港澳民航当局三地联合认可，达到国际一流维修企业的标准，国内业务稳步发展，海外业务不断扩大。

航达公司在努力巩固、开发国内市场的同时，积极寻求与国外先进的飞机制造商进行合作的机会，目前已经和国际知名原始设备制造商（OEM）合作，并与美国联合技术公司、霍尼韦尔、赛峰、利勃海尔、优尼森、派克宇航、伊顿、波音、空客等OEM建立了备件供应与技术支持，以及授权维修等全方位的合作关系，为航达公司进一步提高技术实力和发展速度提供了良好的行业基础。作为霍尼韦尔在亚太区的授权维修站，航达公司连续多年获得亚太地区渠道合作伙伴奖。

二、生产经营情况

2022年航达公司飞机附件承修48325件，起落架大修104套，产值接近16亿元、创利税近3.5亿元。

三、主要产品

（一）研制能力

航达公司同中国商飞公司及其下属的上海飞机设计研究院、上海飞机制造公司以及北研中心开展多方位的合作，目前已成为多型国产飞机的系统供应商，为ARJ21、C919、C929（预研）及各型运输机等飞机提供系统及零部件。主要研制的产品有驾驶舱门系统，水系统，厨房设备，飞机客货舱地板，风挡雨刷，制冷组件/应急通风冲压空气风门，结构拉杆，干燥器，主交流起动发电系统，交、直流起动发电机等。

1. ARJ21配套相关产品

（1）驾驶舱门系统：驾驶舱门系统目前处于认证阶段，预计2023年8月获批。

（2）水系统：水系统已通过台架试验验证，各项功能和性能可以达到甚至优于进口设备。目前已完成所有试验项目，经局方适航批准后可用于装机。

（3）蒸汽烤箱：航达公司研制蒸汽烤箱与同类产品相比具有体积小、重量轻等优点。目前产品正在进行鉴定试验，经局方适航批准后可用于装机。

（4）飞机客货舱地板：飞机客货舱地板是目前飞机复合材料中用量相对较大的产

品。2018年航达公司开展研制工作，在同等强度的前提下，航达公司研制件重量比进口件低20%，客货舱地板正在进行性能验证工作，2022年已完成所有性能试验，2023年实现量产。

2. C919飞机相关配套产品

（1）风挡雨刷：航达公司研制的风挡雨刷可实现2个雨刷在同一工作模式下的同步控制。

（2）飞机拉杆：航达公司承担了多种C919飞机拉杆项目，单机158件，包括空调拉杆、燃油拉杆、惰化拉杆、电源拉杆、高升力拉杆、襟副翼拉杆、应急离机扶手拉杆。

（3）干燥器：航达公司研制出干燥器，目前已通过性能试验、高低温试验、振动试验等，2022年中完成所有试验，正在装机试飞中，产品性能已达到国际水平。

（4）制冷组件/应急通风冲压空气风门：已完成产品研制、装配和性能试验、鉴定试验，并进行装机试飞。

（5）防冰伸缩管：已完成性能试验、振动试验等，正在进行其他鉴定试验。

（6）C929项目配套大功率系列发电机（预研）：航达公司交流起动发电机研制产品已完成了性能试验、振动试验。该型发电机填补了国内大功率变频起动发电机的空白。直流起动发电机与传统有刷电机对比，电机经过软起动设计，能够达到起动发电一体化设计目标，试验结果满足性能要求。

（二）维修能力

航达公司在液压、气动、电气、燃油、飞行操纵、机载应急设备、起落架、复合材料、直升机旋翼和旋翼传动部件、通航发动机、螺旋桨等附件的维修方面积累了丰富的经验，业务范围涉及波音系列、空客系列等多个机型的各类附件。主要项目如下。

1. 起落架维修业务

航达公司起落架维修基地是亚洲最大的飞机起落架大修厂之一，拥有完整的起落架大修能力，包括所需的机械加工设备，完整的磁粉、渗透、烧伤等无损探伤设备，先进的形位公差、尺寸检测的三坐标测量仪，建立了满足各种机型电镀要求的表面处理生产线，以及与之配套的多种理化检测实验室，是真正具备“一站式”服务的维修企业之一，能有效地保证维修质量和周期。航达公司为国内所有航空公司（包含港澳地区）提供起落架大修及起落架在翼支援服务。

2. 复合材料维修业务

航达公司拥有国际一流的复合材料车间，车间设施设备的选型符合了波音、空客及中国商飞的相关标准，同时修理过程中所需的无尘修理间、打磨间、烘干间、喷漆间均按国际最高标准进行配套建设。

航达公司已建立了主流机型（波音737、波音757、波音777、波音787、A320、A330、中国商飞ARJ21）的复合材料的维修能力，如雷达罩，襟、缝翼，进气道，尾喷，尾锥，反推组件，风扇整流罩，操纵面等；各种维修设备如热压罐、透波率测试台、蜂窝拉伸机、三坐标切割机、大修模具等设备一应齐全。

航达公司拥有雷达罩透波率测试设备，是国内首家可以提供雷达罩一站式维修服务的单位；同时，还能提供发动机CFM56-5B/V2500短舱部件交换服务。

3. 通航维修业务

在螺旋桨方面，航达公司为哈泽尔和MT官方授权维修中心，螺旋桨维修业务约占国内通航市场的30%，螺旋桨维修能力在深度和广度方面处于国内行业领先水平，处于追赶国外先进水平阶段。

在活塞式发动机方面，航达公司为莱康明官方授权维修中心，活塞式发动机维修业务接近国内通航市场的20%，近年来增长势头不错，活塞式发动机维修具备整套翻修试车能力，同时具备活塞式发动机附件维修能力，对发动机汽缸、曲轴箱、配重等重要零件具有深度修理能力。

在旋翼、尾桨及相关旋翼传动装置和尾桨传动装置方面，航达公司是国内为数不多能对旋翼及尾桨开展深度修理的单位，目前约占国内市场的15%。

四、产品开发与技术进步

航达公司积极开展航空机载附件的研发，在技术创新、高端制造等方面有了长足的进步和发展，获得多项国家发明专利、实用新型专利及软件著作权。

五、国际经济技术合作

航达公司在努力巩固、开发国内市场的同时，积极寻求与国外先进的飞机制造商进行合作的机会，目前已经和波音、美国联合技术、派克宇航、霍尼韦尔、优尼森、利勃海尔、赛峰等公司开展了技术支持方面的合作，为进一步提高技术实力、开展国际业务合作提供了基础。航达公司进出口业务主要体现在如下几个方面。

（一）零部件采购进口

由于国内目前主要民航机型的主要系统和零备件供应商集中在美国，航达公司开展民航维修业务需要从原制造厂家采购零备件以及开展技术方面的合作，涉及目前在役的各主要机型，如波音 737，波音 757，波音 777 等；每年的零备件进口量约 3000 万美元。

（二）技术合作

采用授权、技术引进等方式开展高端民航技术服务项目的合作，目前正在进行中的项目包括飞机发动机复合材料大修能力的建设等。

（三）维修服务出口

目前航达公司是美国波音、普惠、霍尼韦尔、空客以及一些海外航空公司的合格维修供应商，为其提供飞机起落架大修、发动机附件维修、APU 附件维修等方面的服务。年出口量约在 1500 万美元。

中国航发动力股份有限公司

一、企业基本情况

中国航发动力股份有限公司（简称航发动力）始建于1958年，是我国“一五”期间重点建设项目，是大中型航空发动机及燃气轮机动力装置研制生产基地和新型环保能源领域研发基地，是国家认定企业技术中心、博士后科研工作站设站单位。改革开放以来，航发动力先后与美国GE航空集团、英国罗罗公司、法国斯奈克玛公司、普惠加拿大公司等世界著名航空发动机制造企业建立了长期稳固的战略合作关系，并成为数家外国发动机制造公司的近百种零件的重要海外供应商。先后荣获“中国工业大奖”“全国文明单位”“中国明星企业”“全国用户满意服务单位”“装备服务优质单位”“中国最具创新力企业”等多项殊荣。

航发动力位于陕西省西安市未央区，占地面积348万米^2，资产总额259.19亿元，拥有从业人员10254名，下设18个职能（业务支持）部门、2个科研技术部门、19个科研生产部门、4家全资子公司、1家控股子公司、3家参股公司。

二、生产经营情况

2022年，航发动力实现民用航空出口交付额约2.12亿美元。

三、主要产品

航发动力拥有超过上千种产品零件，为全球20多型发动机提供零件配套。在民用航空领域，主要以航空发动机及其衍生产品的零部件转包生产为主，产品涉及发动机压气机、燃烧室、涡轮、机匣等关键部件，包括盘类零件、环类零件、封严类零件、轴类零件、机匣类零件、涡轮叶片和压气机叶片，以及其他结构类零件等。

四、产品开发与技术进步

（一）产品开发

2022年，航发动力持续完善民机管理体系建设，稳步提升国产大型客机发动机和宽体客机发动机燃烧室、高压涡轮等主要零部件的试制质量，进一步缩短试制周期，并积极配合开展国产大型客机发动机的适航取证工作。航发动力全年共计完成国产大型客机发动机3台整机配套部件试制交付、2台核心机配套部件试制交付和7项试验件试制交付。

（二）技术进步

2022年，航发动力组织开展2项技术研究、2项工艺优化。通过主动间隙控制管路组件变形精确控制技术研究，实现冷却冲击管在自由状态的圆弧半径公差要求；通过带轴向开口的薄壁长筒状空气导管内管焊接组件变形控制研究，实现自由状态下开口尺寸提升，有效限制了零件波浪变形，显著提高阻尼环模拟装配的接触面积；通过涡轮叶片涂层工艺改进工作，显著降低蜂窝钎焊过程中导致的涂层损伤问题，大幅提升了涡轮叶片的加工质量和合格率。

五、国际经济技术合作

2022年，航发动力坚持以商用航空发动机业务为发展核心，高质量开展国际合作业务，通过全球线上竞标、线上会议、与客户签订长期协议等方式，加快国际市场开发。强化项目策划、细化产能平衡、加强供应链沟通协调，保证各主要业务板块持续增长，为后续发展争取到超过3.6亿美元的储备订单。

六、企业改革改制

2022年，航发动力全面完成改革三年行动台账任务，完善了管理体系，战略执行能力显著提升。全面推进运营管理系统（AEOS）建设，数字化“最后一公里”和数字化转型卓有成效。系统规划民机产业发展方向，探索引入外部投资、以股权多元化实施外贸转包生产转型升级，积极打造国内民用航空发动机生产制造基地，构建形成融合国内、国外民机产品统筹发展的产业布局。

中航成飞民用飞机有限责任公司

一、企业基本情况

中航成飞民用飞机有限责任公司（简称成飞民机）是中国航空工业集团有限公司的重要下属企业，是成飞产业集团的所属主业企业，注册资本为8.28亿元，员工2000余人，占地面积383亩。

成飞民机产品目标市场覆盖了国内、国外市场，主导产品涵盖了机头及机身、舱门和翼面等三大类产品。公司是国内大飞机机头的专业供应商，承担有国内大飞机、支线飞机的机头研制及生产任务；公司是国际民机项目的重要供应商，曾获得空客公司授予的2017年度“最佳表现奖”“A350项目质量卓越及技术支持奖”，中国商飞3次授予的优秀供应商金奖，IAI 2次授予的“全球最佳合作伙伴”。

成飞民机以成为全球领先的机头及航空大部件制造企业为愿景，致力于打造具有一流国际竞争力、技术和供应链可控、敏捷高效的大飞机机头开放创新型研发制造基地，以及世界级舱门中心及翼面制造中心。

二、生产经营情况

2022年，成飞民机营业收入25.21亿元，同比增加16.15%；净利润1017万元，同比增加11.64%；工业总产值25.90亿元，同比增加12.57%。

三、主要产品

成飞民机主要产品包括飞机机头及机身、舱门、翼面三大类，覆盖波音737、波音747、波音767、波音787和空客A320、A350等国际主流大型客机、法国达索等国际主流大中型公务机，以及国内ARJ21、C919、新舟700客机和AG600水陆两栖飞机等。

其中机头及机身类产品包括C919机头、C929机头、ARJ21机头、AG600机头、新舟700机头等；舱门、翼面类产品包括国际民机舱门和国际民机翼面。

四、产品开发与技术进步

（一）产品开发

2022年，C929机头项目完成年度研制合同、年度设计合同签订；C919、ARJ21机头项目完成先行采购协议签订；AG600机头项目完成6架研制合同签订。

（二）技术进步

2022年，成飞民机发布了以提升公司核心竞争力、支撑公司向客户提供敏捷、高效、成本可控的产品整体解决方案，促进项目全生命周期的数字孪生、特性管控、项目评价为目标的设计制造一体化方案。

2022年，成飞民机专利申报数突破30件，其中发明专利16件，专利累计申报总数突破100件；授权发明专利2件，授权实用新型专利7件，完成申报软件著作权2件。全年发表核心论文5篇，其中北大核心期刊论文3篇，完成2篇科技报告发布，另有9篇重要论文完成投稿并得到录用。

2022年，成飞民机完成1项上级立项科研课题和35项自研科研课题立项，科研课题经费首次突破1000万元；牵头完成1项国家级课题、2项省部级课题和15项自研科研课题的验收工作。公司科技成果获得成飞产业集团科学技术进步奖二等奖1项、三等奖1项，1项科技成果获得集团科技成果鉴定资格，已进入评审阶段；“大飞机机头复杂结构集成制造关键技术及应用”项目获2022年度四川省科学技术进步奖三等奖。

五、企业改革改制

成飞民机坚决贯彻落实国企改革三年行动

工作部署，改革三年行动台账中确定的 75 项改革举措、118 项具体举措全部完成，完成率 100%；深入巩固拓展已有改革成果，研究制订《成飞民机国企改革三年行动高质量收官工作方案》，动态完善、迭代更新“双台账”，积极组织、扎实开展“双评估”，务求改革落地见效。

中航沈飞民用飞机有限责任公司

一、公司基本情况

中航沈飞民用飞机有限责任公司（简称沈飞民机）成立于2007年8月28日，经营范围为民用飞机及其零部件的设计、制造、试验、生产、销售及相关技术转让、技术咨询和进出口贸易。2022年沈飞民机吸收合并沈阳沈飞国际商用飞机有限公司（简称沈飞国际）。截至2022年底，从业人员2741人，资产总额62.33亿元，注册资本18.3488亿元。

二、生产经营情况

2022年沈飞民机营业收入14.4亿元，出口交付额1.66亿美元。

三、主要产品

主要产品涉及中国商飞ARJ21尾段、吊挂、全机电缆、无线电架、电源中心，C919后机身前段、吊挂、垂尾、APU舱门；空客A220前机身、中机身、后桶段、尾锥、舱门，A320机翼前缘；波音777/777–9前扭力盒壁板、翼尖，波音787–8/–9/–10垂尾前缘。

四、产品开发与技术进步

参与ARJ21、C919、C929项目设计任务，多元化开拓研发市场，2022年共新签设计服务合同14项，初步形成均衡发展的良好格局。完成工装设计标准体系建立，拓展工装设计外部市场，签订2项工装设计合同。

2022年继续夯实数字化转型基础，全面推动公司信息化平台建设，实现ERP、MES、WMS系统整合与优化；建立全生命周期工程数据管理平台，构建智能化三维工艺设计系统，有效支撑主业务流程数字化。搭建5G通信网络，初步建立公司私有云平台。构建数据治理管理体系，实现物流数据采集方式变革。以C919自动化装配生产线为示范，完成基于自动化设备、AGV物料配送、智能工具管理、现场可视化为一体的智能生产线建设试点，获辽宁省工业和信息化厅2022年度重点培育数字化转型标杆示范企业称号。

全年发表科技论文25篇，获得授权专利42项，其中发明专利6项，年底拥有授权专利131项。获得辽宁省科技进步奖一等奖1项、三等奖3项，航空工业集团科技成果二等奖1项、三等奖2项。

五、企业改革改制

为推进产业要素重组整合，充分发挥产业资源的聚能效应，提升民机产业的发展质量，在沈飞公司的部署和指导下，沈飞民机整合方案8月通过了股东会决策。2022年10月18日，沈飞民机取得了新的营业执照，标志着沈飞民机和沈飞国际完成股权整合，新沈飞民机正式整合成立，随后新沈飞民机首次股东会通过了公司章程，改组了董事会、监事会。本次吸收合并完成后沈飞民机注册资本由62488万元变更为183488万元。

中电科航空电子有限公司

一、公司基本情况

中电科航空电子有限公司（简称航电公司）成立于2009年，是以国家大飞机重大专项为契机，整合中国电科优势资源，联合四川省、成都市共同投资成立。公司注册资本25亿元，总资产38亿元，由中国电子科技集团有限公司绝对控股。航电公司作为中国电科民机航电产业发展牵头单位，以民机电子和通用航空为公司的战略性核心业务，历经多年积累，取得了显著成绩，品牌地位逐年提升，是国内承接全部重点民用大飞机型号任务的供应商之一。

航电公司现有职工1000余人，其中，享受国务院政府特殊津贴人员3人，全国劳动模范1人，省部级以上专家和高层次人才15人。拥有轻型通用飞机国家地方联合工程研究中心、民航空地互联网络信息系统工程技术中心、院士工作站、博士后工作站等创新平台12个，获得国内外专利授权270余项。

二、生产经营情况

2022年，航电公司实现收入5.37亿元，研发投入2.17亿元；实现工业总产值5.94亿元。

三、主要产品

航电公司以民机电子和通用航空两类产品为主。其中，民机电子主要产品包括：通信导航系统、综合客舱和信息系统、航空互联系统以及特种飞机任务电子系统等；通用航空主要产品包括：中小型无人机系统、通用飞机、高性能复合材料以及试飞服务等。

四、产品开发与技术进步

航电公司围绕民机电子和通用航空两大业务板块，全面拓展和提升民用航空领域的技术产品水平。在两个业务领域的相关关键技术研究和开发均取得重大突破，多项技术居领先水平，并有多项专利获得受理和授权。

民机电子方面：航电公司承担了C919、新舟700、AG600等重点民机型号的通信导航系统、信息系统、客舱系统、数据链等研制任务；同时，研发了“北斗”位置追踪设备、采用相控阵天线的Ka宽带卫通系统、新型机载娱乐系统（iWO）等一批核心机载产品，行业领先。通过型号项目研制，航电公司已建立了较为完整的符合适航标准要求的研发体系、质量管理体系和标准体系，成为国内第一批建立较为完善适航体系的民机电子领先企业，形成了一支结构合理、素质过硬，具有国际视野和工程经验的人才队伍和一批具有自主知识产权的核心技术。

通用航空方面：航电公司通过针对无人机应用、飞行培训和通航作业等市场需求，重点布局中小型无人机系统、通用飞机、高性能复合材料以及试飞服务等多项业务。无人机业务通过自主创新开发了2类7款中小型无人机系统，部分产品已取得市场突破；通用飞机业务通过对两型钻石飞机的引进、消化、吸收，形成自主研发制造轻型通用飞机的核心竞争力，其中DA42双发4座飞机在国内培训类市场占有率60%以上。

五、国际经济技术合作

航电公司按照拟定的发展规划，确定了“通过国际合作高起点切入民用航空电子领域”的实施战略。2022年，航电公司继续坚定以“外”促“内”发展思路，在继续夯实前期与柯林斯、泰雷兹、钻石公司等国际公司合作成果的基础上，通过国际化视野在民机电子和通用航空领域加强研发并实现突破。

沈阳飞机工业（集团）有限公司

一、企业基本情况

沈阳飞机工业（集团）有限公司（简称沈飞公司）是以航空产品制造为核心主业，集科研、生产、试验、试飞、服务保障为一体的大型现代化飞机制造企业，是中国航空工业集团有限公司骨干企业之一。沈飞公司创建于1951年6月29日，是中国航空工业的重要发祥地之一。沈飞公司拥有国际先进水平的完整航空产品制造生产线，飞机装配集成、钛合金和复合材料等制造加工技术处于国内外领先水平，并在增材制造、智能制造等先进航空制造技术领域不断实现新突破。

二、生产经营情况

2022年，沈飞公司大力弘扬航空报国精神、罗阳精神，克服“双线战役”以来最为严峻的困难挑战，全面完成了各项计划任务，取得一系列跨越突破，开创了公司高质量发展新局面。实现营业收入407.15亿元，同比增长19.78%，其中民机收入2.58亿元，同比增长30.19%；完成工业总产值422.3亿元，同比增长20.68%，其中民机产值10.6亿元，同比增长20.36%。

三、主要产品

沈飞公司承担的主要民机零部件产品有：空客A320项目、中国商飞系列民机项目等。

四、产品开发与技术进步

（一）大型板梁结构胶结共固化长桁的高效镜像自动化制造技术储备研究

依据国内大型C929宽体客机设计为基础，以实现高效镜像成组自动化制造为目标，优化现有设计方案，需要按照制造的需求对长桁的立边、铺层顺序进行优化调整；全面掌握高效、镜像成组、自动化制造方案，主要研究成形的工装结构，具体成形工艺参数及成形后的数控机加、数字化测量；确定镜像成组制造方案的必要工程输入，以及对应用范围进行评价，为后续民机零件应用完成前期储备。

（二）开展大型压力隔框类零件精准制造研究，助推“又好又快又廉”产品交付要求落地

通过对空客项目关键大型压力隔框零件开展工艺研究，实现了工程高质量要求交付，改善了大型机加零件在加工过程中出现的零件变形问题，建立了一套完整的工艺加工方案。同时，以压力隔框工艺方案为基础，延伸至其他典型大型框类结构件，成功推广至其他项目，从质量稳定、效率提升、降低成本等多个维度综合解决了此类零件交付的实际问题，助推公司“又好又快又廉”产品交付要求落地。

（三）持续开展民机信息化系统迭代，支撑公司ERP系统建设

结合数字沈飞建设，民机六大信息化系统不断迭代升级，满足了公司对于技术管理工作中产生的信息和数据即时性、唯一性、准确性的需求。尤其是全制造路线管理和工序数据管理等功能的开发，实现了工序级工艺信息的获取、运算、整合，不仅满足了现阶段生产全制造路线计划数据的需要，也为后续ERP系统进一步细化生产过程监控、开展工序级计划排产提前做好了技术准备。

五、企业改革改制

（一）高质量、高标准完成改革三年行动任务

沈飞公司以习近平新时代中国特色社会主义思想为指导，认真贯彻落实国资委、航空工业集团决策部署，坚持改革促发展，改革见实效，以实现“保供、保稳、保值”“增强活力、增强竞争力”的“三保两增”目标为牵引，以布局优化和结构调整为主线，扎实推进各项改革任务走深走实。公司改革三年行动工作台账涉及的 7 个方面、26 条专题任务、81 项具体举措已全部完成，完成率 100%。

历经三年行动，沈飞公司在完善中国特色现代企业制度、推进国有经济布局优化和结构调整、健全市场化经营机制、加强国有企业党的领导和党的建设等方面取得显著成效，形成了“强链为擎，科技为翼，党建引领，机制护航”的改革工作新局面，重构了航空产业高质量发展新格局、新生态。

（二）聚焦主责主业，全面推进公司布局优化和结构调整

沈飞公司聚焦装备建设主业，依托产业集成驱动和区域辐射优势，以“建强产业链，优化供应链”为核心，系统推进布局优化和结构调整工作，促进企业高质量发展。

在产业链上游，务实推进厂所融合，完成入股沈阳飞机设计研究所扬州院投资立项，布局研发协同。产业链下游，完成吉航分立重组并实现对吉航公司控股，深化造修一体融合发展；完成厂所联合筹建服务保障公司方案初步设计，探索厂所协同新模式。对既有产业链，完成沈飞线束公司增资扩股，实现航空线束制造产业化发展；完成沈飞民机业务重组，着力打造世界一流的飞机机体结构制造商和卓越竞争力示范中心；成立设备维保分公司和动力运行保障分公司，探索工业服务社会化保障途径。

优化供应链方面，沈飞公司打通供应链、协同上下游，提高供应链安全性、经济性和坚韧性。一是与沈北新区政府、沈阳航产集团签署战略合作框架协议，以公司产品配套需求为依托，共同吸引优质企业入园，实现公司供应链的健硕、安全及产业集聚；二是以振兴东北央地百对企业协作行动为平台，与沈阳航产集团就大型航空机加结构件产业化发展合作项目进行签约，打造了央地合作成功典型。

（三）民机产业加速整合，沈飞民机和沈飞国际实现合并

为推动民机业务协同发展，发挥民机产业整体资源优势，2021 年沈飞公司启动了沈飞民机与沈飞国际吸收合并项目，相关工作于 2022 年 10 月 18 日完成。

新沈飞民机将充分发挥在飞机制造领域人才、技术、产品方面优势，聚焦“机体结构研发、装配集成、供应链管理和项目管理”等核心能力建设，全力打造世界一流的飞机机体结构制造商和卓越竞争力示范中心，成为公司主业做强、做优的重要支撑点。

中航西安飞机工业集团股份有限公司

一、企业基本情况

中航西安飞机工业集团股份有限公司（简称中航西飞）成立于1997年6月18日，于1997年6月26日在深圳证券交易所上市，隶属于中国航空工业集团有限公司。中航西飞民机主要经营业务：承担“新舟”系列飞机、C919大型客机、AG600飞机、ARJ21支线飞机的机身、机翼等关键核心部件研制工作，是上述飞机型号重要机体结构制造商。中航西飞保持并不断提升在机身、机翼等部件集成制造核心技术方面的优势，同时积极参与国际航空零部件转包生产，承担了波音737系列飞机垂尾、波音747飞机组合件，空客A320系列飞机机翼、机身等产品的制造工作。年末从业人员1.5万余人，经济规模与综合实力居于国内同行业领先水平。

二、生产经营情况

2022年，中航西飞民机及国际航空零部件转包业务全面完成年度生产经营目标。全年共交付“新舟”系列飞机、ARJ21飞机、C919飞机及AG600飞机部组件共30架份；国际航空零部件转包项目出口交付额较上年同比增长19%。民用航空产品实现营业收入较上年增长21%。

三、主要产品

（一）国内民机项目

AG600项目完成了中机身段疲劳试验件交付；“新舟”系列飞机项目按期完成科研生产任务。高质量的产品交付，得到了客户的肯定。

2022年，ARJ21项目中后机身工作包提前交付2架份，有力支援了上海飞机制造有限公司现场装配需求。

（二）国际航空零部件转包项目

2022年，空客公司在中国全面启动A321机翼项目。为实现空客天津总装线首架A321机翼中国制造的目标，中航西飞克服疫情、出口管制、无外方技术人员驻场等困难，积极承担一级供应商责任，牵头成立跨公司、跨部门的联合工作团队，组织协调沈飞民机、西飞国际航空制造（天津）有限公司（简称西飞天津公司）、工装及设备供应商开展研制工作，创新建立多层级沟通机制，定期与客户召开高层视频会、专项研制电话会对研制存在的风险进行预警、控制。仅用5个月就完成了首架A321翼盒研制任务，2022年7月15日“零”拒收交付首架翼盒至西飞天津公司，仅用2个月就完成了首架A321机翼系统件装配研制任务，2022年9月29日“零”问题交付首架机翼至空客天津总装线，用实际行动践行“一个团队、一个目标、一个计划、一个标准”的团队理念。

深入跟进A320家族系列飞机本地化业务进展，完成A320家族系列飞机机身对接工作包、A320机翼自动化生产线推介方案设计。

四、产品开发与技术进步

2022年，C919项目完成前后缘、翼盒、中机身等装配自动化生产线验证；中机身超级壁板架下补铆工作调整为中航西飞承担，缩短了超级壁板15天的装配周期，为批产提速打下坚实的基础。

开展了波音737项目内襟翼/垂尾/梁类前缘产品自动化制孔技术研究，实现了活动翼面自动制孔100%覆盖，终孔终窝一次取制，提升了制孔覆盖率，提高了制孔效率和制孔速度。

以A320舱门为研究对象，开展舱门压铆技术研究，完成了产品压铆头结构关键技术验证、验证件压铆试验；开展机身壁板的自动钻铆技术研究，通过对自动钻铆工装的适应性改造，实现了以模拟量数据为制造依据的产品自动钻铆应用。

在 A320 系列机翼翼盒上开展膨胀式夹头 ADU（同心钻）高效制孔推广应用工作，实现了同膨胀式夹头 ADU 高效制孔锪窝（一刀过）在 A320 系列翼盒上的全局化应用。

2022 年，共组织接待国际转包项目外部二、三方质量审核 12 次，其中：第三方审核 6 次，第二方审核 6 次，审核涉及质量管理体系、特种工艺、产品等多个方面，全部顺利通过。

五、国际经济技术合作

全年参与完成 7 个国际航空零部件转包业务工作包的国际竞标，成功续签了波音 767 地板梁合同；与空客完成 A320 机翼项目合同谈判及签署工作；完成意航 ATR42 机身短距起降项目重复及非重复性费用报价工作。

六、企业改革改制

2022 年，中航西飞持续严格对标国资委、航空工业集团重点改革任务完成标准，聚焦完善中国特色现代企业制度、推进国有经济布局优化和结构调整、积极稳妥深化混合所有制改革、健全市场化经营机制、加强国有企业党的领导和党的建设等方面重点改革任务，全方位全级次深入推进企业改革发展。截至 2022 年底，全面完成改革任务，实现国企改革三年行动高质量收官。

通过改革攻坚，实现了党的领导与公司治理深度融合，党组织在重大决策中的把关定向领导作用充分发挥。公司董事会实现高质量建设规范运行，董事会运作效率和决策能力大幅提升，董事会“定战略、作决策、防风险”功能充分发挥。公司产业结构布局更加合理，市场化经营机制更加健全，公司竞争力、创新力、控制力、影响力、抗风险能力明显提升，为建设世界一流航空企业奠定坚实的基础。

中国航发成都发动机有限公司

一、企业基本情况

中国航发成都发动机有限公司（简称中国航发成发）创建于1958年，是国家“一五”期间156个重点工程项目之一，是以研制生产航空发动机及其衍生产品为主的大型国有骨干企业，主营航空发动机研发、制造、销售、修理、服务和转包生产。公司位于四川省成都市新都区，资产总额98.7亿元，在职职工4300余人，共设置18个职能部门、16个科研生产机构（含10个专业制造分厂），拥有1个分公司、1个控股子公司、1个全资子公司、1个参股公司。

中国航发成发坚持源于航空、专于航空、志在航空，坚定走专业化发展道路，构建了以国家认定企业技术中心、中国航发成都制造技术研究中心为核心的技术创新平台，拥有国际、国内多项航空发动机零部件制造标准，具备航空发动机研发、制造、修理、试验和试车能力，为我国航空装备建设做出了历史性贡献。

二、生产经营情况

2022年，中国航发成发持续改善产品结构，进一步聚焦主业，产品布局更加清晰，经营规模快速扩大，实现转包生产销售收入1.3亿美元。

三、主要产品

中国航发成发民用航空产品主要有各类机匣件、环形件、蜂窝密封件、钣金件、吊挂件，产品应用机型包括GE航空的Leap系列、GE90系列、GEnx系列、GP7200、Passport20、CF-34，罗罗公司的遄达XWB、遄达1000、遄达7000、遄达700、RB211、BR725及“珍珠”系列，霍尼韦尔公司的HTF7000系列和HTS900系列，以及长江1000A、长江2000AX等国内商用发动机。

四、产品开发与技术进步

（一）产品开发

2022年，全球民用发动机市场逐步恢复，主要客户的订单量呈现恢复态势，新品试制、产品转移相关询价明显增加。中国航发成发积极参与国内外民机项目的产品开发，完成国外客户包括GE、罗罗和霍尼韦尔等25项新产品试制，相较2021年实现显著增长。完成国内客户中国航发商发长江1000A发动机44项产品试制，完成长江2000AX发动机9项产品试制。全年实现国内外民机业务产品开发数量和质量的阶段性提升，为公司后续业务发展奠定了坚实的基础。

（二）技术进步

2022年，中国航发成发持续构建知识与人才体系、技术体系、能力体系和组织管理体系“四位一体”的科技创新体系，突破了热处理仿真等多项关键核心技术，全年完成54项发明专利申报，获得授权24项，获省部级（含集团）以上科技成果奖3项。

五、国际经济技术合作

2022年，中国航发成发与GE航空、罗罗、霍尼韦尔、GE能源、菱动航改等公司保持密切合作关系，业务合作持续深入。全年整体航空业务同比持平。

六、重大设施建设

中国航发成发充分利用现有科研生产条件，新增车铣复合加工中心、龙门式加工中心等工艺设备，改造热处理炉控温系统等工艺设备，补充建设了机匣零部件等生产线及理化检测条件，初步形成了大涵道比风扇增压级单元体、外部结构及短舱组件等研发制造能力，为商用发动机的研制提供了保障。

七、企业改革改制

2022 年，中国航发成发完成所属四川法斯特机械制造有限责任公司首轮增资扩股，法斯特资产负债率大幅下降，为公司优化园区战略布局打下了坚实基础。

中国航发沈阳黎明航空发动机有限责任公司

一、企业基本情况

中国航发沈阳黎明航空发动机有限责任公司（简称中国航发黎明）始建于1954年，是“一五”时期建立的新中国第一家航空涡轮喷气发动机制造企业。中国航发黎明目前形成“一厂两区”总体布局，总占地面积2000余亩，其中，大东厂区1500亩，苏家屯厂区520亩，共有员工10000余人。自成立以来，中国航发黎明共修理、改型、研制了数十型航空发动机，生产修理了数万台航空发动机。承制生产了我国第一台拥有自主知识产权的涡喷发动机——“昆仑”发动机，第一台自主研发的大推力涡轮风扇发动机——“太行”发动机，承担诸多科研型号研制任务，被誉为“新中国喷气式航空发动机的摇篮”。

二、生产经营情况

2022年，中国航发黎明转包出口交付额超5000万美元。

三、主要产品

中国航发黎明主要业务涵盖航空发动机、燃气轮机、民用航空及国际转包产品的研制与生产。

四、产品开发与技术进步

中国航发黎明的国际转包业务始于1981年，最初和美国通用电气航空发动机公司（GEAE）合作。目前，国际转包主要产品供应GE航空、GE发电、GE油气、罗罗公司等，产品出口美国、英国、加拿大、德国、匈牙利、西班牙等诸多国家，具备环形件、结构件、钣金件、机匣件、盘轴件等多种类型零件的成熟加工经验，以及喷涂、喷丸、荧光、电子束焊等特种工艺能力，掌握了机匣的高效加工、变形控制，承力环的叠加投影检测技术、新材料电子束焊加工及防护技术，以及封严环的蜂窝磨加工及检测技术，建立了钣金件护罩的自动辊压生产线，实现了LEAP、RB3043新机型高/低压涡轮机匣、承力环、封严环及护罩等新件研制与转批交付。2022年，中国航发黎明全面完成既定指标任务，通过积极的商务运作和良好的交付表现，提升了客户服务水平。

五、国际经济技术合作

中国航发黎明大力发展特种工艺技术，作为国际合作的核心能力，建立了外贸产品特种工艺专业化生产线。喷涂、喷漆、焊接、腐蚀、无损检测等特种工艺通过NADCAP的审核认证，在全球航空产品竞标中形成强有力的竞争优势。其中，电子束焊、喷漆、硝酸腐蚀在同行业中处于领先地位，铝合金硫酸绿色阳极化、硅橡胶为国内首家通过认证。2022年，中国航发黎明积极克服全球疫情影响，实现产品保质保量交付，获得客户的高度肯定和信任。

六、企业改革改制

2022年，中国航发黎明通过吸收合并方式，顺利完成全资子公司沈阳黎明国际动力工业有限公司清理工作。

中国航空无线电电子研究所

一、企业基本情况

中国航空无线电电子研究所（615 所）成立于 1957 年，是中国航空工业集团核心骨干研究所、航空机载座舱系统事业部牵头单位，主要从事军民用航空电子系统综合技术研究，承担民机航空电子、航空无线电通信导航系统及产品研制。研究所历经创建起步期、建制转型期、启航成长期、快速发展期、蓄势提速期，在战略导向、市场导向、应用导向的发展理念牵引下，现已成为国内领先的机载航电系统集成商与产品供应商。

在民机航电领域，研究所面向干线、支线、轻型及运动型通用飞机，提供谱系化的民机航电系统及核心子系统产品，产品包括民机航空电子系统、座舱显示系统、飞行管理系统等，是承担 C919A 级系统研制任务的供应商，持续为 C919、AG600 等国家重大民机项目做出重要贡献。

二、生产经营情况

2022 年，中国航空无线电电子研究所在民机业务方面，全年交付产品 26 台（套），收入达到 26222.2 万元，完成全年预算目标的 105.948%，高于历史完成比例，民机业务到款达到 23083.36 万元，完成全年预算目标的 100.96%，高于 2021 年同期数。

三、主要产品

（一）综合显示器

综合显示单元（IDU）是座舱显示系统的核心组成部分，可驻留各类显示应用软件。该产品和各类控制器一起形成下视显示控制界面，向机组提供主飞行显示（PFD）、发动机和机组警告（EICAS）、导航显示（ND）、系统简图（SYN）、电子检查单（ECL）以及各类扩展页面信息的显示。

该产品软硬件按照 RTCA/DO-254、RTCA/DO-178B DAL-A 标准进行研发，拥有完整适航数据。该产品已随 C919 飞机项目完成 TC 取证并取得中国技术标准规定（CTSO）证书。

（二）控制器

控制器（CP）属于操控类产品，主要应用于座舱显控系统，与显示器交联。控制器提供人机交互接口，如按键、开关、旋钮。用户对面板的操作通过通信方式以及离散量信号上报，同时响应外部指令。根据实现功能的不同，可以分为 DCP、MKB、CCD、RCP 等若干产品。

（三）平显投影仪

平视显示器（HUD）分别安装到正驾驶（机长）和副驾驶头部上方，接收综合显示单元（IDU）的图像，投影在组合镜上。平视显示器具有透视、平视、准直、等角的特点，提高飞机在低能见度下和夜间的运行能力、降低飞行员工作负担、保障航行安全、准点。平视显示器包括以下功能：为机组提供信息显示、防拥控制、HUD 画面亮度控制、EVS 对比度控制、机载维护支持。

（四）空中交通警告和防撞系统

空中交通警告和防撞系统符合 DO-185B 和 ARINC 735B，使用主动或者被动方式监视在本机监视范围内出现的装有空管应答机或者 ADS-Bout 的飞机，对接近的飞机进行跟踪，建立包括距离、相对方位和相对高度的跟踪信息等，利用主动跟踪数据对接近飞机的潜在威胁进行评估，按威胁程度提供无威胁、接近、交通告警、决断告警提示。

（五）空管应答机系统

空管应答机系统符合 DO-181E 标准规定的 2 级应答机功能要求，提供地对空和空对空监视，通过接收、识别、应答地面空管二次雷达或空中具备 TCAS 功能的飞机的询问信号（模式A、C、S），及时、连续、准确地提供载机的识别号、高度等信息，实现地面航管中心、指挥控制中心、空中具备TCAS功能的飞机对本机的监视、跟踪，从而保障飞机的飞行安全。

（六）综合电子备份仪表

综合电子备份仪表（ISI）为机组提供独立于主显示的姿态、空速、高度和仪表着陆系统数据，并提供备份导航功能。ISI支持飞行员手动设置本地气压基准、显示亮度、输入目标航路点位置等操作。ISI与第三套大气数据计算机共用全静压探头，并具备独立的压力传感器和姿态传感器，可提供备份空速、高度、姿态信息，拥有3ATI格式的AMLCD组成的独立的电子显示设备，提供旋钮、按钮用于设置标准气压以及控制显示的菜单功能，显示亮度/气压调整和选择显示的菜单选项。

（七）网络交换机

网络交换机（ACS/ARS）主要包括交换模块、电源模块、接口模块和机箱，完成ARINC 664P7协议定义的ARINC 664网络交换机功能。网络交换机（ACS）能够支持符合ARINC 664协议的网络通信，提供最大传输延迟、确定性带宽、确定性的路由服务。每个通道都能提供高完整性的端到端消息传输。ARINC 664交换机主要实现如下功能：数据传输、健康管理、配置管理、数据加载、网络管理、疲劳指示、文件管理。

（八）通用处理单元

通用处理单元（GPM）为驻留应用提供高完整性的分区环境，为驻留应用完成飞机功能（如FMS、CAS、OMS、DS等）提供计算和存储资源，为驻留应用提供符合ARINC 653标准的软件运行环境，为驻留应用提供驻留分区的故障检测和故障控制，保证分区间计算资源的时间隔离和空间隔离，确保任意分区的故障不会影响到其他应用的驻留分区。CPM提供兼容ARINC 664-P7/P2规范定义的数据传输服务的MTBF不小于6100小时。

（九）远程数据接口单元

远程数据接口单元（RDIU）提供机载骨干总线网络（如A664、A825）与非骨干总线网络（如A429、A825、A717、模拟量、离散量）所连接的外联系统/设备或传感器之间的数据转发、数据计算。将外联系统/设备或传感器的数据转换为总线网络的数据形式发送给网络上其他设备；接收总线网络上其他设备的指令，完成与各种外联系统/设备或传感器的通信和控制。

四、产品开发与技术进步

（一）产品开发

中国航空无线电电子研究所民机产品研发主要基于民机项目组织开展，截至2022年底，各重点民机项目进展如下。

1. C919项目

完成C919显示系统项目取证构型软件变更交付以及软硬件SOI#4适航审查工作，圆满地完成C919项目年度工作目标，全面支撑中国商飞顺利取得C919型号合格证（TC），自研产品内置交换机和综合显示单元都成功获颁中国民用航空局CTSOA证书。

2. AG600项目

全面完成AG600项目年度工作目标，顺利交付1005架、1006架和1007架机产品，完成了首飞安全试验，顺利保障型号陆上首飞、水上首飞任务。在适航管理方面，提交了航电系统产品鉴定试验大纲，完成了航电系统软硬件SOI#1评审前准备。

3. 演示验证

完成了国产航电核心包系统装机件工程研制与实验室验证，年内装机首飞；对标GE ACT，完成国产IMA工具链研制和装机件工程化应用；完成DO-297标准的任务3验证技术研究和工程化应用；完成触控IDU产品CTSO取证审查，年内实现国内首个A级触控IDU产品独立取证；完成FMS软件研制及交付，年内实现FMS软件首次商用飞机试飞。

4. 低成本项目

完成航电系统适航审查，开展IDU转产工作，完成装机件交付并全面保障主机取证试飞。

（二）技术进步

1. 高完全、高完整显示计算系统

完成A664终端硬件平台开发；完成基于图形测试模板的关键数据监控原型开发并应用于C919项目；完成A661软件阶段性优化，并应用于C919项目；完成A818接口硬件资源需求评估以及方案确定；完成平台基础服务需求规范的编制；完成高安全、高完整显示计算系统核心设备需求规范、初步计算方案的编制及评审。

2. 基于航迹运行的智能飞行管理技术

2022 年完成飞行管理系统核心功能算法原型，形成可持续迭代的核心技术平台。完成针对干线、支线、通航和特种飞机等可配置参数定义，开展了组件化软件架构设计。

创新地完成了面向飞机制造商、航空公司、飞管系统供应商的谱系化飞管产品配置参数定义，将支持飞行管理系统适配干线、支线、通航和特种飞机多平台的开放式软件架构设计和软件组件开发，提高飞行管理系统研发效率和产品质量。

3. 基于服务的云航空电子系统架构技术

提出了以 SNAT 工具计算的延迟为基础的网络时间同步机制，设计了网络数据源完整性、位完整性、顺序完整性和时间完整性校验机制，完成了自主高完整性网络互操作协议规范。

同时提出了网络数据 DES 和 RSA 双重加密技术，使用 DES 算法对网络数据明文进行加密，使用 RSA 算法对 DES 密钥进行加密，形成了网络安保性数据传输协议初稿。

五、国际经济技术合作

（一）项目国际合作

2022 年，ScioTeq、加拿大 FTG、风河、大河、CoreAVI 等国外核心供应商均按计划完成适航审查工作及相关产品研制交付任务，为 C919 飞机项目顺利取得 TC 证提供了坚实的保障，对国内民用航空产品适航取证能力的有效提升起到了巨大的推动作用。

（二）国际转包生产

与 L3 公司的 ADS-B 产品转包合作项目持续进行，2022 年底，交付产值 190.93 万元。

（三）国际人才引进

依托 C919 显示系统项目以及航电系统设计与集成验证项目等，通过猎头寻猎、第三方咨询公司合作等方式，引入 3 位国际资深航电专家，为民机航电研制提供长期和短期科研、咨询、教练等服务。

六、企业改革改制

（一）民机实体化运营

2022 年，围绕民机业务开展，进一步推进民机业务主体实体化工作，持续推进民机子公司的商业化运营。对公司组织架构进行优化调整，明确 7 部门结构，确定企业治理基础能力。

（二）产业链协同

协助推动机载民机工程中心及分中心的建设，2022 年度陆续向上级单位提交了分工程中心组织架构方案、面向机载民机工程中心的支持方案、机载民机工程中心组建方案建议稿等材料，积极配合上级单位开展民机业务区域化协同工作。

（三）管理能力提升

持续推进项目管理能力的提升。主要完成 3 个方面的工作：民机项目管理流程体系的完善和优化；民机项目管理工具的改进和优化；基于挣值的项目管理方法和经验的推广。

持续优化人才结构。目前员工近 3000 人，科研人员比例超 80%，硕士学历及以上人员比例超 60%，40 岁以下人员比例超 75%，人才结构实现快速优化。在民机方面，全部从业人员达到约 650 人，其中正式人员 363 人，各类外协外包人员近 300 人。

金城南京机电液压工程研究中心

一、企业基本情况

金城南京机电液压工程研究中心（简称南京机电）为中国航空工业集团有限公司全资单位，注册资金5655万元，属国有独资事业单位。

南京机电集预研、开发、设计、制造、试验交付和维修服务于一体，是航空机电综合与管理系统、液压系统、燃油系统、空气管理系统和第二动力系统等的研发牵头和总成单位；是国内民用飞机燃油、液压、环控三大系统供应商及牵头单位，是民用航空三大系统的国际合作、转包生产和自主研发基地。设有国家级博士后科研工作站，是我国航空液压、燃油、系统和发动机点火系统的研发中心和生产基地，同时也是航空液压、燃油、环控、第二动力等国家专业发展规划的主要编制单位，建有航空机电系统综合航空科技重点实验室。

南京机电现有职工3000余人，研究员110余人、享受国务院政府特殊津贴专家54人、航空工业首席技术专家4人、航空工业特级技术专家19人、航空工业一级技术专家21人。

二、生产经营情况

2022年，南京机电民机收入完成5960万元，其中民用航空收入1088万元，民机科研收入4520万元，民机预研收入352万元。

三、主要产品

在民机型号上，南京机电承担研制的主要产品包括：空气涡轮起动机、变频燃油泵、空气分离模块、液压泵、液压油箱、空气循环机、制冷包、综合控制器、前轮转弯控制阀、冲压空气涡轮等核心产品。

四、产品开发与技术进步

2022年，民机型号科研任务全面按节点完成并取得突破性进展。AG600完成3架份产品交付工作，按时完成首飞安全试验，成功支持灭火型首飞。C919项目完成所有鉴定试验，全面支持适航TC取证工作；初步形成了批产交付能力，准时交付3架份配套产品；参与C919优化设计工作，完成液压加油子系统详细设计评审，提升了C919飞机的外场保障水平和效率。新舟700项目完成了编号AC103机的生产交付，冲压空气涡轮系统交付。AC313A项目完成主液压泵的首飞安全试验，支持飞机完成首飞工作。长江1000A发动机项目完成了起动系统的研发设计，转入试制和验证阶段；长江2000AX发动机项目完成了国内首台200千瓦功率量级空气涡轮起动机的功能性能试验。新开发的发动机短舱电动舱门维护系统（PDOS）已完成工程研制，顺利进入生产制造阶段。

2022年，全面开展液压、燃油、空气管理三大系统的初步设计工作，通过与中国商飞现场联合办公，完成SOW谈判与顶层要求HLR确认工作；通过与机载上海园区联合办公，确保项目计划稳步推进。提前启动三大系统34项关键产品的样件研制工作，协助项目技术风险识别。三大系统17项关键技术攻关进展显著，并联合中国商飞开展了可靠性提升工程。

作为民机机电系统牵头论证单位，南京机电组织完成“民机十四五创新计划”联合论证工作，形成高可靠高效机电系统的创新计划，建立了面向多电平台的机电技术发展项目群与技术库；与中国航空无线电电子研究所、航空工业西安飞行自动控制研究所、陕西航空电气有限责任公司协同完成了“下一代机载技术”专题论证，形成了技术路线图、论证报告与指南建议，项目库已由工业和信息化部纳入发展规划；参加航空工业集团“下一代新能源支线涡桨”项目初步论证，提出机电技术方案与发展建议，形成“碳达峰碳中和机电关键技术清单”，为绿色航空的“十四五”民航发展规划提供技术支持。

五、国际经济技术合作

南京机电在转包生产方面的客户包括派克公司、汉胜公司，主要产品包括柱塞、阀芯、阀套等，2022 年产值规模 350 万元。

六、重大设施建设

2022 年，南京机电全面推进上海民用航空机电系统有限公司建设，先期设立综合管理部、计划财务部、技术研发部 3 个部门，基本实现人员招聘、装修、采购等过渡期运营管理；依据项目联合办公计划需求，已派驻 30 余人常驻上海工程中心，同步配合中航机载系统工程中心开展相关系统设计和开发工作。

七、企业改革改制

2022 年，南京机电改革三年行动全面高质量收官。通过坚持“严抓、落实、成效”3 个工作要点，全面完成 7 个方面 48 项改革任务，推动各子公司高效率、高质量完成 148 项改革工作任务，总体完成率 100%。现代企业制度体系不断丰富，全级次构建起“1 个实施办法、3 个方案、6 个权责清单、5 个规则、12 项基本制度”的公司治理制度框架体系；对标世界一流行动进展成果丰硕，全面完成新时代质量管理体系建设、集成供应变革（一期）、工厂大脑变革（一期）、事业部经营管控系统变革 4 个项目；科技创新能力显著提升，“三清单”46 个项目年度计划完成率 100%；三项制度改革成效初显，劳动用工效率指标持续向好，与“十三五”初相比，全员劳动生产率增幅 97%，人均营业收入、人均利润等实现翻番；持续深化收入分配制度改革，严格执行薪酬与业绩挂钩，推动关键核心人才中长期激励机制建设；全面完成剥离国有企业办社会职能和解决历史遗留问题改革任务，完成“三供一业”分离移交、医疗机构分离移交、厂办大集体关闭注销、退休人员社会化管理等工作。

根据民机产业发展现状与未来规模，南京机电民机产业逐步形成以上海工程中心、民机产业部、科技公司的“三地一体”的管理模式。2022 年，南京机电成立民机产业部，牵头组织承接民机产业各项任务。设立民机型号项目办、民机质量管理办、民机技术与适航办、民机供应链管理办、民机客户保障办等二级机构，并配备对应领导团队。进一步做实科技公司，明确科技公司为南京机电民机产业的重要承接者，承接南京机电民用航空业务发展战略，组织资源实现南京机电业务战略，是南京机电“引领航空机电新发展，成为国际化卓越强者”愿景目标的实践者。

诺贝丽斯铝业（镇江）有限公司

一、企业基本情况

诺贝丽斯铝业（镇江）有限公司，是原爱励国际全资公司爱励亚太独资在中国江苏镇江投资建设的一家铝压延加工企业。公司注册资本58000万美元，于2011年3月成立，同年7月在镇江开始建设“航空航天及交通运输用大规格高强度铝合金板项目”，主要生产航空用预拉伸铝合金板和高端商用铝合金板。公司总占地408亩，2013年4月25日投入运营，已经通过了全球主要飞机制造商的适航认证，包括欧洲空客、美国波音、加拿大庞巴迪、中国商飞和航空工业集团等。

公司是中国商飞C919大飞机和ARJ支线飞机结构铝合金板的主要供应商，获得中国商飞2018年度优秀供应商银奖。公司已经将业务范围延伸到深加工领域，随着总投资2000万美元的机翼板深加工项目的投产，不久的将来，公司将可以为全球民用飞机主机厂提供更广泛的服务。

二、生产经营情况

2022年公司实现产值16.48亿元，增幅79.31%；营业收入16.21亿元，增幅96.23%。

新宇航空制造（苏州）有限公司

一、企业基本情况

新宇航空制造（苏州）有限公司（简称 SAM 苏州公司）是新加坡宇航制造集团（简称 SAM）的全资子公司。新加坡宇航制造集团成立于 1981 年，通过在新加坡、中国、马来西亚、泰国和德国的工厂向世界主要的航空企业供应各类航空机械制造产品。SAM 苏州公司前身是 1995 年成立于苏州工业园区的新达精密机械（苏州）有限公司。2002 年 12 月，SAM 增加了在苏州的投资，在苏州园区出口加工区注册成立了 SAM 苏州公司，注册资本为 1200 万美元，总投资额超过 3600 万美元。SAM 苏州公司占地面积 24000 米^2，厂房面积 13500 米^2，现有员工 340 人。在设备装备方面，SAM 苏州公司拥有 3 条集排产、编程、加工和检验于一身的数控柔性制造系统；在加工工艺方面，具备多种无损探伤检测能力和特殊工艺处理技术；在制造方面，对如镍合金、钛合金、铝合金以及高强度的不锈钢等硬质高温合金材料进行精密加工。

SAM 苏州公司共有工艺工程师 13 人，质量工程师 8 人，其中特殊工艺工程师 2 人。并且拥有 NDT Level Ⅲ 1 人。具备加工工艺开发、夹具设计、特殊刀具设计、编程以及特殊工艺流程编制等技术能力。

二、生产经营情况

2022 年销售收入为 5.6 亿元，比 2021 年同期上升了 37.2%。由于受全球疫情影响，SAM 苏州公司正处于稳步恢复生产阶段。

三、主要产品

SAM 苏州公司目前的主要产品可分为两大类：一类是飞机发动机叶片及叶片隔框，另一类是飞机发动机吊挂类结构件。公司专注于镍基合金、钛基合金、不锈钢等高温合金材料进行复杂形状高精密加工，同时具备铝基合金的加工能力。SAM 苏州公司 4 轴及 5 轴铣削可加工工件尺寸可达 1.2 米，车削可加工工件尺寸可达直径 660 毫米，并拥有数条数控柔性制造系统。公司具备多种无损探伤检测能力和特殊工艺处理技术，可为客户提供一站式制造，为客户最大程度上减少物流成本及制造周期。

四、国际经济技术合作

SAM 苏州公司是世界上最大的商用飞机发动机吊挂供应商。随着 C919 的成功投入运营，国产大飞机的市场前景以及预期良好，SAM 苏州公司希望参与中国商飞公司及中国航发的产业链布局，主要意向产品为中国商飞公司及中国航发相关商用飞机机型及飞机发动机的高温合金类组件以及铝基合金类组件。SAM 苏州公司目前客户均为海外客户，所有产品均销往国外。

通用电气航空（苏州）有限公司

一、企业基本情况

通用电气航空（苏州）有限公司成立于2007年1月，是位于中国江苏省苏州工业园区的外商独资企业，投资总额6000多万美元，注册资本2200万美元。目前员工人数307人，是通用电气集团下属的全资子公司。

通用电气航空（苏州）有限公司主要从事生产、组装、测试各类民用航空用零部件、组装部件、系统等产品以及售后服务。

二、生产经营情况

通用电气航空（苏州）有限公司2022年总资产79382万元人民币，2022年实现销售收入52391万元人民币，比2021年同期增长60%，2022利润总额为-810万元人民币。

三、主要产品

通用电气航空（苏州）有限公司主要从事以下产品的生产和制造：飞机发动机零部件产品包括涡轮发动机部件的密封件、连杆、发动机支架和燃烧箱等，这些零部件用于CF34、CFM、Passport、GE 9X和LEAP发动机，产品的主要订单客户是通用电气集团内部。

四、产品开发与技术进步

目前通用电气航空（苏州）有限公司不拥有任何与生产产品相关的知识产权，相关的知识产权所有权归通用电气集团海外核心企业，但是可以使用其生产专有技术以及海外提供的与开发和改进生产工艺相关的工作指导、政策和流程。

五、重大设施建设

2022年通用电气航空（苏州）有限公司固定资产投入1454万元人民币，其中85%是用于生产的设备投入，其中生产仓库扩建项目投入1098万元人民币，生产设备投入131万元人民币。

菲舍尔航空部件镇江有限公司

一、企业基本情况

菲舍尔航空部件（镇江）有限公司（简称菲舍尔）是中国航空工业集团有限公司成员单位，于 2011 年 9 月注册成立。位于江苏省镇江市新区航空航天产业园，从事飞机内饰系统、复合材料零部件的研发、设计和生产，总资产规模约为 14 亿元，注册资金 10.84 亿元，占地面积 300 亩，员工近 500 人。菲舍尔是国内首个以构建国际、国内大型民用飞机重要复合材料结构件和内饰件为目标的专业化企业。菲舍尔通过优化产品品质和完善服务体系，正源源不断地为世界主要的飞机制造厂提供产品零部件，是空客、波音、庞巴迪、中国商飞等公司主机厂的合格供应商。

二、生产经营情况

2022 年面对新冠肺炎疫情对整个航空制造业带来的冲击，菲舍尔转变经营思路，在稳定现有工作包和客户的基础上，勇于开拓市场，确保了公司在疫情背景下的平稳运营。实现销售收入 28175 万元、完成工业总产值 22680 万元、营业利润 -2705 万元、国外出口交付 21229 万元。

菲舍尔充分认识到疫情发生对业务造成冲击，但同时也获得了发展契机，利用多年来承接国际转包项目积攒的丰富经验，在国内工作包的竞标中赢得了优势，顺利开辟国内市场，并确保了新项目的盈利空间。

三、主要产品

菲舍尔生产的结构件为三大类：操纵面、整流罩和机翼部件。目前主要承接的项目为 ARJ21、C919、A320、A350、“挑战者” 350、“环球” 7500、波音 777/767 等主流机型的整流罩、下翼板、扰流板、襟翼肋及连接角件等工作包，积累了丰富的结构件的制造工艺及生产经验。

菲舍尔内饰系统主要用于系列化生产的商用飞机和客户导向的商用飞机和私人飞机，已签署国产 ARJ21 和 C919 内饰合同。负责新舟 700、ARJ21、C919 等国内主流民机机型的内饰制造，公司于 2018 年初顺利交付了 ARJ21 内饰的首件。另外，菲舍尔的内饰设计能力逐步完善，目前已参与新舟 700 内饰设计、ARJ21/C919 第二货源内饰设计。菲舍尔与奥地利未来先进复合材料股份公司（FACC）联合设计新舟 700 客舱、驾驶舱、登机区及后服务区的内饰，目前首件正在研制中；菲舍尔承担了 ARJ21 内饰第二货源项目，与中国商飞公司一起联合设计，已完成首架次交付。

四、产品开发与技术进步

（一）产品开发

1. 新舟 700 内饰系统

以新舟 700 飞机为验证平台，瞄准民用飞机内饰技术发展方向，按适航审定要求，从客户需求入手开展内饰设计、制造和试验验证，掌握民用飞机内饰设计方法，突破相关制造关键技术，建立民用飞机内饰设计体系，提升自主研发和集成验证能力，随新舟 700 飞机适航取证，为参与国际竞标、进入国际市场奠定基础。目前该项目已经进入结题阶段。

2. C919 内饰系统

本项目属于民用飞机商载系统研制及装机应用研究，为内饰系统（含驾驶舱内饰、客舱内饰）研制及装机应用技术研究。研制全面兼顾 C919 飞机需求，提出装机的系统研制指标，由中国商飞公司牵头、国内供应商参研，开展内饰系统研制和装机应用研究。

3. 预浸料

本项目为舱内结构用纤维增强树脂阻燃预浸料应用研究，主要研制内容为：材料性能测试、生产过程控制研究、储存研究及寿命验证。国产舱内结构阻燃预浸料基本性能的评价、许用值研究、工艺性能适用性研究。国内目前已开发的阻燃环氧树脂通过添加无卤阻燃剂达到阻燃效果，具有优异的阻燃性，通过了 UL94（V0）、DIN5510、CCAR/FAR 等阻燃测试标准，以此为基体开发的阻燃预浸料目前广泛应用于轨道汽车行业，具有良好的市场认可度。该材料按民用飞机适航要求完成验证后，其价格、供货周期、技术服务等方面具有非常大的竞争力。

4. 照明功效

本项目研究在舱室不同水平的色彩、光照环境下的心理感受和绩效表现，结合相应型号的模拟舱试验对超长航时驾驶舱光环境设计准则进行符合性验证，对光亮度范围、光色的选择、辅助照明、眩光控制、亮度水平与易读性的关系等方面进行评估，实现超长航时飞机驾驶舱光环境的工效评估功能。

（二）技术进步

依托各个研发项目，菲舍尔内饰设计研发能力得到进一步提升，设计研发体系及强度、适航、“四性”等相关专业进一步健全。依托平台实现设计、制造、质量等各部门的在线业务协同，同时依托工业和信息化部课题完成了内饰静强度及耐久性试验平台的论证工作，已在 2022 年完成平台部署。

五、国际经济技术合作

菲舍尔于 2022 年继续保持与 FACC 交流合作，依靠菲舍尔先进的厂房以及设备，共同开发新市场和新项目，协助 FACC 参与波音、空客、庞巴迪的竞标工作。在稳定交付现有合作项目的基础上，针对批产项目与 FACC 开展多方面交流，共同探索技术改进、精益生产以及供应链开发等降本增效措施，提高了批产项目的毛利率。

菲舍尔于 2022 年启动与 ACS（英国）的合作，合作项目是头排柜，受疫情影响，双方通过线上进行交流，并形成了战略合作框架，通过项目的转移，可以使菲舍尔建立头排柜类零件的生产制造能力。

六、重大设施建设

年产 555 架份 A320 等飞机厨卫内饰项目，总建筑面积 21884.67 米^2，包含两个建筑物，其中 11 号厨卫内饰厂房总长 165 米，宽 100 米，建筑面积 19967.15 米^2；9 号动力中心长 56 米，宽 34 米，建筑面积 1917.52 米^2。此项目于 2019 年 10 月开工建设，2021 年 7 月完成竣工验收备案，2022 年 9 月完成项目竣工结算审核，该项目的总投资额为 12735.45 万元。

菲舍尔将发挥自身的技术、市场、管理优势，借助航空工业集团的大平台，通过资源整合，打造航空复合材料内饰产业链，最终建成一个具备全方位竞争优势的、世界先进、国内一流的航空复合材料产业基地。

天津波音复合材料有限责任公司

一、企业基本情况

天津波音复合材料有限责任公司（简称天津波音复材）成立于1999年，由波音公司和中国航空工业集团有限公司共同投资兴建。公司注册资本4.97亿元，位于天津滨海新区塘沽海洋科技园，厂区占地总面积11.1万米^2，其中厂房占地4.8万米^2，现有员工600余人。主要从事高质量航空非金属复合材料零部件的生产及部件装配业务。

二、生产经营情况

2022年实现工业总产值4亿元。

三、主要产品

主要产品包括飞机主结构件、次受力结构件与内饰件，产品种类1400余种，月均产能1.3万件，覆盖了波音公司现有全部机型，其中绝大多数产品是波音公司全球唯一供应商产品。

四、产品开发与技术进步

天津波音复材拥有当今世界先进的航空复合材料生产设备、车间和实验室，应用ERP、IQS等先进管理体系，对财务、采购、生产计划、质量、文件、订单等工作进行高效运营管理，拥有连续超过1300万工时“无损失工时伤害事故”的安全生产纪录。

五、国际经济技术合作

天津波音复材致力于与本土同行业供应商携手提升中国航空复合材料制造业，与中方股东航空工业集团的多家子公司开展了密切的合作，包括定期的技术支持和专有技术指导及现场参观学习。天津波音复材还向波音在中国的其他供应商提供专业支持，包括无损探伤三级的认证培训、复合材料部件维修等；支持波音中国创新中心项目管理实践分享。

中国航发北京航空材料研究院

一、企业基本情况

中国航发北京航空材料研究院（简称中国航发航材院）成立于1956年，是我国“一五”计划156个重点建设项目之一，是国内唯一从事航空先进材料应用基础研究、材料研制与应用技术研究、工程化技术研究、关键件研制生产应用的综合性科研机构，现有17个材料技术领域60余个专业，覆盖了金属材料、非金属材料、复合材料和石墨烯等前沿材料。拥有10个国家级和17个省部级实验室/中心、6个海外联合研究中心、4条国家级生产示范线。中国航发航材院位于北京市海淀区，在册人员4284人，拥有中国科学院院士1人、中国工程院院士2人。2022年固定资产总值达39.55亿元。

中国航发航材院建院以来，共取得科研成果2600余项，其中国家级成果158项、省部级科研成果1150余项。截至2022年，共申请专利3800余项，授权约1900项；计算机软件著作权登记80余项；注册商标93个。曾获国家管理创新成果一等奖，以及“知识产权先进单位”“知识产权示范单位”等荣誉称号。

二、生产经营情况

2022年，中国航发航材院实现民品收入15.98亿元。

三、主要产品

中国航发航材院民用航空产品主要有高温合金及铸件、铝合金及铸件、贵金属制品、钛合金及铸件、航空透明件、母合金、复合材料制品、密封材料、橡胶胶料及制品、涂料、航空焊条、吸波材料、油料、胶黏剂、表面处理、锻造加工、钎焊等17类产品，其中高温合金母合金、高温合金铸件、铝合金、钛合金、航空透明件、橡胶胶料及制品、涂料及吸波材料、表面处理、锻造加工等产品或工艺实现了亿元规模批生产。

四、产品开发与技术进步

在民用航空发动机领域，主要承担长江系列航空发动机高压涡轮工作叶片、导向叶片、钛合金机匣等整机和核心机关键制件试制工作，以及民用涡轴发动机燃气涡轮工作叶片、导向叶片等关键制件试制工作。在民用涡扇发动机方面，2022年重点开展了新型热障涂层制备技术研究，完善了工程化应用布局，在商用发动机型号上开展了试车考核。在民用涡轴发动机方面，AES100材料适航专项工作进展顺利，等轴晶叶片、氟橡胶胶料顺利通过材料合格鉴定，多种牌号材料设计用性能数据测试按计划开展。在民用飞机领域，稳步推进大客机材料专项有关工作，低密度密封剂在C919和ARJ21两型飞机实现装机应用，2022年实现了多批次试制与交付。

五、国际经济技术合作

在国际科技合作方面，积极开展中俄民用航空合作，召开了中俄交流项目技术讨论会；持续强化中欧航空科技合作；在先进材料领域积极申报国际科技创新合作项目。

六、企业改革改制

2022年，中国航发航材院加强股权投资及相应管理制度的建设，按计划完成相关实缴出资工作。顺利通过北京市证监局辅导验收，正式向上海证券交易所提交北京航空材料研究院有限公司（简称航空材料公司）科创板首发上市申请，并于2022年11月17日获得审核通过，2022年12月3日向证监会提交注册申请，航空材料公司上市发行、登陆资本市场迈出关键一步。

成都富凯飞机工程服务有限公司

一、企业基本情况

成都富凯飞机工程服务有限公司（简称成都富凯）成立于2001年7月，注册资金8000万元，坐落于成都高新技术产业开发区，是由中国国际航空股份有限公司（30%）、北京飞机维修工程有限公司（Ameco）（30%）、美国三角洲国际航空技术有限公司（25%）、四川海特高新技术股份有限公司（15%）共同创建的中外合资企业。厂房面积2000米^2，截至2022年底拥有员工158人，其中专业技术从业人员103人。

成都富凯已取得中国民用航空局（CAAC）、美国联邦航空局（FAA），以及欧洲航空安全局（EASA）的维修许可证，并在2010年取得飞机改装设计委任单位代表（DMDOR）证书、零部件制造人批准（PMA）；于2013年取得了基于MDA设计的CAAC生产许可证（PC），是一家除飞机制造商以外具备产品批准生产许可证的公司；于2018年底取得了CAAC颁发的CTSOA；持有进出口许可证，具备航材独立进出口权。

二、主要产品

成都富凯主营业务有三大板块——飞机加改装、飞机部附件维修，以及机载设备与零部件生产制造。其中飞机加改装覆盖航电、客舱改装项目设计，改装设备及产品的制造，飞机退租工程服务和改装施工。飞机部附件维修覆盖燃油、液压、电源、电气、电子（娱乐系统）等多个系统。成都富凯目前已具备多项成熟的PMA生产制造能力，涉及飞机结构、机械、电子等领域，拥有客舱、货舱、驾驶舱和机载娱乐系统等多项成熟PMA产品，可生产制造客舱结构件与装饰件、各型塑料件、娱乐系统终端附件、各型橡胶密封件、附件零件等。

成都富凯先后从国外引进了AVTRON公司制造的综合驱动发电机（IDG）、发电机（GEN）测试台、液压综合测试台，BAUER公司制造的燃气结合的燃油综合测试台和最新燃油控制组件（FCU）专用测试台、滑油泵专用测试台，以及机载娱乐系统专用测试台。截至2022年底，已有CAAC、FAA、EASA能力达447项，共计约4500个件号。

成都富凯是一家初始适航改装设计单位，截至2022年底已拥有100余项次的改装设计批准证书（STC/MDA），约占全国总量的18%。成都富凯坚持自主研发与自主创新，拥有外观设计、实用新型、发明专利等授权专利58项。与此同时，开创了MRO一站式、交钥匙服务的全新服务模式，从设备选择到设计取证再到施工与后期运营维护，全流程为客户提供专业高效的服务，赢得了国内外航空公司的广泛赞誉。成都富凯不仅具有独立的改装设计能力、生产制造能力、现场施工能力，还具有独立的项目集成能力。生产制造设备配备满足波音、空客标准的线号标刻机、标牌打印机，同时配置了雕刻机和复合材料切割机床等先进设备。

三、产品开发与技术进步

成都富凯自成立研究发展部（R&D）以来，不断加强技术创新，为附件维修、深度修理和PMA产品进行技术前沿开发，同时也为飞机加改装设计的客户化定制产品及复杂项目改装设计提供坚实的技术支持。目前成都富凯拥有自主知识产权58项，其中发明专利5项。拥有业内领先的大型项目集成、客舱改装、机载电子系统改装和PC/PMA器材生产的能力。2022年完成了国内一家大型航空公司全机队客舱座椅套PMA取证，为下一步全面深化生产制造及适航取证能力打下坚实的基础。

机载无线局域网（WIFI）项目：机载 WIFI 是近年行业热点，机载无线局域网系统用于向乘客提供高品质的音视频娱乐功能，乘客可以使用其便携式电子设备（PED）通过 WIFI 连接来访问机上媒体内容或进行其他娱乐活动。此改装可替代飞机传统的机上娱乐系统，为航空公司节省超过 400 万元 / 架的 IFE 系统设备成本，并大幅降低媒体内容采购费用，同时还能提升航空公司发布内容的自主性和媒体内容的丰富性。该项目荣获 2021 年第三届中国互联飞机大会“技术先锋奖”。

ADS-Bout 改装项目：ADS-B（自动相关监视 - 广播）是近年来中国民航为提高飞行安全水平和运行效率重点推进的新技术。目前中国民航众多飞机不具备 ADS-Bout 运行能力。为改变这一现状，成都富凯工程团队分析运行审定方法，解读取证标准，结合多年改装项目积累的经验，自主研发出基于中国民航适航规章条例以及国际相关系统规范标准的改装方案及数据分析验证方法，并获得了中国民用航空局批准的改装设计批准证书和补充型号合格证。该项目荣获 2019 年中国民航维修峰会 MRO China 红冠奖——技术突破奖。

飞机地面燃油交输系统（ACFS）：该地面设备主要满足不同机型之间的输油，可应用于各维修基地飞机维修抽油、应急抽油等。ACFS 能够降低机型更换、机务大修和飞机维护等抽油浪费，将“废油”充分利用。1 年可为中大型航空公司节约近 500 万元，极大地节约了航空公司的燃油成本，也减少废油排放和处理，实现了节能减排和环境保护。同时也大大缩短了飞机执行抽油任务的时间，提高了航空公司飞机的可用率，减少了航空公司的运行成本。该项目荣获中国民航维修峰会 MRO China 红冠奖——创新项目奖。

波音 737-800 飞机海事卫星通信系统加装项目：海事卫星通信系统可以在飞机飞行过程中为机组提供卫星电话功能，保障飞机全球范围内的安全运行以满足 CCAR-121 部第 121.97 条关于飞机与签派之间 4 分钟内建立可靠语音通信联系的要求。而卫星通信类改装方案目前只有通过国外的 STC 批准的方案进行加装，往往周期长、价格高。成都富凯通过自主设计的方案完成了此项改装，并获得首个中国民航局批准的卫星通信系统改装的补充型号合格证（STC）。目前成都富凯正在推动“波音 737-800 飞机海事卫星通信系统加装项目”中美双边互认，力争成为第一家中美双边互认的 CAAC STC。该项目也荣获中国民航维修峰会 MRO China 红冠奖——技术突破奖。

机载制氧设备系统：为满足中国民用航空局对高高原运行飞机机组补充用氧的各项规定，同时解决目前使用便携式氧气瓶用于高高原航班飞机机组补充用氧的运行风险，降低高高原运行的保障难度和成本，成都富凯自主研发了一套用于驾驶舱环境内的机载制氧设备系统，以便持续向飞行机组提供满足 CCAR 规定要求的高纯度氧气，同时降低营运人对高高原补充氧气的保障难度和维护成本。目前该项目已经成功在国内主要运营高高原航线的两家航空公司使用，下一步将覆盖国内所有的高高原运行机组。

全寿命管理服务平台：针对近年来不断增加的通用航空飞机市场，成都富凯自主研发用于通航飞机的飞行数据及驾驶舱音视频记录器，以及配套的飞行员职业生涯全寿命管理服务平台，用以采集飞行过程中的飞行数据（如位置和各种姿态信息），记录座舱音频（包括环境音和飞行员通话）以及飞机驾驶舱影像（如飞行员操作与仪表盘显示等），并通过配套应用管理软件回放和分析所采集的数据。能够满足飞行数据和语音视频的存储、提取、查阅和分析，适用于事故调查和飞行教学等。

老旧飞机持续航电适航改装：近年来国内老旧飞机面临航电系统难以更新升级的难题，成都富凯研发团队围绕老旧飞机航电系统满足相关运营需求进行升级换代的问题，开展了多项全国首创的研究项目，成功地研究出 ADS-B 改装、气象雷达改装方案、海事卫星改装等高难度电子系统改装方案，为国内老旧飞机持续适航改装工作做出了积极的贡献。

四、国际经济技术合作

成都富凯的飞机改装业务主要面向波音和空客飞机，针对飞机上的客舱布局、导航等系统进行加改装设计。而这些系统的设计必然需要与现在全球最顶尖的航空产品的供应商进行深度合作，诸如航空座椅厂家 B/E 宇航、瑞卡罗，航电设备供应商柯林斯宇航、霍尼韦尔、泰雷兹、基德系统、特里达因，娱乐系统供应商松下、泰雷兹等。

近年来，成都富凯在飞机客舱布局改装的项目中，与上述国际主流供应商进行了深度合作。2022 年成都富凯与空客全资子公司北京欧拓航空技术有限公司签署了战略合作备忘录，双方就市场资源整合、培训资源共享、技术资源互补达成了战略合作意向。

2022 年，成都富凯在一家货运航空公司的波音 767 飞机上实施的双套风切变气象雷达加改装项目中与柯林斯宇航进行深度合作，深入到气象雷达收发机数据传输与计算分析、系统接口定义、雷达系统与飞机其他关键导航系统的逻辑关系定义、系统构型设置、关键部件的定制化开发等方面，高效率完成了这一在国内甚至国际民航飞机改装领域中难度极高的项目。目前这一先进解决方案正获得越来越多的国内客户的关注。

五、重大设施建设

为了公司长远发展，成都富凯在成都市东部新区未来科技城购地 100 余亩，计划 2023 年破土动工，将进一步打造中国民航机载设备与零部件生产制造中心、飞机改装创新技术研发中心，以及国内飞机部附件的维修中心。成都富凯未来的发展规划紧扣国家发展战略，依托西南地区丰富的航空航天配套资源，打造全产业链飞机加改装服务集成商，开展机载设备与零部件的设计、生产制造与维修服务，为国家民航强国战略贡献力量。

六、企业改革改制

2020 年，成都富凯入选国务院“科改示范企业”名单。“科改示范行动”是继国企改革“双百行动”“区域性综改试验”后的又一国企改革专项工程，打造一批国有科技型企业改革样板和自主创新尖兵，在此基础上复制推广成功经验。2020—2022 年，成都富凯严格按照上级要求，落实科改重点任务，推动三项制度改革，大力开展创新工作，圆满地完成工作计划。

航天海鹰（镇江）特种材料有限公司

一、企业基本情况

中国航天科工集团有限公司航天海鹰（镇江）特种材料有限公司（简称海鹰特材）成立于2011年4月，注册资金2.08亿元。海鹰特材占地面积为155亩，目前厂房面积26000米^2，拥有国际国内先进复合材料生产和测试设备60余台（套）。主营业务为高性能复合材料和先进隔热保温材料两大板块的开发，在国产大型客机研制中充分发挥自主研发的软模共固化成形技术优势并持续创新，形成了软模自适应成形技术、大尺寸蒙皮工字形长桁共胶结技术，以及与自动铺放技术相结合的整体成形工艺；在产品机加工方面形成了高精度机械加工技术以及超声蜂窝加工技术；在产品检测方面形成了复合材料零件C扫、A扫检测能力、型面数字化检测能力、蜂窝夹层X射线检测能力以及理化测试能力。公司承担的研制任务在C919大型客机复合材料中占比近50%，是C929宽体客机后机身后段和垂尾工作包初选供应商，多次获得中国商飞公司优秀供应商银奖、合作共赢奖等奖项。

海鹰特材拥有专业的PDM、ERP、MES信息化系统，以及与计算、设计和分析相配套的研发平台，复合材料成形装配和无损检测等多条生产线，满足了高端航空复合材料的生产、装配和检测需求。具有AS 9100航空质量体系认证、IATF 16949体系认证、国家军用标准（GJB）武器装备质量体系认证和两化融合管理体系评定，并已获得NADCAP复材能力认证、NADCAP无损检测能力认证、NADCAP喷漆工艺能力认证和10余项中国商飞公司特种工艺认证。海鹰特材积极推进科技创新工作，申请专利117项，其中已授权专利59项，是国家级专精特新“小巨人”企业和高新技术企业。

海鹰特材现有员工400余人，其中，享受国务院政府特殊津贴专家2名，江苏省科技企业家1名，江苏省“双创人才”4名，江苏省“双创博士”1名，江苏省五四青年奖章获得者1名，江苏省“333工程”培养对象6名，镇江市“金山英才”2名，镇江市首席企业专家1人，拥有国家级技能大师工作室、省工程技术中心、省企业技术中心、省研究生中心等创新平台，荣获省首台（套）重大关键部件认定企业和苏南国家自主创新示范区“瞪羚企业”等称号，获得省科学技术进步奖二等奖和江苏省专精特新产品等荣誉，并承担过包含省科技成果转化项目在内的20余项国家级和省级科研项目。

二、生产经营情况

2022年，海鹰特材实现营业收入2.11亿元，同比增长10.76%，净利润2207.45万元，同比增长15.42%；经济增加值2356.65万元，营业收入利润率10.69%，运营状态持续向好。

三、主要产品

C919项目方面，全年共计完成了5架份后机身前段复材零件、2架份垂尾壁板复材零件、2架份后机身后段和2架份副翼部件的制造及交付。

无人机项目方面，完成航天九院无人机首架机“撤保留”和第2架机零件制造及机身部装工作。

发动机项目方面，全年完成了16件长江2000风扇叶片研制交付，开展了168件平板试验件和16件榫头试验件的铺层设计优化验证、纸蜂窝和铝蜂窝共固化的关键技术攻关、长江1000声学进气道项目的成形和制孔等工作。

其他复合材料项目方面，完成了以航天八院复材零件、三〇六所前机身和中国商飞公司

ARJ21 雷达罩为代表的交付任务，为年度经营指标提供了支撑。

在气凝胶批生产方面，优化了超临界干燥工艺，产品产能提升 16.6%，全年累计完成了 77 万米 ^{2} 的生产任务，圆满完成了年度任务。

四、产品开发与技术进步

2022 年完成 22 项发明专利的受理，11 项发明专利的授权、4 项实用新型专利的授权和 2 项软件著作的授权。

C919 大飞机方面，针对我国 C919 大型客机需求，海鹰特材利用基于热压罐成形的复合材料结构件共固化成型技术开展了 C919 大型客机复合材料零部件成形等研发及产业化工作，形成了软模自适应成形技术、大尺寸蒙皮工字形长桁共胶结技术，以及与自动铺放技术相结合的整体成形工艺等多项核心技术。在研制批，海鹰特材向中国商飞成功交付了 C919 国产大飞机 10 架份后机身后段、4 架份副翼、5 架份后机身前段复合材料零件和 7 架份垂尾复合材料零件，主要技术指标达到了国际民机先进指标要求和最新的适航标准，支撑了 C919 大型客机批生产能力建设。

C929 宽体客机方面，海鹰特材作为初选供应商进行 C929 宽体客机关键技术攻关项目实施，承担了后机身后段和垂尾 2 个工作包任务，其中后机身后段工作包已完成关键技术攻关合同签订并完成了 3.6 米级试验件研制工作，垂尾工作包即将完成合同签订并完成了部分 1 米级试验件的研制工作，项目研制进度处于领先地位。实现了国产热隔膜设备的热隔膜工艺技术突破，摸索出合适的热隔膜参数，形成了大尺寸复合材料软模一体化成形技术、宽体客机大尺寸自动化铺放技术和宽体客机大尺寸桁梁类热隔膜预成形技术等多项核心技术。

商用发动机方面，海鹰特材通过材料、工艺、设备等方面的自主技术创新，验证了自主研发的国产材料和公司特有可裁剪自适应技术在发动机叶片、流道板、声学进气道等项目上应用的可行性，成功突破商用发动机碳纤维复合材料风扇叶片的关键核心技术，形成了自适应工装匹配大曲率变厚度构件的均压成形技术、定点温控技术在大厚度构件热压以及固化成形中的应用技术和基于同一数据源的分模铺层技术等多项核心技术，并与中国航发商发签订了关键技术攻关合同。

无人机业务方面，海鹰特材基于无人运输机业务的快速发展，大力推进复合材料无人机的研制任务，具备无人机复材零部件制造、部段组装和部件对接等技术能力。预计 2023 年底将完成后续 3 架份机身的交付及其他领域无人机业务的市场开拓工作，结合复合材料无人机项目业务量的快速增长，采用“小核心、大协作”供应链协作模式，有效地支撑了无人机业务的快速发展。形成了大尺寸双曲面机身壁板长桁胶结技术、梁肋组合骨架结构共固化成形技术、大尺寸 T 形加筋壁板共固化技术和大部段数字化装配技术等多项核心技术，海鹰特材专注细分市场，实现“三机腾飞”的发展蓝图。

五、重大设施建设

对标产业发展目标，海鹰特材积极筹建镇江产业园二期项目建设。该项目于 2022 年开始建设，预计 2026 年完成所有建设内容，分两个阶段实施。

二期（一阶段）：总投资 4.4 亿元，主要利用园区剩余 100 亩土地，新建复合材料零件批产厂房 33905 米 ^{2}、工装库房 4951 米 ^{2}、装配厂房 4490 米 ^{2}、化学品库 630 米 ^{2}、35 千伏变电所 630 米 ^{2}、研发测试中心 21611 米 ^{2}，合计新增建筑面积 66217 米 ^{2}，新增工艺设备 28 台（套）。在基建方面，完成了复合材料零件批产厂房基础工程施工 90%；工装库房基础工程 60%，装配厂房基础土方开挖，35 千伏变电所及化学品库基础工程 80%。在设备方面，完成了 7 台（套）设备采购合同签订，其中热隔膜机、叉车、激光跟踪仪投入生产，企业资产管理系统、产品数据管理系统正在开发。项目建成后，实现新增年产 C919 大型客机项目后机身前段 30 架份、垂尾 30 架份和翼身整流罩 15 架份的复合材料零件批生产能力，同时兼顾 C919 第三战线及民用复合材料任务的研制需求。

二期（二阶段）：总投资 2.6 亿元，预计 2023 年底启动建设，完成项目规划论证，补充新增工艺设备 135 台（套），项目建成后实现新增年产 C919 大型客机项目后机身后段 20 架份、后机身前段 20 架份、垂尾 20 架份和翼身整流罩 10 架份的复合材料零件批生产能力。

六、企业改革改制

海鹰特材持续完善公司治理结构，建立“三会一层”议事规则，公司治理各层级权责更加清晰明确。建立董事会向经理层授权的管理制度，落实《海鹰特材董事会授权管理办法》相关要求，充分发挥了经理层经营管理作用。通过实施骨干员工股权等中长期员工激励措施，实现核心团队、核心人才的稳定发展，在人才招引育、队伍建设、项目攻关等方面取得了较大的进步。围绕服务国家战略，迭代研究确立了“三机两车”的产业发展方向，积极投身于国产大飞机、无人机、新能源汽车等关键领域、关键技术的科研攻关，2022 年共投入研发资金 2000 余万元。加强与西北工业大学、江苏大学、江苏航空职业技术学院等高校，以及相关领域企事业单位的交流合作，逐步完善协同创新体系，有力地推进了关键技术的研发进程。

海宁红狮宝盛科技有限公司

一、企业基本情况

海宁红狮宝盛科技有限公司成立于2005年11月20日，公司位于浙江海宁经济开发区，是主要从事航空器精密钣金件及机加工件的制造、结构件组装、钣金结构件和电子器件组装与测试的高端装备制造企业。产品覆盖航空内饰零部件、航空结构件、发动机及短舱零部件、航空管路管件、航空电子控制系统零部件。

公司被认定为国家高新技术企业、浙江省企业技术中心、浙江省企业研究院、浙江省高新技术企业研究开发中心、浙江省数字化车间、浙江省科技型中小企业、浙江省AA级“守合同重信用”企业、嘉兴市信用管理示范企业。公司已取得AS 9100D、NADCAP、CAAC-PMA证书、ISO 9001、ISO 14001、ISO 45001、ISO 50001认证。公司拥有46项自主研发设计的相关授权专利，7项航空制造特种工艺已通过NADCAP认证，分别为焊接、非常规加工、热处理、无损检测、化学处理、材料检测实验室和首件检验。

二、生产经营情况

公司占地面积80亩，厂房面积38000米^2，分别有钣金车间、机加工车间、发动机车间、焊接车间、表面处理车间、装配车间、材料检测实验室。

公司具有业内先进的航空数字化制造、精密钣金成形、橡皮囊成形、三维5轴激光切割、机器人焊机、5轴联动数控机加工、表面处理、热处理、装配等航空高精密零部件加工技术。拥有国外先进的橡皮囊成形机、5轴加工中心、磁悬浮高速光纤激光切割机、数控多工位冲床、数控伺服折弯机、表面处理生产线、热处理设备等航空高精密零部件加工设备300余台（套）。

客户主要分布在美国、欧洲、东南亚等国家和地区，主要客户有中国商飞、航空工业集团、中航客舱、美国柯林斯宇航、英国罗罗航空、英国美捷特和法国赛峰等。

截至2022年底，员工人数680人。2022年销售收入2.5亿元。

三、主要产品

应用于ARJ21、C919机型的产品：客舱内饰零部件、厨房系统零部件、行李架、照明系统零部件、航电系统零部件、航空座椅、航空打印机设备等。

应用于波音737、波音787和空客A320、A350、A380等机型的产品：航空内饰零部件（厨房系统、洗手间系统、座椅系统、氧气系统）、发动机结构件、航电零部件、航空管路管件。

四、产品开发与技术进步

公司每年加大科研投入，研发费用投入占比5%以上，开发了一系列国家级、省级高新技术产品，实现科技成果向生产力的转化。利用新技术、新工艺从研发和设计两个方面着手加强新产品开发，始终坚持“零缺陷、无止境”的原则，用品质打造一切。

公司具有发动机部件激光切割、薄板冲液成形、薄板密闭容器环焊、铝合金微变形电阻焊、铝蜂窝板多层高温黏合、化学处理生产线控制，以及激光切割重铸层检测等多项关键核心技术，并达到国际先进水平。公司拥有6项发明专利，多项新产品开发被认定为浙江省级新产品，自主研发的“基于高精密成形技术复杂航空铝合金结构件研发”项目列入《2020年浙江省重点高新技术产品开发项目》。

五、国际经济技术合作

公司于2008年正式进入民用航空制造领域，开始与B/E宇航开展航空内饰业务合作。2017年B/E宇航被罗克韦尔–柯林斯收购，公司拓展了航电业务板块。2018年5月，公司与罗罗公司合作的KITE（风筝）项目正式启动，KITE（风筝）项目是飞机发动机外部系统的重要组成部分，主要用于XWB飞机发动机。2019年罗克韦尔–柯林斯公司被美国联合技术公司收购，公司由此进一步拓展了发动机短舱以及能量控制系统板块业务。

中航复合材料有限责任公司

一、企业基本情况

中航复合材料有限责任公司于 2010 年 6 月 17 日注册成立，注册资金 7.94 亿元，公司注册地址在北京市顺义区，是中航航空高科技股份有限公司的全资子公司。公司位于北京市顺义航空产业园，占地 26.8 万米 ^{2}。现有职工 300 余人，其中专业技术人员 116 人，高级职称 66 人，博士研究生 22 人，硕士研究生 140 人。公司是从事高性能航空复合材料及结构制造的专业化公司，在高性能树脂基体和预浸料研发、蜂窝芯材、先进复合材料结构制造技术、材料性能表征和构件检测技术及相关产品方面处于国内领先地位，是树脂及预浸料、蜂窝芯材等原材料产业化中心，参与了 C929、AG600 等机型复合材料结构开发工作。

二、生产经营情况

公司全年主要产品生产交付、整体经营规模和经济效益保持较快增长，经济运行质量持续改善，各项指标同比增长显著。2022 年公司实现营业收入 42.6 亿元，同比增长 20%；实现净利润 8.4 亿元，同比增长 22%；实现 EVA7.9 亿元，同比增长 23%。公司全年共交付预浸料 393.7 万米 ^{2}，创历史新高；交付芳纶纸蜂窝 2003 米 ^{3}，铝蜂窝 4740 千克，预成形蜂窝 3147 件，同比增长 77%。

三、主要产品

公司主要产品有树脂、预浸料、芳纶纸蜂窝、PMI 泡沫材料体系、复合材料构件等，具备液态成形（RTM、VARI）、缠绕、模压等全套热压罐和非热压罐成形技术等众多复合材料制造工艺技术。拥有先进复合材料结构设计软件、全套设计工具和数据库支持，具备材料理化性能和力学性能检测、无损检测等自动化检测手段，为复合材料的设计和制造提供了强大技术支持。

四、产品开发与技术进步

（一）民机重点项目交付量质并进

针对 AG600 项目在前期研制过程中出现的技术 / 质量问题，组织技术攻关，解决技术问题，提升产品质量，按计划完成 1006 架和 1007 架适航挂签和交付；长江 1000 和长江 2000 项目交付叶片等试验件 200 余件；GU 无人机项目完成了 13 架份复合材料零组件交付。

（二）民机材料及制造技术取得突破性进展

突破基于国产 BA3602 预浸料的叶片制造关键技术，完成长江 1000 和长江 2000 叶片关键制造技术研制，达到装机测试要求；完成中国商飞 C929 前机身上壁板 PPM 制造、前机身筒段上壁板长桁 PPM 和 PPV 现场评审和鉴定，助力 C929 型号研制；突破 T 形复合材料窗框成形制造和自动化铺缝、裁切和成形等关键技术，完成 T 形复合材料窗框 PPM 制造。

（三）持续推进国产材料研制验证工作

公司 23 项进口原辅材料完成国产材料验证工作；T300 级碳纤维预浸料工艺过程控制文件（PCD）已通过中国商飞预批准；协助完成 C919 飞机垂直尾翼优化设计。中选 C919 飞机复合材料尾翼结构优化项目垂直尾翼盒段梁工作包，开展 C919 供应商入册评审及工艺能力鉴定；国产 T800G 级碳纤维预浸料已开展工艺过程控制文件（PCD）审核。采用国产预浸料制造的全复合材料通用飞机 AG50，取得型号合格证。

五、国际经济技术合作

（一）深化国际技术合作，持续提升品牌影响力

主办了 SAMPE 中国 2022 年会、第十六届

商用飞机复合材料应用国际论坛、第二届尖端领域先进材料应用大会等具有行业影响力的学术活动；参加了法国 JEC 复材展和珠海航展集团公司科技先锋展团，促进国际交流，提升公司品牌影响力。完成与俄罗斯科学院科技合作项目；与空客签订“复合材料循环利用联合研发项目”合作协议，并探讨成立绿色航空复合材料联合实验室，进一步深化国际技术合作。

（二）深耕国际市场，外贸出口加速增长

成立南通分公司，推进外贸业务发展迈上新台阶。完成 Diehl 产品认证并实现交付，与空客、EFW 公司的蜂窝产品认证工作也取得实质性进展。全年完成芳纶纸蜂窝出口订单 649 万美元，同比增长 67%。

六、重大设施建设

先进航空预浸料生产能力提升建设项目按期开工建设，已完成厂房地基处理工程、桩基工程、钢结构工程，自动化产线系统、智能库等关键工艺设备采购同期推进。完成哈镘工业园区厂房改建项目，2 条预浸料生产线正式投产，有效保证年度生产任务完成。

七、企业改革改制

公司深化体制机制改革，国企改革三年行动圆满收官，66 项改革任务全面完成，顺利通过上级单位及第三方评估，实现改革任务完成情况“量质双优”。

庆安集团有限公司

一、企业基本情况

庆安集团有限公司创建于 1955 年，是国家“一五”计划中 156 项重点建设项目之一，是专业从事飞机作动系统、货运系统和制冷系统科研生产的大型企业。

公司以“机载作动技术和压缩机技术”为核心，产品主要涉及航空领域和民用压缩机，其中航空产品配套于国产各类飞行器，涉及飞机上大部分需要作动的部位，主要包括：高升力系统、主飞控作动装置、货运系统等。非航空民品主要是各型家用空调压缩机的研发和生产。

二、生产经营情况

2022 年公司实现民用航空收入 16573 万元，民用航空产品产值 16221 万元，较上年增长 22%；民用航空领域固定资产投资额 1756 万元，研究与试验发展经费支出 6264 万元，当年民用航空产品发明专利授权数 13 件。

三、主要产品

民用航空的主要配套产品有高升力系统、货运系统、舱门作动系统、主飞控作动系统、发动机作动系统、发动机反推力系统，主要配套机型为 C919、新舟 700、AG600、ARJ21 飞机。

C919 飞机配套产品包括：高升力系统翼尖刹车、扭力杆及万向节组件、支承轴承以及 85 项零件制造，应急门作动器。

新舟 700 飞机配套产品包括：高升力系统、登机门平衡缓冲系统、侧开舱门平衡缓冲系统、飞行锁作动器、前起落架收放作动筒、前起落架下位锁作动筒、主起落架收放作动筒、主起落架下位锁作动筒、齿轮齿条转弯机构等。

AG600 飞机配套产品主要包括：襟翼控制系统、通舱左后舱门开闭系统和灭火任务控制分系统等。

ARJ21 飞机配套产品包括：货运系统、主货舱门作动系统。

四、产品开发与技术进步

公司作为飞机配套产品供应商，2022 年顺利完成 C919 飞机支持取证鉴定试验项目的开发及交付，保证了 AG600 飞机的 3 架机首飞目标，以及 ARJ21-700F 飞机 2 项系统的适航取证。

1. C919 飞机

公司作为 T2 级供应商，为 C919 飞机配套研制了高升力系统翼尖刹车装置、支承轴承、扭力杆组件等 3 项航线可更换组件（LRU），完成支持取证的鉴定试验及产品交付。公司作为 T1 级供应商，为 C919 飞机配套应急门作动器，完成支持取证的鉴定试验以及产品交付。

2. 新舟 700 飞机

公司作为 T1 级供应商，为新舟 700 飞机配套研制高升力系统、舱门作动系统、起落架收放作动筒、前轮转弯装置等 6 项工作包 12 型产品，包括 60 项 LRU，是新舟 700 飞机机载设备与系统的主要供应商，产品涉及机械、液压、电气、控制、电子等专业。2022 年，根据新舟 700 飞机年度研制目标，完成高升力系统、登机门平衡缓冲系统、侧开舱门铰链臂缓冲系统、飞行锁作动器、起落架作动筒和齿轮齿条转弯机构 6 个工作包 17 项 23 套 LRU 的产品交付，并配合主机完成了试飞保障任务。

3. AG600 飞机

2022 年，AG600 飞机配套襟翼控制系统、通舱左后舱门开闭系统、灭火任务控制分系统完成了 3 架机装机件交付；支持 AG600 飞机珠海航展 12 吨空中投水演示任务，保障集团公司

“3 架机总装”“3 机首飞”“3 架机订单”目标完成，持续提升国家应急救援装备发展，更好地满足国家救援体系和自然灾害防治体系建设。

4. AS700 载人飞艇

公司为 AS700 载人飞艇配套了动力传动系统、推力矢量系统和飞行操纵系统，2022 年完成交付。

5. ARJ21-700F 飞机

公司与中国商飞积极开展 ARJ21 货机项目货运系统及主货舱门作动系统合作。2022 年完成 2 个系统鉴定试验，并随主机单位完成适航取证。

6. AC313A 直升机

2022 年完成 AC313A 直升机配套主桨作动器产品 02 架机交付及首飞。

五、国际经济技术合作

公司从 1998 年开始从事国外民机机载设备零组件的转包生产。20 余年来，公司已陆续与法国赛峰集团、美国胜利公司、伊顿公司、柯林斯公司、穆格公司、伍德沃德公司等世界主要民用航空企业开展了转包生产业务合作，为客户提供起落架系统、作动系统、货运系统、电源系统、机轮刹车系统用零组件及产品。受市场大环境影响，波音及空客等主机需求逐步回升，客户订单较疫情期间相对稳定，但下游材料供应链的产能无法满足需求的大幅提升，增量速度未能按照波音、空客等主机预测回升，2022 年公司转包生产交付金额 1388 万美元，新增订单金额 1596 万美元。

浙江西子势必锐航空工业有限公司

一、企业基本情况

浙江西子势必锐航空工业有限公司（简称西子势必锐）是由西子联合控股集团和美国势必锐宇航系统公司于 2019 年 11 月 1 日合资成立的中外合资企业。其中中方控股 60%，外方控股 40%。西子势必锐位于浙江省杭州市钱塘区前进工业园区。一期占地 100 亩，已全部建成投产；二期厂房占地 100 亩，相关厂房设施均已建设完毕。另外还预留了近 150 亩土地作为未来企业发展需要。西子势必锐现有员工 340 余人，其中教授级高工、高工、博士、硕士共计 20 余人，大专及以上技术人员 180 余人。

西子势必锐主要经营范围包含民用飞机部件生产、飞机零部件开发、技术支持及服务，是 C919 飞机项目的一级机体结构供应商。目前稳定交付的产品包括 C919 飞机辅助动力装置（APU）舱门、应急发电机（RAT）舱门；A320 飞机前起落架舱、货舱门框、机翼翼肋；A220 飞机前起落架舱、驾驶舱地板梁、驾驶舱逃生门；德・哈维兰宇航 Q400 飞机腹鳍及机头、机翼零件等。西子势必锐始终以质量为中心，客户为导向，通过坚持与提升，已经成为 A320 飞机和 A220 飞机等机型部分结构件的全球供应商。

通过不断的研究与开发，西子势必锐逐步提高航空制造能力，在铝合金加工、钛合金机加、无损探伤、表面处理、表面强化、热处理、钣金及装配等方面取得了很大进步，购置了世界先进的技术设备，吸引了一批航空制造业领域的人才，建立健全符合航空制造要求的技术和质量体系，与世界航空优秀企业开展密切合作。

目前西子势必锐成为中国商飞 C919 机型机体结构供应商，荣获中国商飞 C919 首飞先进集体单位、A320 部分机翼翼肋供应商、空客“挑战者供应商”，也是浙江省航空航天万亩千亿产业平台的龙头骨干企业。

二、生产经营情况

西子势必锐自 2014 年入驻杭州市钱塘区以来，每年产值复合增速超过了 35% 以上。2022 年，西子势必锐实现产值达 1.8 亿元，再创历史新高。

2022 年，西子势必锐在各方面都有了长足的进步，实现主营业务 1.6 亿元，在主营业务和出口创汇上较 2021 年均增长 60% 以上，通过不断提高产品质量，提升技能，赢得客户信任，公司未来发展持续向好。

三、主要产品

西子势必锐主要产品包括 A320 飞机前起落架舱部件、货舱门框部件、机翼翼肋；A220 飞机前起落架舱部件、地板梁部件、飞机逃生门部件；庞巴迪环球公务机前起落架舱部件，德・哈维兰 DHC Q400 飞机腹鳍、金属散件。

四、产品开发与技术进步

西子势必锐通过不断的产业投入和研发投入，掌握了航空高速精密机加工艺、建设了中国第一条得到空客批准的环保表面处理生产线、具备了复杂飞机金属结构部件的装配能力，拥有杭州市技能大师工作室、钱塘区技能大师工作室，同时还获得了国内国际航空主制造商共 311 项工艺认证、拥有 8 项发明专利和 21 项实用新型专利，另有 8 项发明专利实质审查中。公司先后获得国家级高新技术企业、浙江省高端装备制造骨干企业、高成长科技型中小企业、省级企业研究院、杭州市市级专家工作站、企业技术中心、钱塘区首届政府质量奖等荣誉，并先后立项浙江省产业链协同创新项目、领雁科研攻关项目、杭州市重大科技创新项目等政府项目。C919大型客机空气冲压涡轮发电机舱门获得了浙江省国内首台（套）的认定。

西子势必锐致力于国产飞机关键技术的攻关，承接了国产发动机短舱反推装置核心零部件研发任务，得到了浙江省科技厅支持。

五、国际经济技术合作

2020年5月，西子势必锐首次被评为欧洲空客公司的“挑战者供应商”，并连续两次评为“挑战者供应商”，标志着企业持续为空客做出了卓越的质量和交付表现。2023年3月，西子势必锐获得了空客的“可持续发展奖”。

江西洪都航空工业集团有限责任公司

一、企业基本情况

江西洪都航空工业集团有限责任公司（简称航空工业洪都）为国有大型企业，是我国教练机、农林机和民机转包生产的重要基地，隶属中国航空工业集团有限公司。其前身为创建于 1935 年中意合建飞机制造厂，1951 年创建国营洪都机械厂，是新中国“一五”时期 156 项重点工程之一，也是我国航空工业奠基企业之一，是新中国第一架飞机诞生地。航空工业洪都集科研、生产和经营为一体，是国家级高新技术企业、国家企业技术中心，设有国家级博士后工作站，7 个省级创新平台，以及 4 个市级创新平台。

为了适应时代发展和能力提升需要，南昌高新区园区规划占地 75 千米^2，其中洪都科研生产区占地 6 千米^2。2019 年 8 月，航空工业洪都实现总体搬迁并入驻南昌航空城，公司科研生产能力得到较大提高。

航空工业洪都拥有飞机总装脉动生产线、大飞机数字化生产线和数字化机加、钣金、复合材料等生产线，一大批先进的制造技术和管理创新平台投入使用，民用航空产品多元发展格局已经初步形成。

航空工业洪都现有职工约 1 万人，本科及以上学历占比约 42%，博士、硕士研究生 900 余人。民用产品领域，累计交付近 6000 架飞机，出口飞机 500 多架。已经成为我国教练机、农林机及其他航空产品主要研制基地和大飞机部件、智能装备、民用航空转包及民品研制重要基地。

航空工业洪都以融入世界航空产业链、融入区域发展经济圈为战略引领，大力开拓国际国内市场，目前是中国 C919 飞机主要供应商之一。

二、生产经营情况

航空工业洪都 2022 年全年实现收入 118.28 亿元（含洪都航空，下同）；全年工业总产值 130.05 亿元；全年工业增加值 35.02 亿元。

三、主要产品

航空工业洪都主要民用航空业务是民用飞机研制和航空转包业务。民用飞机业务主要有 C919 飞机前机身和中后机身项目、C929 飞机中后机身项目复材壁板试验件、农 5B 农林飞机、初教 6 飞机等。

（一）C919 项目

2022 年，航空工业洪都交付 C919 项目前机身和中后机身 4 架份。获得“2022 年度优秀现场支持奖”和“C919 大型客机 TC 取证先进集体”。

（二）C929 项目

2022 年，航空工业洪都按照 C929 项目年度联合研制工作计划，积极开展试验件研制，完成了 1 件 M4 阶段 3 米级双曲复合材料壁板试验件的研制任务，验证和优化了大型复杂构型复合材料壁板成形技术；随中国商飞设计数模更新，同步开展工艺审图和制造可行性评估；开展 M5 阶段试验件研究，编制试验件制造方案；开展复合材料制造设备工艺能力鉴定工作，2022 年 12 月，中国商飞工艺能力鉴定小组对部分复材设备的运行情况和试验进行了现场目击，试验结果满足中国商飞设备鉴定技术和管理要求。

2022 年，航空工业洪都与中国商飞就试验件研制合同展开谈判，目前就试验件合同的工艺研发矩阵和试验件研制技术协议基本达成一致。

（三）民机试飞

2022 年 C919 飞机、ARJ21-700 飞机在瑶

湖机场持续开展试飞工作，两型飞机在瑶湖机场累计飞行、训练、滑行 270 余次。

2022 年 9 月 29 日，C919 大型客机获颁中国民用航空局型号合格证。中国商飞向航空工业洪都发来感谢信，感谢航空工业洪都一直以来在 C919 试飞取证工作中给予的大力支持和帮助，特别是在试飞基地建设运行，以及刹车调参、高温高湿、排液、溅水等专项试飞科目方面做出了重要贡献。

2022 年 ARJ21-700 飞机调机瑶湖机场的架机数量远超往年，全年累计有 31 架 ARJ21-700 飞机先后在瑶湖机场开展科研试飞、生产交付试飞、地面改装等工作。ARJ21-700 飞机在瑶湖机场全年累计交付 20 架，完成了 APU 减振器测振试飞、全机高温试飞、液压管路测振试飞等科研试飞和客改货研发取证等试飞科目。瑶湖机场已成为 ARJ21-700 飞机开展科研试飞、生产交付试飞的主要基地之一。

四、重大设施建设

2022 年开展了 C919 批产项目 30 个基础设施项目（含 15 个重大基础设施项目）的统筹论证工作，总投资预算约 2.1 亿元。

中国航发北京航科发动机控制系统科技有限公司

一、企业基本情况

中国航发北京航科发动机控制系统科技有限公司（简称中国航发北京航科），隶属于中国航发，前身为北京长空机械有限责任公司（简称北京长空），始建于1969年。主要承担涡轴发动机、涡桨发动机、飞机辅助动力装置燃油控制系统，涡扇发动机尾喷口油源泵及其控制附件的设计、建模仿真、生产及服务，是我国涡轴、涡桨发动机燃油控制与调节系统研制及生产专业厂家。总资产23.46亿元，在册人员1209人，共有职能部门11个、科研部门3个、车间9个，设有一家控股子公司——北京力威尔航空精密机械有限公司（简称力威尔公司），是集民用航空发动机配件研发、制造、销售为一体的国家高新技术企业和北京市“专精特新”中小企业，专业生产发动机摇臂、发动机结构件及旋转件等产品。

二、生产经营情况

2022年，中国航发北京航科实现航空转包业务收入约1.12亿元。

三、主要产品

中国航发北京航科及子公司生产制造的民用航空发动机产品主要有燃油泵及发动机摇臂件类、精密件类、结构件类、旋转件类、支承座类产品。其中，力威尔公司在成立初期产品以摇臂类为主，至今已具备23年的加工摇臂产品经验；从2016年开始逐步实现产品转型升级，由摇臂类产品向支架类、套件类、回转件类等专业化、多元化产品方向发展，主要国际客户有法国赛峰公司、英国罗罗公司和美国GE公司。

四、产品开发与技术进步

（一）产品开发

2022年，中国航发北京航科积极参与1000千瓦级民用涡轴发动机、5000千瓦级民用涡桨发动机工程验证机、AEP100中小功率涡桨发动机、长江1000A发动机、长江2000AX发动机，以及涡轴16发动机等项目的科研生产工作，产品类型涵盖燃油分配装置、燃油调节器、燃油电控调节器、燃油齿轮泵等，涉及产品型号共计19个。

（二）技术进步

中国航发北京航科基本建成了具有自主知识产权的航空发动机燃油与控制系统产品设计体系，具备行业一流的先进精密机械加工、特种工艺和计量检测能力，表面处理、热处理及无损探伤等特种工艺通过NADCAP鉴定审核，具备高低温试验、振动试验、汽蚀试验等适航试验能力；在数字化设计、制造协同基础上建立了集设计、工艺、加工制造于一体的信息化平台，提升了企业运营质量与效益。中国航发北京航科先后获得各项科技成果奖励共计23项。

五、国际经济技术合作

中国航发北京航科积极稳步推进国际合作，与法国赛峰公司联合研制生产涡轴16发动机燃油泵，法方负责燃油泵设计，中国航发北京航科负责燃油泵零组件生产制造、整机装配和调试。力威尔公司与英国罗罗公司、法国赛峰公司、美国GE公司及日本川崎重工等保持着深度合作关系，是英国罗罗公司摇臂全球唯一供应商，是法国赛峰公司摇臂和支架的大份额供应商，是美国GE公司重要供应商。力威尔公司多年保持着产品质量优异和100%准时交付的良好企业形象，在赛峰、罗罗、GE等国际客户的满意度调查中均获得满分。在承接罗罗公司的雅典娜新品研发项目过程中，批产成熟度测试获全球第一，得到罗罗公司高度认可。

六、企业改革改制

中国航发北京航科围绕“全面深化改革激发高质量发展动力”一条主线，推进“企业治理能力现代化、产业布局优化和结构调整、完善市场化经营机制、完善国资监管体制、公平参与市场竞争、坚持党的领导和加强党的建设”6个专项行动，全面完成8个方面51项改革任务，在重点领域实现“3个显著提升”。一是经营质量显著提升，营业收入、净利润等主要经济指标均实现大幅提升，达到“十三五”以来最好水平。二是活力动力显著提升，担当作为、奋勇争先的氛围不断增强，全员劳动生产率快速增长。三是核心能力显著提升，通过AEOS体系建设，产品工程设计阶段研发周期缩短20%以上，设计更改率降低10%，试验一次合格率有效提高，精益单元内零件月平均质量问题数同比下降30%，生产效率平均提高50%以上。

中国航发南方工业有限公司

一、企业基本情况

中国航发南方工业有限公司（简称中国航发南方）始建于1951年，是国家“一五”期间156个重点建设项目之一、国家首批试点的57家企业之一、国内早期六大航空企业之一。位于湖南省株洲市芦淞区，占地面积173万米^2，总资产201.38亿元，在册人员6588人，下设21个机关业务部门、17个直属生产中心，拥有1个分公司、6个子公司，是我国中小航空发动机研制生产基地，主要研制生产航空发动机、航空转包生产、燃气轮机、光机电等产品。中国航发南方坚持航空为本、创新驱动、开放合作的思路，坚定不移走自主发展的产业化、市场化、国际化道路，全力发展领先的核心技术体系，致力成为世界一流的中小航空发动机供应商。

二、生产经营情况

2022年，中国航发南方实现航空民品收入1.05亿元。

三、主要产品

中国航发南方已适航取证的民用航空产品主要有涡轴8A/D、涡桨6和活塞9等，在研产品主要有5000千瓦/4000千瓦级民用涡桨发动机（AEP500/400）、1000千瓦级民用涡轴发动机（AES100）和1000千瓦级民用涡桨发动机（AEP100/100A）。

四、产品开发与技术进步

（一）产品开发

中国航发南方作为总承单位开展了1000千瓦级民用涡轴发动机研制，产品可满足3～4吨级单发民用直升机和5～6吨级双发民用直升机的动力需求；2022年制造交付了首批全适航状态取证试验用发动机，工业化鉴定、特种工艺鉴定和自制毛坯生产过程控制通过率均达到目标。瞄准中型客货运涡桨飞机、救援/灭火特种飞机等平台动力需求，开展了5000千瓦/4000千瓦级民用涡桨发动机研制；围绕3～10吨级无人货运机、6吨级多用途通用飞机等平台对动力装置的需求，启动了1000千瓦级民用涡桨发动机的研制。

（二）技术进步

在型号研制方面，围绕技术成功、适航成功、商业成功的总目标，系统开展技术攻关工作。在适航方面，全年完成部件适航试验4项，整机适航试验3项，适航认证工作稳步推进。

五、国际经济技术合作

2022年，中国航发南方积极推动国际经济技术合作，与赛峰直升机发动机公司合作解决多个技术问题，先后完成湖南第二届通用航空展、珠海航展、香港纪念馆展览等参展工作，并与国内外多家客户开展洽谈。

六、企业改革改制

全面完成国企改革三年行动任务，持续健全现代企业制度，明确公司重大事项决策机制，控股企业全部实现董事会应建尽建、外部董事占多数。不断优化国资布局结构，稳步推进吉发公司、南方科技改革。稳步增强自主创新能力，先后建立博士后科研工作站、工艺研发中心，与多所高校和科研单位持续开展技术合作，关键产品合格率显著提升。不断健全薪酬分配机制，全面推行经理层成员任期制和契约化管理，市场化机制不断完善。

中国航发贵州红林航空动力控制科技有限公司

一、企业基本情况

中国航发贵州红林航空动力控制科技有限公司（简称中国航发红林）创建于1966年10月。2000年3月，改制为国有独资公司，即贵州红林机械有限公司；2009年以整体资产注入中航动控。公司位于贵州省贵阳市经济技术开发区，占地面积468亩，总资产33.39亿元，从业人员2000余人。下设管理部门14个，技术部门2个，3个生产分厂、1个辅助分厂、5个事业部（4个产品事业部、1个辅助事业部）。

中国航发红林积极开展专项技术改造，通过了AS 9100、ISO 140001、ISO 180001体系认证以及38项特种工艺标准的NADCAP、波音及第三方的认证，并成为亚洲唯一一家波音批准的可加工440℃材料热处理的供应商，有效地推动了技术改进和管理革新。先后获得GE航空“最有潜力优秀供应商”“质量明星”“卓越团队合作奖”，CAP公司“质量保障突出贡献奖”，柯林斯公司供应商十强、“完美交付”奖等荣誉，客户满意度逐年提升。目前，与CAP公司、伍德沃德公司、柯林斯公司、胜利公司、霍尼韦尔公司、穆格公司、艾维欧公司、伊顿公司签订了长期合作协议，建立了战略合作伙伴关系，公司产品出口至美国、法国、英国和意大利等诸多国家。

二、生产经营情况

2022年，中国航发红林实现航空转包业务收入1.05亿元。

三、主要产品

中国航发红林航空转包业务以民用飞机控制系统、液压滑阀组件、活塞、作动系统零组件壳体、精密异形零件为主，产品主要包括空客A320、A330、A380和波音737、波音787等商用飞机配套零部件或组件产品，市场占有率高，订单相对稳定。

四、产品开发与技术进步

2022年，受新冠疫情的持续影响，国际民用航空市场出现较大波动，中国航发红林加快国内市场开发，与航空工业自控所在滑阀、作动器、壳体项目上建立合作业务；与航空工业南京机电建立业务合作关系，完成滑阀项目的开发，并顺利通过质量体系审核和验收；与中国航发西控科技建立业务合作关系，完成了轴类和精密结构项目的开发，业务迅速扩大；另外，还与武汉航达、航空工业枫阳、北京曙光等建立起良好的业务合作关系。

五、国际经济技术合作

中国航发红林的国际转包业务开始于2000年，最早合作客户是CAP公司，主要以工业产品为主。2014年专门成立外贸市场部，开展民用飞机控制系统零组件的转包生产，通过不断积累具备了液压滑阀组件、活塞、壳体、精密结构异形件、轴类件的先进加工经验。

六、企业改革改制

2022年，中国航发红林坚持以客户为中心，以市场为导向，着力加强市场开拓、调整组织机构、提升产品竞争力、推动外包供应链建设、加强生产管控。在民用航空产品项目管理上，以客户为主体组建相应的项目管理团队，实行项目矩阵管理，打破部门管理墙，加强部门间信息交流，保障客户需求快速准确传递，全年订单有效完成。在生产管理上，将战略管理、精益六西格玛、看板管理、拉动管理、生产预案、风险管理，以及网络计划等先进的管理方法应用于日常生产管理中，以活塞生产现场数字化转型“最后一公里”建设为试点，进行精益生产优化和信息化建设。在技术管理上，CAPP 工艺管理系统正式投入运行，完成与滑阀事业部经营管理系统的集成，逐步实现工艺文件、工装数据、过程控制计划等无纸化办公。在外包供应链管理上，继续推进供应商一体化管理，与部分供应商建立战略合作关系，并初步建立起供应商管理机制，以保证外包管理工作规范开展，实现合作共赢。

无锡透平叶片有限公司

一、企业基本情况

无锡透平叶片有限公司始建于1979年，是上海电气集团旗下上海集优的全资子公司，主导产业聚焦航空、能源装备领域，主要为航空发动机、飞机、重型燃气轮机、舰船动力、核电汽轮机、清洁火电汽轮机等国家重大装备研制和生产各类叶片、盘轴件、高性能结构件、高温涡轮叶片等关键核心部件。

公司位于无锡市惠山经济开发区，占地面积23万米^2，现有正式员工约800人，技术人员占比30%，建有国家认定企业技术中心、江苏省企业院士工作站、国家认定博士后科研工作站等重大研发载体，先后承担和参与国家级科技重大专项18项，省级重点科技项目20项，获得国家科技进步奖1项、省部级科技奖18项。3次承担“江苏省重大科技成果转化项目”，获评制造业单项冠军示范企业、工业强基“一条龙”应用示范企业、装备中国功勋企业、国家高新技术企业、全国科技创新先进企业等称号。入选央视《大国重器》之“制造强国”选集和《五年规划》之“工业强国”选集。

二、生产经营情况

近年来，公司克服传统能源业务调整、新冠疫情冲击、海外航空业务大幅下滑等不利影响，实现了规模总量稳中有升、盈利能力明显提升。2022年销售收入12.03亿元，净利润9699万元。交付民用航空发动机零部件67247万元，其中出口9707万元。

公司坚持转型升级的战略定力，不断升级产品技术，优化产业结构，航空发动机和燃气轮机业务收入及其占比逐年攀升，2022年占比70%。产业结构呈现高端化、多元化、均衡化的良好发展趋势。

三、主要产品

公司航空业务主导产品覆盖航空发动机各类叶片、盘轴、结构件等关键部件，产品材料涉及钛合金、高温合金、铝合金和特种钢。其中航空发动机叶片包括导向叶片、风扇叶片、压气机叶片和涡轮叶片等；航空发动机盘轴件包括鼓筒、整体叶盘、压气叶盘、涡轮盘、轴颈类盘件及风扇盘等；航空发动机结构件包括整流罩、吊挂及机匣等；飞机结构件包括连接件、框/梁和起落架等。

四、产品开发与技术进步

在锻造技术方面，公司攻克了钛合金叶片锻件低倍亮带消除的定性分析技术、钛/铝合金薄板热冲压技术防变形技术、GH4169合金轴流叶片低温小变形成形技术、TC1钛合金锻造技术，完成了GH4133B合金涡轮盘粗晶质量问题攻关、镍基时效强化高温合金锻件工艺优化及质量改进，以及OGV-FOOT钛合金精锻技术研究与小批试制。

在机加工技术方面，实现了热部件、结构件等新产品工装模块化设计及快速装夹，掌握了出口导叶铝叶片、碳纤维风扇叶片、回转结构件、环组件加工和装配、小型航空零件、风扇支板类产品成品加工等新领域产品技术。

在特种工艺方面，系统掌握“两机”涡轮叶片精加工系列关键核心技术，实现异形孔加工工艺革新、真空钎焊和CVD渗层成熟度提升，完成酸洗腐蚀工艺能力建设，通过NADCAP权威认证，实现激光熔覆、激光硬化和激光焊接多激光加工工艺能力建设，完成双等离子喷涂火焰筒热障涂层试制，实现喷丸维修及燃气轮机涂层修复技术。

安徽应流航空科技有限公司

一、企业基本情况

安徽应流航空科技有限公司成立于 2016 年 6 月，主要从事中小型航空动力、重载无人直升机和特种航空地面装备研发生产，是该领域关键技术研发和重要生产基地。截至 2022 年底，公司总资产 18.72 亿元，员工总数 192 人，其中技术人员 105 人。

六安应流航空产业园由安徽应流集团投资、安徽应流航空科技有限公司建设运营，规划占地面积 1530 亩，一期总投资 40 亿元，规划建设航空发动机以及地面电源、有人 / 无人机和地面装备等生产和试验设施，配套建设质量中心、研发中心、专家中心和职工宿舍，以及动力站房等设施。六安应流航空产业园重点发展航空发动机研发设计和装配制造、无人 / 有人直升机整机研发设计和装配制造、航空地面装备设计和制造等。以应流集团热部件优势为基础，以中小型涡轴发动机为牵引，通过资源整合和产业链协同，发展无人 / 有人直升机和航空地面装备。

二、生产经营情况

公司现阶段主要从事小微型涡轴航空发动机、无人直升机、航空地面装备研发。2022 年实现销售收入 4218 万元，研发投入 4874 万元。

三、主要产品

公司主要产品为 1000 千瓦以下涡轴发动机及大载重无人直升机、轻型直升机等。

四、产品开发与技术进步

发动机动力板块，YLWZ–130、YLWZ–190 型涡轴发动机可小批生产，YLWZ–300、YLWZ–400、YLWZ–500 等 3 型涡轴发动机在研。YLWZ–130/190 已经完成所有试验科目，完成海拔 5000 米高原地区高原性能考核，已成功应用于无人直升机和有人直升机。以这两款发动机为动力源研发成功混合动力系统，应用于油电混动装备，可作为分布式电源应用偏远地区和海岛等区域。YLWZ–300 已完成工程样机试制、性能试验及高空台试验，即将进入装机试验阶段。

飞行器板块，在研产品有 2 座轻型有人直升机 RT–219、RT–216 和 5 款无人直升机。无人直升机起飞重量分别为 270、600、1100、1500、3000 千克。除 YL–U270 外，其余型号均配装应流航空研制的涡轴发动机。

五、国际经济技术合作

公司投资 3200 万欧元，引进德国 SBM 发展公司两款涡轴发动机和两款直升机，后收购了其 100% 股权，作为对接欧洲先进设计和制造技术的研究开发平台，拥有 100% 知识产权。

贵州航宇科技发展股份有限公司

一、企业基本情况

贵州航宇科技发展股份有限公司（简称航宇公司）成立于2006年9月，注册资金14731万元，是贵州省首家科创板上市企业，位于贵州省贵阳国家高新区，是一家专门从事先进锻压技术应用研究与工程化应用研究的国家高新技术企业，产品应用于国内外航空发动机、燃气轮机、新能源等高端装备领域。

10余年来，航宇公司通过“产学研+自主创新”，不断完善和优化研发体系，搭建多层次研发平台，提升企业研发实力，企业核心竞争力不断增强。航宇公司从一家规模较小的民营企业逐步发展成为国内航空锻造领域的骨干企业，成为全球民用航空发动机前六大制造商美国GE、英国罗罗、美国普惠、法国赛峰、美国霍尼韦尔、德国MTU在亚太区的核心供应商，承担了我国长江1000航空发动机系列70%以上环锻件的研制任务。航宇公司先后荣获国家高新技术企业、贵州省首批创新型领军企业、国家技术创新示范企业、博士工作站、国家级企业技术中心、国家知识产权优势企业、全国工业品牌培育示范企业、国家级智能制造试点示范企业、国家首批专精特新“小巨人”企业、全国中小企业十大“创新之星”等荣誉称号。近两年来，企业经营规模年均以47.30%的速度快速增长、行业地位日益凸显。

二、生产经营情况

2022年，航宇公司实现产值15.14亿元，同比增长51.56%；实现销售收入14.54亿元，同比增长52.21%；实现利润1.99亿元，同比增长42.41%；2022年总资产29.88亿元，同比增长45.12%。

三、主要产品

航宇公司主要面向航空、航天、新能源、轨道交通、高端工程机械、石油化工领域提供各种金属材料的环形锻件、自由锻件，主导产品有高温合金、钛合金、铝合金等材料环形锻件。

四、产品开发与技术进步

自成立以来，航宇公司持续保持较大研发投入，围绕国家重大高端装备，瞄准全球行业技术发展方向，聚焦影响高端装备制造的关键性、前瞻性的技术开展技术创新。10余年来，公司研发投入年均6%以上，远高于行业平均水平。

近年来，航宇公司结合自身技术积淀，投入大量资金搭建了新材料应用研究平台、近净成形技术应用研究平台、数字化制造过程控制研究平台、民用航空发动机锻件集成制造技术研究平台四大研发平台。依托上述技术创新平台研发成功了十大系列核心技术，其中两大核心技术全球领先，8项核心技术国内领先，并在长江1000系列发动机上得到应用。2022年申请发明专利7件，实用新型专利6件。截至2022年底，航宇公司先后获授权有效发明专利61件（其中国际发明专利2件），实用新型专利27件；主持编制了国家标准3项、行业标准1项，参与国家标准编制7项、团体标准5项；依托“大数据+智能制造”，率先在国内实现航空锻造数字化过程控制。

五、国际经济技术合作

航宇公司依托自身的技术先进性，成为长江1000、长江2000发动机环锻件主研制单位。经过10余年发展，航宇公司主营业务形成了国内国际市场双循环的发展格局，已全面融入全球商用航空发动机制造产业链，成为美国 GE、英国罗罗、美国普惠、法国赛峰、美国霍尼韦尔全球民用航空发动机制造商在亚太区的核心供应商，分别签订了主流窄体、宽体客机新一代发动机用环形锻件 5 ~ 10 年的长期协议，共获得约 7 亿美元订单。

六、重大设施建设

2022 年，启动贵阳航空发动机、燃气轮机用精密环锻件柔性智能制造产业园建设项目。项目总投资 12 亿元，目前进行地块平场阶段。公司子公司四川德兰航宇科技发展有限责任公司厂房已建成投产。

四川高龙机械有限公司

一、企业基本情况

四川高龙机械有限公司（简称高龙公司）是一家从事民用航空航天精密零部件制造的外商独资企业，成立于1999年8月，注册资金2026万美元。2000年7月，高龙公司为响应国家西部大开发战略，积极配合政府的号召，成为首家入驻四川成都出口加工区的外商独资企业。

高龙公司现有厂房面积6000多米^2，室内设有自然采光带、全中央空调、环氧地坪，拥有近百台数控车床及数控加工中心，包括1台龙门5轴数控机床、8台5轴数控加工中心等数控设备，以及电火花、深孔钻、线切割、多功能研磨机等加工设备。高龙公司拥有二级计量室及设备先进、技术过硬的检测部门。检测设备包括8台三坐标检测机、1台万工显、8台投影仪等。

高龙公司2007年被评定为高新技术企业，2014年被认定为成都市高端装备制造企业。高龙公司拥有先进的管理体系和现代化的精密设备及质量检测技术。高龙公司拥有一支由国内外民用飞机发动机燃油和液压系统资深专家组成的技术团队，具有强大的技术优势。高龙公司现有近400名训练有素的技术工人，其中7名员工获得“高新工匠”荣誉称号。

二、生产经营情况

2022年，高龙公司进出口总额达3500万美元；年营业收入1.5亿元，利润2700多万元，上缴税收426万元。

2022年高龙公司签订包括15架份水陆两栖飞机AG600和25架份C919飞机飞控系统零部件的加工制造合同，总金额达1500多万元。

三、主要产品

高龙公司主要产品包括：民用飞机喷气发动机燃油系统零部件、液压系统零部件、飞控系统零部件，以及地面大型火力发电机组的零部件加工。目前研发和加工的零部件已逾千种，产品100%出口美国，主要用于装备波音707/717/727/737/747/757/767/777/787全系列及空客A300、A340、A380等系列民用客机的发动机。

四、产品开发与技术进步

高龙公司一直重视新产品开发和新技术研发投入，2014年成立了以高级工程师杨宏刚命名的杨宏刚创新工作室。在消化吸收国内外先进、成熟、可靠技术的基础上，进行自主创新，开发并研制具有自主知识产权的新产品和新工艺技术，为生产加工提供有力支撑。高龙公司现有实用新型专利14项，发明专利1项。最近5年来，每年的研发投入均在500万元以上。2022年，高龙公司投入研发资金803万元，开发项目包括民用飞机发动机液压阀体零件加工、民用飞机飞控系统零部件加工、C919飞控系统筒体活塞类零件加工等，新产品产值达到2000万元以上。

五、国际经济技术合作

高龙公司主要客户为美国派克航空航天公司、美国通用电气、斯伦贝谢、英国罗罗公司、德国BMW、ABB等国际知名公司。作为美国派克航空航天公司的直接供货制造商，高龙公司20余年来一直同派克公司保持良好合作关系，受到派克公司高层的高度赞誉，并连年被评为派克公司全球最佳供应商。

六、重大设施建设

为提高核心竞争力，进一步加强和扩大生产规模，2022年高龙公司共投入2000余万元购置了5轴数控设备4台、龙门5轴数控机床1台，以及其他数控车床和数控加工中心等设备 10 台。

为了进一步开拓国内民用航空零部件制造市场，尽快适应国内民用航空零部件制造的需求，高龙公司正在筹建金属表面处理特种工艺加工基地和金属焊接处理加工基地，以便承接和拓展国内民用航空零部件加工制造的业务市场，更好地满足 C919 飞机零部件制造需求。

七、企业改革改制

根据国内航空航天零部件制造市场需求，高龙公司成立了成都登高能赋机械有限公司，专门承接国内航空零部件加工制造业务，以便更好地拓展国内相关市场。

航空工业西安飞行自动控制研究所

一、企业基本情况

中国航空工业集团有限公司西安飞行自动控制研究所（简称自控所）建于1960年，现有职工4000余人，是我国航空工业控制、导航与制导（GNC）的技术研发中心，集产品设计、开发、生产、服务于一体。在飞控技术领域，先后研制了自动驾驶仪、增稳系统、控制增稳系统、模拟电传、数字电传飞控系统，形成我国各类飞机数十种不同功能的飞行控制系统；在惯性技术领域，先后研制出液浮陀螺和基于液浮陀螺的惯导系统、挠性平台惯导系统、挠性陀螺捷联系统、激光陀螺及激光捷联惯导系统等产品，并在航空、航天、兵器、民用产品等领域得到广泛应用。近年多项民机型号、科研项目同步开展，形成了涵盖干线、支线和通航领域的谱系化产品结构。

二、生产经营情况

2022年实现民用航空收入7309万元，其中民机机载系统和设备1315万元，其他5994万元。

三、主要产品

自控所民机型号任务主要涉及AG600、C919、AC系列直升机等项目，经过自控所民机团队的努力，全部项目整体进展符合预期。

以AG600水陆两栖飞机飞控、导航产品为研制重点，自控所围绕3机首飞任务进行资源部署，完成了1005架机、1006架机、1007架机和备件4架份交付，完成了首飞安全试验。试验保障方面，完成了机上地面试验器交付；完成了REU可靠性强化试验件交付。适航方面，完成了软硬件SOI#1工程评审；产品适航鉴定试验大纲上报主机单位。完成了上述架机装机件和备件的制造符合性检查和挂签。

C919飞控系统完成了维护功能（LD4.0）软件开发和验证，完成系统HIRF/L试验及报告提交，完成飞行模式控制面板硬件验证测试（HVR）和可编程逻辑代码验证测试（PLD HVR），完成飞行模式控制面板和托架CMM手册；完成70%的高升力配套产品耐久试验；完成硬件产品SOI#3和SOI#4适航审查；实现了108架、109架产品交付。

在AC系列直升机产品研制过程中，同步为哈飞、昌飞等主机单位配套大气惯导、飞控等产品，交付哈飞4套产品；支持昌飞完成首飞安全试验，配合主机完成飞机地面联调联试，支持飞机首飞保障，完成配套产品试飞备件交付和适航挂签。

四、产品开发与技术进步

在民机体系建设方面，自控所结合型号项目研制要求，落实适航、质量要求，开展了一系列适航、过程管控和项目管理等能力建设工作。

集智聚力，持续完善适航团队升级。持续完善双线、双维度、三层级适航组织架构，开展了所内外培训8次，持续在14个项目中落实所有适航角色人员，开展并完成了9名委任代表的培养并全部获得民航西北局、上海审定中心等局方授权。

规范体系，提升适航工作效能。针对设计保证体系，开展年度独立监督专项审核；同时，持续优化适航工作体系，完成了《民机软件需求标准》等3份软硬件文件的编制。

项目为要，加强适航质量管控。因自控所在2021年集团审核中表现优秀，2022年获得免审资格，本年度仅开展适航体系审核4次；上报完成中国商飞、中航通飞、哈飞、昌飞等各主机适航审查任务目标，支撑项目研制进度；

完成导航多项产品 CTSO 取证工作及验证工作；优化模拟适航机制，不断提升适航认识，提高自查能力，开展了所内外预检查百余次，全年迎接局方检查 95 次，均无重大不符合项，一次性通过率 98% 以上。

五、企业改革改制

在民机业务组织升级过程中，持续优化组织结构，建设业务体系。在研发层面，确定了系统分线、部件融合的总体推进思路；在运营组织建设方面，推进建设覆盖研发、生产、客服完整的业务体系。在飞控、导航和电子部成立民机室的基础上，2022 年推动在液压、软件和机电部成立了民机组，民机部整合了项目管理、质量、适航和客户服务管理职能，为业务体系建设提供了组织基础。

建立集成研发组织，形成人员、活动和环境的统一管理，提高项目、工程和适航管理的整体性；打通从系统到部件研发流程、工具和方法的一致性；强化责任主体，增强研发管理的协同性；加强民机质量和适航管理，补充资源，推进适航组织建设，确保研发合规。为保障民机研发资源，在所内启动了民机专项招聘，定向补充民机研发管理人员 60 人，同时利用上海工程中心启动了社会化高端人才招聘，为民机业务发展提供了人力资源保证。

以 C919 批产为契机，在所内组建了覆盖生产供应链全要素的 C919 生产管理团队，建设内容包括计划管理、工艺过程管理、供应商管理、生产过程管理、质量适航管理和生产信息平台建设等全要素；以满足客户要求，做到生产合规、过程持续稳定为基本要求，同时积极探索利用社会化资源提高成本控制能力和风险管理能力。

北京飞机维修工程有限公司

一、企业基本情况

北京飞机维修工程有限公司（简称 Ameco）是中国国际航空股份有限公司（简称国航）和德国汉莎航空公司（简称汉莎）于 1989 年合资建立的飞机维修企业。2015 年 6 月 1 日，经过股东双方对 Ameco 股权的重组，原 Ameco 与原国航工程技术分公司资源整合组成新的北京飞机维修工程有限公司，由国航和汉莎合资经营，其中，国航持股 75%，汉莎持股 25%。

Ameco 总部设在北京，下辖华北航线中心、成都分公司、西南航线中心、飞机大修产品事业部、附件 / 起落架大修产品事业部、发动机 / APU 大修产品事业部、飞机客舱产品事业部 7 个事业部，17 个运行和管理支持部门，以及重庆、杭州、天津、呼和浩特、上海、武汉、贵阳、大连、广州、温州等航线分公司。拥有 200 多个国内维修站点和国际维修站点，形成了辐射国内外的维修服务网络。

Ameco 持有中国民用航空局（CAAC）、美国联邦航空局（FAA）、欧洲航空安全局（EASA）等在内的近 30 个国家和地区颁发的维修执照，是中国民用航空局授权的民用航空器改装设计委任单位代表（DMDOR），并获得 EASA 设计机构批准。

Ameco 有 11000 余名员工，拥有一支作风严谨、技术过硬、士气高昂、保障有力的工程技术人员队伍。除确保股东国航全部机队的正常运营外，还为百余家国内外用户提供维修服务。Ameco 注重科技创新工作，上百项科技研发项目先后获得国家或中国民航局的科技奖。

二、生产经营情况

2022 年 Ameco 实现产值 69.02 亿元，比 2021 年度下降 11.86 亿元，降幅 15%；税前利润为亏损 14.97 亿元，比 2021 年度增亏 13.3 亿元。受到疫情影响，产值和税前利润同比均有较大幅度下降。

三、主要产品

Ameco 可为航空公司提供机队包修服务，以及航线维护、飞机大修和喷漆、反推和进气道大修、发动机大修、APU 大修、附件大修、起落架大修、公务机改装和维修、工程和资产技术服务、教育和培训、计量检测等方面的服务。

面向未来，Ameco 启动长期战略发展规划，有效整合机务维修资源，推动机务板块的结构性优化，实现专业化、产业化发展，以更高品质的维修产品向国内外用户提供优质服务，赢得客户的满意和信赖。

四、产品开发与技术进步

Ameco 长期开展科技创新项目，围绕工装设备开发、软件数字化、新能力建设、新工艺研发、技术应用探索等，每年自主开展项目超过 250 项，参与项目的各类研发人员、支持人员超过 1300 人。成立专业技术委员会，围绕 Ameco 战略发展，推动相关专业技术学科建设和发展，促进工程技术人才培养，开展专业技术和业务交流活动，承担相关科技和技改项目，为 Ameco 科学发展提供专业咨询意见和建议。

Ameco 与中国民航大学、北京航空航天大学等相关高校长期开展科技创新合作，共同承担中国民用航空局、科学技术部、工业和信息化部等政府项目；与南京航空航天大学联合申请并获批为首批民航重点实验室“民航飞机健康与智能维护重点实验室”依托单位。目前，Ameco 是中国航空学会团体理事单位、维修专业分会（航空维修工程分会）副主任委员单位、维修工艺技术专业（民用飞机运行支持技术分会）挂靠单位、北京航空航天学会副会长单位。

Ameco 开展的科技项目大部分来自于直接生产需求，90% 左右的项目成果都得到直接应用并取得相应的经济效益，部分优秀成果获各类省部级奖励。自 2015 年整合以来获得中国民航协会、航空学会、交通运输协会、德国红点概念设计奖等外部科技创新相关奖励 11 项。Ameco 重视知识产权，甄选优秀成果进行保护，持有有效自主知识产权数量（含发明专利、实用新型专利、外观设计专利、软件著作权和作品登记）超过 110 项。

五、国际经济技术合作

2022 年，新冠疫情持续，国际航空市场受到严重冲击。Ameco 加强了与重点客户、战略客户的沟通寻求更多合作机会，并进一步拓展与现有客户的合作，全力加强新客户新市场的开发。新增土库曼斯坦航空波音 737NG 合作项目，继续保持 IAE V2500 发动机大修项目、汉莎波音 748 定检项目、澳门航空飞机大修及发动机项目等。加强了国际航司间的合作，实现共同发展。

六、重大设施建设

2022 年新能力投资项目包括：霍尼韦尔燃调能力建设、GTF 发动机能力开发、波音 747-8 起落架大修能力建设等项目。

珠海保税区摩天宇航空发动机维修有限公司

一、企业基本情况

珠海保税区摩天宇航空发动机维修有限公司（简称珠海摩天宇）是中国南方航空股份有限公司和德国 MTU 航空发动机股份公司按照各占 50% 的股权比例组建，从事航空发动机维修的生产服务型合资企业。

珠海摩天宇于 2001 年成立，2002 年正式投产。主营业务包括民用航空器发动机的修理、翻修、维护以及各种辅助服务，并提供相关工程支持。主要产品涵盖波音 737 和 A320 系列飞机选装的动力装置，连续多次通过了高新技术企业的认定，2019 年 5 月通过技术先进型服务企业的认定，成为广东省服务外包示范企业，2021 年被国资委评定为国资委管理标杆企业。

二、生产经营情况

经过 20 年的发展，珠海摩天宇已成为中国迄今为止投资规模大、维修等级高、维修范围广、维修级别深、市场份额高并掌握核心技术最多的民用航空发动机维修基地。珠海摩天宇现维修产能可达到 450 台 / 年，目前正在建设第二厂区，预计 2025 年投产后的技术产能可达到 700 台 / 年。

三、主要产品

珠海摩天宇的主要产品涵盖波音 737 和 A320 系列飞机选装的动力装置，可为全球运营 V2500-A5、CFM56-5B/-7B、LEAP-1B/-1A 以及 PW1100G-JM 等航空发动机的客户提供维修服务；是美国通用电气（GE）在航空发动机维修领域的重要合作伙伴之一、普惠 IAE 的航空发动机维修网络成员和全球多家航空企业及航空发动机租赁公司的发动机 MRO 服务和解决方案的供应商。

四、产品开发与技术进步

珠海摩天宇拥有业内领先的大型设备、各种测试和加工设备，其中试车台最大推力可达 15 万磅力①，可满足目前市场上所有型号航空发动机的试车要求。

珠海摩天宇重视自主创新，开发了超高压水剥离去除涂层、等离子 / 火焰热喷涂、真空钎焊、精密机加、三维检测、无损探伤、高速磨削叶尖等维修技术，取得了 16000 多个零部件的翻修许可，获得了 V2500 高压压气机前 / 后鼓等离子喷涂硬涂层更换等 9 个高附加值的维修授权。目前已获得专利 42 项，其中发明专利 7 项、实用新型专利 35 项，软件著作权 21 项。

五、国际经济技术合作

自正式运营以来，珠海摩天宇已获得中国民用航空局、欧洲航空安全局、美国联邦航空局、日本民用航空局，以及英国、澳大利亚、沙特阿拉伯和印度等 20 多个国家和地区的适航维修许可证。

① 1 磅力 =4.45 牛顿。

厦门太古发动机服务有限公司

一、基本情况

厦门太古发动机服务有限公司位于中国福建省厦门市湖里区航空工业园区，专门从事GE90系列发动机的维护、大修和测试。公司成立于2008年6月28日，是港机集团的成员之一。从2010年公司第一台发动机出厂，目前累计已有超过500台发动机出厂，公司的年产值从起步阶段的2400万元，逐步发展到如今的年产值超过46亿元，累计投资额高达23亿元。近年来，公司培养和引进了国内短缺的发动机维修专业人才350多人，业务范围也从单一机型维修向多个维修机型转化。

二、生产经营情况

2022年企业总产值46亿元，同比增长67%。

四川国际航空发动机维修有限公司

一、企业基本情况

四川国际航空发动机维修有限公司（简称 SSAMC）成立于 1999 年，前身为四川斯奈克玛航空发动机维修有限公司，是国内第一家致力于 CFM56 发动机维护和修理的中外合资企业，主要从事 CFM56 系列航空发动机的维护、修理、大修和其他相关服务，相关零部件的制造和维修，并为加工和出口产品所需的航空器材、外商在国内暂存的航空器材以及经海关批准的其他航空器材提供仓储和报关服务等。SSAMC 位于四川省成都市自由贸易试验区内，注册资本为 8800 万美元。中国国际航空股份有限公司占股 60%；Engine Support Holdings 公司（简称 ESH）占股 40%。

SSAMC 现持有中国民用航空局、美国联邦航空局、欧洲航空安全局、新加坡、泰国、尼泊尔、越南等国航空安全局颁发的维修许可证及多家航空公司的合格维修商证书；通过了 ISO 9001/AS 9110 质量体系认证、ISO 14001 和 OHSAS 18001 环境安全体系认证；通过了国家安全生产标准 3 级认证；获得了法国赛峰集团在环境、健康与安全方面的银牌认证；累计拥有国家专利 19 项，并连续 3 年获评技术先进型服务企业。

截至 2022 年底，SSAMC 共有员工 494 人。其中在学历分布上，大专以上学历占 92.3%，拥有硕士 25 人；在年龄分布上，30 岁以下占 29.6%，40 岁以下占 76.1%。整体来看，SSAMC 的队伍呈现出年轻化、高学历化的趋势。

二、生产经营情况

2022 年 SSAMC 完成 131 台航空发动机修理，其中 CFM56 系列发动机 102 台，LEAP 系列发动机 29 台。全年实现营业收入 42.18 亿元。

三、主要产品

SSAMC 是中国唯一的 CFM56 系列发动机原始设备制造商（OEM）修理厂，也是全球唯一的 CFM 授权的维修站。其维修的 CFM56 系列发动机安装于 A319/320/321 和波音 737-300/400/500/600/700/800 等客机。作为航空发动机维修企业，SSAMC 能及时分享所有 OEM 的发动机设计、制造、技术改进信息，以及 CFM56 系列发动机相关维修和修理经验，使得中国客户能便利地享受到世界顶尖级修理公司提供的 CFM56 系列发动机 MRO 服务。SSAMC 在巩固国内已有客户群的同时，积极开拓国际市场，现在公司的境外服务不断增加，国内外客户达到 60 家以上，累计大修完成了超 1600 台航空发动机。SSAMC 还承担了航空发动机在翼支援和其他服务，其中在成都双流国际机场完成的业务占比达 40%。SSAMC 自成立以来，所修理的发动机未发生因修理业务产生的空中停车，SSAMC 成功地将国航与 CFM 公司的专业技术相结合，成为世界一流的航空发动机维修工厂。

同时，SSAMC 也是国内第一家 LEAP 发动机修理厂。LEAP 系列发动机是由发动机制造商 CFM 公司生产制造的新一代发动机，代表着 CFM 公司商用客机推进系统的前沿技术水平，主要装备于空客 A320 Neo、波音 737 MAX 和中国商飞 C919。SSAMC 参与了 LEAP 发动机在中国的运营服役相关工作，并已经组建了第一支本土的在翼支援（OSS）队伍。目前，SSAMC 已经完成了上百次的 LEAP 在翼支援服务。截至 2022 年底，SSAMC 已完成 66 台 LEAP-1A 和 LEAP-1B 发动机的进厂修理，正着力进一步提高修理能力及试车台建设。

四、产品开发与技术进步

2022 年，SSAMC 持续整合企业技术、资金、人才，持续改进技术工艺，不断提高航空发动机的自主维修能力。目前已有 200 余项工艺改进在生产中得到应用，确保公司的技术水平始终处于行业领先地位。2022 年以来，公司研发部门继续深入开发 LEAP 发动机风扇叶片和消音板修理能力、进口齿轮箱螺桩更换的修理能力、高压压气机前轴定位孔机加工修理能力、QEC 管路喷漆及轴承更换修理能力等 12 项重要技术能力，不断丰富公司的修理种类，标志着 SSAMC 的维修能力迈上新台阶。

SSAMC 的愿景是成为世界领先的 CFM 发动机维修服务商，以实现“为客户提供优质解决方案、为股东实现良好业绩、为员工提供最适宜的工作环境和发展机会”为公司使命，秉承“质量可靠、客户优先、改进创新、以人为本、尽职守诺、团队协作”的价值观。

厦门太古飞机工程有限公司

一、企业基本情况

厦门太古飞机工程有限公司（简称厦门太古）是香港飞机工程有限公司（简称港机公司）于1993年7月在厦门设立的大型民用飞机维修工程企业，是亚太地区领先的飞机维修及大修服务提供商。目前拥有约4300名员工。主要股东包括香港飞机工程有限公司、厦门航空工业公司、香港国泰航空公司、日本航空公司和波音商用飞机集团等。

二、生产经营情况

2022年厦门太古克服新冠肺炎疫情的持续影响，维修业务逐渐恢复。截至2022年底，厦门太古累计进场维修飞机超过4000架次。

三、主要产品

厦门太古提供全面的飞机工程服务，涵盖机身服务、航线服务、零部件制造、公务机设计整装和技术培训等五大核心业务。

（一）机身服务

厦门太古拥有6座双宽体机位机库，提供所有主流民航机型的维修检查、客舱整装、客改货等维修工作。其中，在维修检查方面，可为波音及空客飞机提供全面的维修服务，主要技术能力涵盖D检、大型维修检查（HMV）及根据客户需求的补充检查。多项机身工程可与维修同时进行，包括客舱翻新、客舱改装和整装、发动机孔探、发动机拆装及更换、起落架拆装及更换、飞机称重和外部喷漆等。在整装和客舱内饰安装方面，厦门太古拥有丰富的经验，可提供包括项目管理、工程设计、供应商管理、零部件制造、安装以及取证（FAA/EASA/HKCAD/CAAC）在内的完整的全套客舱改装。迄今为止，厦门太古已经完成了超过530个涵盖空客和波音主要机型的客舱改装项目，主要客户包括国泰航空公司等欧亚地区知名航空公司。在客改货方面，厦门太古是全球范围内经验最丰富的客改货中心之一，客改货涉及主要机型为波音747–400、波音737、波音757等。

（二）航线服务

厦门太古是为中国大陆重点航线运营站提供领先航线服务的供应商之一，目前已在中国大陆的15个国际机场开展业务。提供包括过站检查、过夜、日检、周检、故障排除、技术放行、客舱娱乐系统维护、客舱可靠性检查、飞机清洗服务。服务的机型包括A380、A350和波音787在内的所有主流民航机型。

（三）零部件制造

得益于港机公司长久以来的工程经验及与航空原始设备制造商（OEM）的良好合作关系，厦门太古积极发展零部件制造能力，其中包括机加部件、钣金部件、捆装电线、波音747–400BCF客改货复式地板梁制造等涵盖超过4000个零部件编号（PN），逐渐形成集航空零部件开发、数控加工、钣金加工、热表处理加工、复合材料加工、零部件装配、航空线束电缆组装、无损探伤检测与专业人才培训、计量与校准服务、航空维修及改装制造能力配套为一体的飞机零部件制造产业基地。

（四）公务机设计整装

厦门太古公务机设计整装中心能为私人飞机及公务机提供一站式服务，服务内容涵盖工业设计、工程设计和认证、客舱整装、售后服务以及机身维修，是亚太地区获得空客公司核准及波音公司授权的公务机及私人飞机客舱设计整装中心。

（五）培训中心

厦门太古培训中心是一家同时获得中国民用航空局、香港民航处和欧洲航空安全局共同批准的147部维修培训机构和66部维修人员基础执照考点。厦门太古培训中心已经由针对单个学员的培训扩大到与飞机制造公司合作、与航空公司签约为新机型维修提供团队培训。

四、产品开发与技术进步

（一）客改货开发

厦门太古与美国波音公司紧密合作，攻克了众多技术难关，取得美国联邦航空局（FAA）和波音 BQMS 认证。与合作伙伴一起参与了波音 737-700/800 和波音 767-300 等改装机型的开发。客改货科研成果主要有：地板梁整装、货舱门定位、货舱门整装、改装流程改进等，至今共完成了 80 架次的改装工作。

（二）客舱整装

厦门太古客舱整装服务可以提供完整的一揽子客舱解决方案，包括项目管理、工程设计、供应商管理、零部件制造与安装以及取证（FAA/EASA/HKCAD/CAAC）。截至目前，客舱整装科研成果主要有：波音 737/A319 客舱构型设计改装、波音 747-400 PTV 改装、波音 747-400 LOPA 设计等。

广州飞机维修工程有限公司

一、企业基本情况

广州飞机维修工程有限公司（简称GAMECO）是目前国内排名前列的大型综合性民航维修企业，成立于1989年10月28日，总部位于广州白云国际机场，注册资本6500万美元，是由中国南方航空股份有限公司、和记黄埔飞机维修投资（香港）有限公司以及南华国际飞机工程（香港）有限公司共同合资经营，其中中国南方航空股份有限公司持有50%的股份，南华国际飞机工程有限公司、香港和记黄埔飞机维修投资有限公司各持25%的股份。

GAMECO在广州的维修设施主要分成4个部分：位于广州白云国际机场北区约26万米^{2}的GAMECO总部设施，包括3座飞机大修机库及相关设施；位于广州市空港经济区约5.4万米^{2}的飞机附件维修基地（包括附件业务中心和复合材料修理中心）；位于广州白云国际机场候机楼约2000米^{2}的航线维修设施；位于机场北区星慧谷科技园约6000米^{2}的飞机零部件制造中心。

一期飞机维修机库为中国跨度最大的桁架结构机库，机库总跨度350米，总建筑面积9.6万米^2，可同时容纳4架宽体飞机（波音747、空客A380）和5架窄体飞机（波音737、波音757和空客A320）在内维修。同时拥有一个独立的全天候喷漆机库，可容纳1架空客A380或波音747飞机。此外，还包括约4000米^{2}拥有先进环境控制系统的航材仓库和2000米^{2}的公共保税仓。二期机库建筑面积6.7万米^2，可以同时为8架窄体飞机开展定检维修。三期机库总建筑面积约9.8万米^2，能同时提供6个宽体机位（包括1个A380机位）和5个窄体机位。

除广州总部以外，GAMECO还设有重庆分公司、清远分公司、上海浦东维修团队、北京大兴C检线、北京大兴国际航线维修团队、澳大利亚分公司及新西兰分公司。

GAMECO是国家高新技术企业、广东省飞机维修工程技术研究中心单位、广州海关AEO企业、广州市劳动关系和谐AAA级企业、全国民航“五一劳动奖状”单位（2020年度）、空客A380中国卓越中心、中国民航维修协会红冠奖最高奖项“年度MRO奖”获奖单位（2020、2021、2022年度连续获得）。

二、生产经营情况

2022年，三期机库以及附件维修基地正式投入使用。GAMECO承担215架飞机的基地保障任务，完成航线维修20.1万架次、飞机A检1085架次、飞机C检以上等级定检与改装239架次、其他进入机库的单项维修与改装116架次、整机喷漆73架次、飞机附件修理38235件次、起落架大修43套，全年实现营业收入28.5亿元人民币。截至2022年底，GAMECO总资产达40亿元人民币，员工总数为6500人。

三、主要产品

GAMECO开展民航飞机的航线维护、飞机大修、附件修理与翻修、起落架维修、零部件制造、复合材料修理、客改货、客舱改装和翻修、飞机喷漆、工程技术支持、培训、航材管理和寄售、地面保障设备修理、AOG紧急支援等全方位的维修与工程服务。

GAMECO拥有中国民用航空局（CAAC）、美国联邦航空局（FAA）、欧洲航空安全局（EASA）等20多个国家和地区适航当局批准的民用航空器维修许可证，CAAC颁发的DMDOR、CAAC-PMA、CCAR-147维修培训机构及CCAR-66民用航空器维修执照培训及考点等资格证书，以及EASA颁发的EASA 21部J分部DOA（设计机构批准）证书和EASA 21

部 G 分部 POA（生产机构批准）证书，并通过了 AS 9100、AS 9110、ISO 9001、ISO 14000、ISO 18000、NADCAP CNAS 等标准体系认证。

飞机机型覆盖波音 737/747/757/767/777/787，空客 A300/310/319/320/321/330/350/380，EMB-145/190，以及国产 ARJ21 等。附件维修能力覆盖液压、气动、燃油、飞行操纵、机载应急设备、起落架、机轮 / 刹车、无线电、机载计算机、仪表、娱乐系统、发电机、电气附件等几乎全部附件种类，拥有国内最完备的飞机附件维修能力。GAMECO 拥有专门为复合材料的修理和研发而设立的复合材料修理中心，专注于波音、空客主流机型的复合材料部件维修能力，覆盖雷达罩、扰流板、襟缝翼、发动机反推和舵面等复合材料部件，具备波音 787 和空客 A350 复合材料机身快速修理能力，可提供金属和空客及复材结构 AOG 修理服务。

山东太古飞机工程有限公司

一、企业基本情况

山东太古飞机工程有限公司（简称山东太古）是1998年12月24日在济南注册成立的台港澳与境内合资企业，现主要股东为山东航空集团有限公司（53%）、香港飞机工程有限公司（30%），是目前中国民航飞机工程的重要基地，也是山东省专业从事飞机工程的综合厂商。

2003年4月，山东太古获得FAA波音737全系列维修许可，成为国内第4家获得FAA许可的维修单位。2005年12月，与庞巴迪宇航公司正式签署协议，山东太古成为庞巴迪宇航亚洲地区的授权维修站。2006年8月，山东太古完成亚洲首架波音737-300全货机改装，标志着成功由单一的维修服务型企业向技术改装参与型企业转型。2015年8月，山东太古与中国商飞客服公司签署战略合作协议，同年12月与中国商飞上飞院签署了战略合作协议，迈出了全面支持国产飞机健康发展的第一步。自2017年3月顺利完成全球首架ARJ21飞机定检以来，山东太古已完成88架次ARJ21飞机定检。

目前，山东太古持有CAAC、FAA、JCAB、EASA、CASA等15个国家或地区的飞机维修许可，并获得ISO 9001和AS 9100认证，可以提供飞机大修、重要修理改装、航线维修、客改货、工程设计、计量检测、航材管理、航空零部件制造和航空培训等专业服务。已为数十家国内外客户完成了6000余架次的飞机定检工作、130余架次客改货业务。目前拥有7条波音客改货生产线，在波音737系列机型客改货业务方面，占据亚太地区90%以上的市场份额。

二、生产经营情况

山东太古成立20多年来，保持了良好的经营发展势头。截至2022年底，总资产规模达12.6亿元人民币。2022年主营业务收入6.8亿元，净利润6619万元，研发投入3884万元。

三、主要产品

山东太古历来重视技术开发与科研成果的应用，当前开发的技术服务能力和设计生产的民用航空产品主要有：

（一）波音737飞机客改货

山东太古目前持有中国民航局（CAAC）批准的波音737-300/400和波音737-800客改货能力。已完成波音737系列客改货超过130架次，积累了丰富的波音737系列改装及维修经验。当前拥有7条波音客改货生产线，新厂区建成后可以再新增2条客改货生产线。

（二）国产飞机ARJ21、新舟60和C919维修

山东太古在业内率先开发ARJ21和新舟60型号民机维修服务，形成了较大规模的保障能力。为推动国产飞机健康发展，山东太古基于保障ARJ、新舟60等国产民机的丰富经验，继续开展C919大飞机维修能力建设。

（三）国产民机零部件

目前为ARJ21配套的零部件产品有医疗救援担架、旅客服务组件（PSU）、客舱货柜、各类管路以及多种塑料件。为C919配套的零部件为C919货网。

（四）飞机视频监视系统加改装

飞机视频监视系统通过机内外摄像头监控驾驶舱门附近、客舱、货舱以及机外的情况，帮助机组监视飞行中的情况，发现可疑行为或潜在威胁。山东太古与多家航空公司达成了飞机视频监视系统加改装设计合作意向。

（五）直升机消防及救援设备

山东太古充分利用自身优势，积极延伸航空产业链，不断研究开发通用航空产品。当前研发的产品主要有：EC135 直升机挂钩，消防直升机飞桶，贝尔 407、EC135、AW139 及米 -171 4 种机型外吊挂设备支架组件和机械绞车，AW139 直升机医疗担架。

四、产品开发与技术进步

山东太古是山东省高新技术企业和技术创新示范企业，建有 5 座大型机库，建立了力学室、电学室、理化分析室等 5 个高水平的实验室，拥有各类设备 1000 余台（套），其中研发设备 300 余台（套）。民用航空工程技术研究和开发中心于 2009 年 1 月成立，目前是山东省企业技术中心、山东省工程技术研究中心、山东省工业设计中心。。

山东太古现有员工 1769 人，其中具有本科以上学历的 568 人、专业技术人员 227 人、各国民航认证的开发工程师 200 余人。同时，民用航空工程技术研究和开发中心从北京航空航天大学、南京航空航天大学等专业院校及民航局所属单位聘任了多名飞机设计、飞机系统、航电及适航规章等领域的专家，与北京航空航天大学航空材料科学与工程学院签订技术合作协议，与南京航空航天大学共同建立飞机维修、改装及适航审定研究中心。

山东太古累计申请专利 200 余项，拥有有效专利 58 项，其中发明专利 22 项。近 3 年参与的省级以上科技项目达 15 项，自主研发类项目达到了 100 项以上。

山东太古已经获得 CAAC DMDOR、PMA、CTOSA 以及 EASA DOA、POA 资质，可以提供从工程设计、部件制造、适航取证、安装施工以及售后服务等一站式全方位的改装设计和维修服务。已完成超规范修理设计 2700 多个、DMDOR 设计小改批准 110 多个、MDA 项目 10 个、STC 项目 4 个、EASA DOA 修理设计批准 70 多个、改装小改批准 20 多个。

山东太古积累了国产民机客舱机载集成部件的大量研发设计经验，成为中国商飞机载集成设备及零部件的合格供应商。山东太古将与中国商飞保持长期良好合作关系，持续深化在国产民机零部件制造领域的技术合作和共同创新。

北京科荣达航空科技股份有限公司

一、企业基本情况

北京科荣达航空科技股份有限公司（简称科荣达）创立于1997年，是集航空机载设备维修和航空检测设备研制为一体的航空综合服务供应商。目前科荣达已获得中国民用航空局（CAAC）、美国联邦航空局（FAA）及欧洲航空安全局（EASA）颁发的航空机载设备维修许可证，是国家级高新技术企业、专精特新“小巨人”企业。

科荣达现已发展成为从事高端技术服务业的集团型企业，先后投资成立了北京航顺泰达科技发展有限公司、北京科荣达航空设备科技有限公司、重庆科荣达航空科技有限公司及深圳科荣达航空科技有限公司，形成了覆盖中国主要航空服务地区的服务网络。

科荣达在发展过程中不断积累并持续提高机载设备维修以及航空检测设备研制的相关技术，紧跟我国航空事业快速发展和机载设备维修行业发展趋势，规模化地开展了机载设备维修与航空检测设备研制业务。科荣达始终坚持“以客户为中心”的服务理念，紧密围绕商用航空、通用航空等客户的综合需求，打造了以航空机载设备维修以及航空检测设备研制为核心主业的盈利模式。

科荣达现有员工244人，其中本科及以上学历占比60%，技术研发人员占比30%，中、高级工程师占比10%。

二、生产经营情况

科荣达2022年实现营收13813.9万元。

三、主要产品

（一）航空机载设备维修

科荣达经CAAC、FAA、EASA等适航部门批准的航空部附件维修能力已达近5000个项目，35000余个件号（含子公司），涉及飞机气动、液压、电子、电气、燃/滑油、机轮刹车、应急救生等34个系统。

（二）航空检测设备研制

科荣达可为客户定制生产符合CAAC、FAA、EASA标准要求的航空机载设备专业检测及试验设备，涵盖燃油、滑油、气动、液压、电气、机轮刹车、救生等领域，并可为客户提供与定制设备配套的航空机载设备自动化测试程序、维修工艺及工装。

（三）民用航空器部件修理执照培训

科荣达147培训中心具备航空器维修人员执照和航空器部件修理项目培训资质，拥有经验丰富的师资团队和专业完善的教学设备。培训课程包括：飞机结构和系统、航空涡轮发动机、航空器维修等理论课程和航空英语及实操课程。

四、产品开发与技术进步

飞机机载设备检测维修方面，科荣达组织维修工程师，不断拓展维修能力的宽度和深度，目前经CAAC、FAA、EASA等适航部门批准的维修件号已达35000余项。

机载设备智能化检测设备方面，科荣达通过不断研发创新及关键技术攻关，研制符合国内需求及适航标准的智能检测设备、工艺工装，年平均增幅40%以上。科荣达研制的飞机燃油附件综合测试设备，与美国TESTEK、BAUER等公司产品性能相当，曾中标多个相关项目。

科荣达成立了70余人的研发团队，制定了研发管理制度，从管理、经费、人员及激励各方面给予强有力的支持。科荣达集团拥有核心技术知识产权的有效专利总数228项，其中发明专利16项、实用新型专利85项、软件著作权127项。已取得北京市级企业科技研究开发机构、北京市企业技术中心、北京市知识产权示范单位认证。

五、重大设施建设

科荣达目前重大设施建设为空港新城科荣达 APU 厂房建设，该项目位于陕西省西咸新区空港新城，项目维修厂房建筑面积为 15768 米^2。目前，维修厂房主体结构已全部完成，正在进行内安装工程（电器、消防、通风等）及室外道路设施设备施工，预计于 2023 年 12 月 31 日前完成，厂房竣工验收后将主要用于民用航空辅助动力装置（APU）的检测和维修业务。

深圳中集天达空港设备有限公司

一、企业基本情况

深圳中集天达空港设备有限公司（简称中集天达）成立于1992年，隶属于中国国际海运集装箱（集团）股份有限公司，是一家专门从事空港设备和现代物流设备开发、设计、制造、咨询，以及维修的专业化公司。

中集天达主营产品为全系列旅客登机桥、登船桥及桥载设备（飞机空调、400赫［兹］电源、飞机泊位引导系统）、站坪特种车辆（摆渡车、食品车、升降平台车和货物装卸运输平台等）、自动化仓储物流设备、旅客行李处理系统、自动化立体停车系统等。

中集天达30年的发展历程中，积极应对强大的竞争对手及复杂的国际市场环境，现已发展成为所在业务领域的领先者，是全球空港设备领域三大巨头企业之一。系列产品综合排名全球前列，主力产品登机桥已进入81个国家和地区的380多个机场，交付产品超过7500台，交付产品台数位居世界第一，世界行业排名综合实力第一，全球市场份额近40%，在国内市场占有率达90%以上，并获得2018年国家工业和信息化部"单项冠军产品"认定。中集天达还是中国首个旅客登船桥的制造商，航空货库产品位居全球第二，国内份额超65%，摆渡车销量全球第二、中国第一，平台车、食品车等机场站坪车辆产品均为区域冠军及领先品牌，品牌影响巨大。

二、生产经营情况

中集天达的空港地面设备处于行业领先地位，业务总体保持持续增长，财务表现良好，能持续贡献稳定的营收与利润，并形成了完善的全球销售网络、核心业务方面的技术沉淀和业绩积累，与主要竞争对手相比具备良好的成本及资源优势。

2022年企业资产总额35.70亿元，资产负债率47.15%，营业收入25.60亿元，主营业务收入26.07亿元，主营占比97.91%，利润总额4.30亿元，净利润3.79亿元，研发投入1.21亿元，净资产收益率（ROE）21.87%，资信等级为AAA，财务状况良好。

近5年销售收入和净利润复合增长率分别为13.9%和26.6%，企业盈利能力很强，成长性很好。

三、主要产品

中集天达产品可分为空港设备和物流装备两大业务线，共9大品类，主要产品有全系列旅客登机桥、港口旅客登船桥、飞机泊位引导系统、站坪特种车辆（摆渡车、食品车、升降平台车和货物装卸运输平台等）、机场航空货物处理系统、旅客行李处理系统、自动化仓储物流系统等。

四、产品开发与技术进步

中集天达研发设计能力在同行业内处于领先地位，通过持续创新发展引领了行业技术进步和价值提升，先后研发了多个世界独创的先进技术，主要有：A380高桥4轮驱动控制系统，双桥/三桥防撞控制系统、双桥互控、无人驾驶登机桥等世界领先技术、飞机泊位引导系统技术、飞机舱门识别定位技术、机场地面设备监控系统、无人引导车（AGV）、智能搬运系统、高速密集存储穿梭车系统等核心技术。2022年8月，亚洲首台无人驾驶智能登机桥在成都天府机场率先投入使用。中集天达还推动了行业相关标准的制定，与CAAC、CEN、国际民航组织（ICAO）、国际航空运输协会（IATA）等国内外权威机构密切合作，负责登机桥等产品行业标准制（修）订，为规范行业标准、提升产品质量做出了重大贡献。

中集天达先后成立了3个现代化研发中心，分别为登机桥技术研发中心、物流技术研发中心及GSE研发中心，相应配套数字工程实验室、全球最大登机桥试验场地。拥有世界上最先进的大型机场设备研制设备，先进设计系统Ansys、SOLIDWORKS、MSC-Nastran、Revit、CAE、FlexSim、Demo3D虚拟仿真计算软件等设计工具；以及模块化设计的技术管理理念和成果管理平台。具有专门的架桥调试试验区，可以同时进行7条登机桥的调试试验。

五、国际经济技术合作

对于跨界的产品和创新，中集天达优先采用技术合作的方式，如产学研联合开发等方式实现。在成果转化模式上，中集天达也进行了创新，联合目标用户（比如国际大型机场）一起进行创新成果的应用，协同新产品新技术的工业化和商业化，缩短产品转化的周期，提高产品全生命周期内的商业价值和社会效益。

在国外，也与多家高新技术企业、机场合作进行联合开发，整合产业链和价值链，形成以中集天达及天达产品为核心的创新生态圈，推动创新发展。

六、企业改革改制

公司股东中集天达控股有限公司拟申请首次公开发行股票并在深圳证券交易所创业板上市。目前处于上市辅导阶段，已与中国国际金融股份有限公司正式签订上市服务协议，并完成辅导和报会。预计于2024年在深圳证券交易所创业板挂牌上市。

威海广泰空港设备股份有限公司

一、企业基本情况

威海广泰空港设备股份有限公司（简称威海广泰）创办于1991年，位于山东省威海市，是一家集空港地面设备、消防装备、消防报警设备、特种车辆、无人飞行器等研发制造于一体的多元化上市集团，是全球空港地面设备行业的领跑者，是国内领先的消防装备、消防报警设备、工业级智能无人飞行器研发、制造与服务的专业公司。从缔造中国空港设备行业到多元化产业蓬勃发展，威海广泰始终秉承责任感和使命感，助力我国装备制造业实现创新发展。

威海广泰于2007年1月在深圳证券交易所上市，现已通过质量体系认证、环境体系认证等，是国家创新型企业、国家技术创新示范企业，拥有“国家认定企业技术中心”“国家空港地面设备工程技术研究中心”及“国家地方联合工程实验室”，设立博士后科研工作站。威海广泰注册资本5.3亿元，总资产逾41亿元。

二、生产经营情况

威海广泰拥有一支职业化队伍，员工总数985人，其中泰山产业领军人才1人，享受国务院政府特殊津贴2人，高级职称人员55人，中级职称人员142人，硕士以上学位人员48人。年产值达15亿元，2022年研发投入1.02亿元。

三、主要产品

威海广泰的空港地面设备产品达37个系列348种型号，覆盖机场的机务维修与服务、飞机货运、油料加注、场道维护、客舱服务、机场消防六大作业单元，能为一架飞机配齐所有地面设备。部分主导产品国内市场占有率达40%～60%，是全球空港地面设备品种最全的供应商，产品遍布中国各大航空公司、机场、飞机制造公司和试飞单位。在C919大型客机首架机总装下线、G20杭州峰会元首专机、上海合作组织青岛峰会元首专机等国家重大保障任务过程中，威海广泰以优异的产品设备性能，圆满完成历次保障任务。

四、产品开发与技术进步

目前，威海广泰已获得627项技术专利，其中63项发明专利、2项美国专利、1项欧洲专利，拥有国家级重点新产品16项，取得国家和省部级科技进步奖43项，主持或参与制（修）订并已发布实施国家标准5项、行业标准4项。

五、国际经济技术合作

威海广泰产品出口到亚洲、欧洲、非洲、南美洲和大洋洲的60多个国家和地区。目前空港设备业务正朝着产品国际化、空港设备电动化、打造绿色空港方向努力。

威海广泰始终遵循“以客户价值为导向，持续为客户提供高质量的产品和优质的服务”的质量方针，不断开拓创新，以实际行动为“实现广泰梦，助飞中国梦”和“创世界一流品牌，广泰设备服务全球”的企业愿景做出贡献。

湖北航宇嘉泰飞机设备有限公司

一、企业基本情况

湖北航宇嘉泰飞机设备有限公司成立于2010年12月，注册地湖北襄阳，注册资本9200万元。公司是一家以研发、生产、销售和维修商用飞机座椅和飞机客舱设备为主的国家高新技术企业。

公司是目前国内具备机载设备国际化取证能力并成功实现为国际主流商用飞机制造商配套航空设备的企业，是波音、空客公司线装供应商，同时也是中国商飞、航空工业西飞公司航空旅客座椅供应商，目前为新舟700、ARJ21、C919等国产飞机提供旅客座椅，为国内“两干两支”航空战略顺利推进做出了突出贡献。

公司在2016年正式成为波音公司线装供应商、获得FAA-LODA，成功打通了国际适航的路径，成为具备自主知识产权且产品获得FAA适航批准的波音公司座椅线装供应商。此后公司取得空客线装供应商资质，被中国民用航空局列为中欧适航双边5个先行项目之一，顺利通过EASA POA审查。

二、生产经营情况

（一）总体情况

2022年，公司主营业务收入24656.43万元，利润总额1401.63万元，净利润1373.90万元，资产总额29868.50万元，总资产报酬率4.85%，净资产17334.30万元，净资产收益率8.25%，资产负债率41.96%，所有者权益总额17334.30万元。

（二）主要经营指标近3年变动趋势

净利润和利润总额近3年逐年攀升，尤其是2022年净利润较2020年增加941万元，增幅217.32%，主要是2022年收入较2020年增加9333万元，资产负债率近3年变动趋于平稳。研发经费投入占比近3年逐渐降低，主要是受营业收入逐年增长的影响。

三、主要产品

机载系统和设备方面，主要包括民用飞机公务舱和经济舱的座椅。公司现有KKY420/421型单通道经济舱座椅、KKY140型单通道公务舱座椅、KKY131型电动公务舱座椅等6个型号的座椅产品。

除了商用飞机座椅主业外，公司还着力发展相关延伸产业。产业延伸包括复合材料部件/附件的设计和制造、客舱PMA的开发和维修，以及客舱设备的改装服务。

四、产品开发与技术进步

（一）产品开发

1. 与国航联合定义开发的创新样椅，赢得客户广泛好评；防掉落餐桌、轻型头枕等15项创意功能完成工程化纳入产品平台，丰富了可选功能库。

2. 单通道座椅JT220B和JT220E加入了波音飞机装机选型目录；双通道经济舱座椅完成了平台产品定义、概念设计和方案设计。

3. 电动飞行员座椅、电动VIP座椅和侧向沙发通过详细设计评审，获得客户认可。

4. 年度内与中国商飞累计开展11个科研项目，与中国商飞的合作从项目层面深化为战略合作阶段。

5. 继智能客舱、绿色材料之后，与空客就电源集成和售后市场开拓达成合作协议，与空客的合作范围和深度进一步扩展。

6. 开展单通道高端电动摇篮式公务舱座椅研制，完成产品定义与关键技术研究。

（二）技术进步

1. 全碳座椅、大重量吸能、模拟地板变形、侧向动态、包覆、泡沫自制等关键技术研究实现突破。

2. 智能客舱联合定义的柔性屏集成，形成了展示样椅；初步建设形成了技术创新管理体系。

3. 开展包覆装饰、生产过程控制等核心工艺技术研究，切实提升产品品质。

4. 提升了改装工程服务能力和持续适航技术能力。

成都华太航空科技股份有限公司

一、企业基本情况

成都华太航空科技股份有限公司是国内首批获得民航维修许可证的民营企业之一，主要从事航空机载附件维修、机载设备研制、航空测试设备研制、航材贸易和租赁及交换、加改装、机场和机务地面设备维护与贸易等业务。2022 年，公司总资产近 3 亿元，员工总数 340 人。

公司拥有各类航空专用测试设备，包括欧宇航 ATEC6 综合测试设备、TESTEK 大流量液压泵 / 马达和附件自动测试系统、TESTEK 大流量气动附件综合测试系统、Aeroflex 全套航空电子测试设备、DRUCK 大气数据测试仪等数十台 CMM 手册推荐的专用测试设备。公司构建了符合国际质量标准和 CAAC、FAA、EASA 适航规章的管理体系，已获得 FAA、CAAC、JMM、PMA、MDA、STC、委任工程代表（DER）、航空运营人承修商证书、航材分销商证（含二手件）、柯林斯宇航授权经销商、泰雷兹许可服务中心、AstroNova Aerospace 授权服务中心、贝克授权经销商、斯威特利克授权经销商、佳明授权维修服务中心、钻石系列飞机授权维修中心、钻石 AE 发动机授权服务中心、天发发动机授权维修中心、唯亚威公司（原艾法斯）中国区一级代理等厂家授权与许可，是四川省高新技术企业、国家级专精特新“小巨人”企业、四川省“专精特新”企业、四川省企业技术中心、成都市中小企业成长工程培育企业，担任中国民用航空协会理事单位。

二、生产经营情况

面对 2022 年全国疫情封控，公司坚持“疫情要防住、生产要稳住、安全要抓住”的工作方针，坚持“不裁员”“不降薪”保障员工利益的承诺，全力以赴保障客户需求。2022 年营业收入 21084.25 万元，较为圆满地完成了 2022 年各项经营工作。

三、主要产品

（一）机载设备维修

公司为国内航空用户提供机载部附件的检测、修理、翻修和改装服务，实现了国内主流航空用户全覆盖，综合实力在国内第三方独立维修企业中名列前茅，已成为国内机载部附件维修骨干单位。

公司高度关注技术研发和维修创新，在 30 多年维修经验的基础上不断探索，每年新增维修能力 300 余项，涵盖了通信、导航、飞控、电源、应急设备、液压、气动、客舱及娱乐等 ATA 21 ~ 80 各章节所有分系统部件，公司现有维修能力超 3400 项。

（二）PMA 研制和加改装

研制业务是公司近年来围绕航空相关业务领域探索的新业务。

1. PMA 研制

2022 年，公司 PMA 件研发新增灭火瓶支架、A320/A330 飞机客舱标牌、灰色电话外壳、键盘颗粒、线缆保护罩、座椅衬套、货舱锁扣、空气滤芯等 8 批次 100 多个件号能力。

2. 加改装

公司建立了专业且具有丰富经验的飞机加改装设计团队，能根据航空客户的运营需求，进行专项独立设计，并制定了完整的设计体系与取证流程；能独立完成国内 CAAC MDA/STC 的方案设计、项目管理、持续适航保障与适航取证。2022 年，公司完成成都航空飞机娱乐系统的退租改装、“国王” C90 飞机 ADS-B OUT/IN 加改装，与公司股东电科航电、电科泰雷兹联合完成厦门航空有限公司（简称厦门航空）首架 A321 飞机国产机载娱乐系统的改装，公司独立完成项目所有设计与适航条款确定。

（三）航空测试设备研制

测试保障技术是支撑现代航空工业发展的基础技术之一，涵盖了从航空产品设计、研制到运营保障的全寿命周期过程。目前，公司已形成了航空测试设备、集成验证系统、地面保障设备、数据采集器四大产品门类，产品广泛用于航空、航天、高铁、通信、工业测控等领域。客户对象主要包括国内各科研院所、高校、航空公司、航空维修公司等。

四、产品开发与技术进步

目前，公司拥有有效专利和软件著作权 79 项。其中发明专利 4 件、实用新型专利 50 件、软件著作权 25 件，连续通过“高新技术企业”认定。

2022 年，公司突破重重技术壁垒，不断进行维修能力的拓展，开发项目围绕国内的空客 A320、波音 737NG、波音 787、空客 A330，以及国产 ARJ21 等主流机型进行，部附件维修业务实现 ATA 21 ~ 80 各章节能力全覆盖。

首次完成 CCAR-121 部系统级改装。完成厦门航空首架 A321 飞机国产机载娱乐系统的改装施工、地面试验和 CAAC STC 取证，项目得到厦门航空的高度认可。

PMA 研制。2022 年，PMA 件研发新增 100 余件号能力，自研的 A320 系列空气滤网 PMA 件全年交付气滤产品 486 件，客舱座椅装饰件、小桌板、客舱标牌、货舱锁组件子部件等其他产品交付超过 2000 件。

西安飞豹科技有限公司

一、企业基本情况

西安飞豹科技有限公司成立于 1992 年，是航空工业第一飞机设计研究院投资设立的具有独立法人资格的全资子公司，占地约 73020 米^2，注册资本 2.4 亿元，拥有员工 759 人，近年产值约 7 亿元。公司是国家高新技术企业，被认定为陕西省企业技术中心、西安市企业技术中心，荣获中国产学研合作创新企业、陕西省两化融合典型示范企业、陕西省著名商标等荣誉称号。

二、生产经营情况

2022 年，公司紧紧围绕“提质增效”的工作主题，持续提升经营理念，执行“计划就是纪律”工作要求，着力推进均衡生产和外协管控，坚决提升产品质量和履约水平，完成了全年经营生产任务。

2022 年民用航空类产品实现收入 1.42 亿元，全年完成项目交付 75 项，较 2021 年提高 10%。其中，模型交付 27 套，较 2021 年提高 83%。

三、主要产品

公司目前产业体系分为五大产业，主要产品包括飞机机载设备、飞机地面保障设备、航空工程专用设备、飞行模拟器、飞机试验模型。公司产品服务遍及国内 100 多个科研院所、企业单位，并同时参与多个国家重点项目，良好的研发生产实力，确立了公司在国内航空高端装备制造及仿真模拟产业领域的领先地位。

（一）模拟仿真类产品

公司拥有良好的仿真产品的技术研发设施和试验环境，为仿真产品的研发提供了坚实的基础。目前，公司已成功为国内多家航空公司、科研院所、企业提供了多套优秀的仿真及模拟器类产品，产品涉及航空、船舶、电子、工业等诸多领域，多飞机数据拟合处理及分析、数据库分布式采集系统、模拟器开发运行平台等多项技术已达到国内外领先水平。

（二）试验模型类产品

公司全机吹风试验模型的加工难度及精度均达国内领先水平，为民用飞机的研制做出了重要贡献，并形成在飞机风洞试验吹风模型加工领域的核心竞争力。模型产品范围主要包括测力模型、测压模型、部件模型、超低温试验模型等，近 10 年来参与了国内多个飞机风洞试验模型加工任务，在业内形成良好口碑。

四、产品开发与技术进步

2022 年，公司全年研发经费投入强度再创新高，保障了公司科研项目、预研项目研制工作的有序推进。同时，针对公司批产产品和在研批产产品，紧抓市场机会，开展关键部件的自主化和优化工作，其中，电气与测控新产品研发取得阶段性成果。

公司目前拥有国家有效专利 89 项，包括发明专利 13 项、实用新型专利 60 项、外观专利 3 项、计算机软件著作权 13 项。

未来，公司将继续加强产品的前瞻性规划，时刻关注市场环境、行业趋势及顾客需求，提升产品化水平；从项目必要性、经济性、创新性以及可行性等方面对课题进行科学论证；继续加大技术创新投入，依托创新工作室平台完善技术创新机制，将研发项目考核单列，增强考核的力度；深入挖掘能够形成知识产权的能力和技术，提高自主知识产权拥有量和市场竞争力，多渠道促进知识产权成果转化为实际生产力。

五、国际经济技术合作

公司一直坚持对外交流，引进国际先进技

术，先后与加拿大CAE公司、英国EDM公司开展交流合作，引进国际先进航空模拟器研发技术和生产经验，通过共同研制，完善了西安飞豹航空模拟器研发与集成流程，促进了公司模拟器飞机、视景、操纵负荷、接口等分系统核心技术的发展。

公司从1999年开展对外贸易业务，拥有独立的对外贸易业务代理经营权，自成立以来，按照国家相关法律法规，为行业内科研院所提供外贸全程综合性业务服务，包括技术、原辅材料、机械设备、仪器仪表、零配件的对外贸易代理服务以及货物贸易海关免税服务等。

湖南汉能科技有限公司

一、企业基本情况

湖南汉能科技有限公司成立于 1993 年，注册资金 3330 万元，2019 年入驻株洲市芦淞区，系一家高新技术企业。企业主营业务为航空发动机和燃气轮机试验装备及叶片机地面试验件研制，业务范围涵盖航空发动机和燃气轮机试验装备设计、制造、安装、调试和运营服务等全价值链。

截至 2022 年底，公司有 130 名员工，拥有一支涵盖机械、电气、流体力学等多个专业技术领域、30 余人组成的专业技术队伍，包括硕士、高级工程师等高级人才。公司现有 5 轴加工中心、数控卧镗铣床、三坐标检测等先进生产加工、检测设备。2019 年公司获评国家高新技术企业，2021 年获评湖南省专精特新“小巨人”企业，2022 年 8 月，获评工业和信息化部第四批专精特新“小巨人”企业。

公司已通过 ISO 9001—2015 质量体系认证、ISO 45001—2018 职业健康安全管理体系认证、ISO 14001—2015 环境管理体系认证、GB 29490—2013 企业知识产权管理体系认证。目前公司已获得授权专利 35 项，其中发明专利 10 项、实用新型专利 24 项、软件著作权 1 项；正在申请发明专利 16 项、实用新型专利 1 项。

二、生产经营情况

2020 年度公司销售收入 3868 万元，年度缴税达 712 万元。2021 年实现营收 6537 万元，同比增长 59.1%，2022 年公司实现销售收入 8792 万元。近 3 年来，公司营收保持逐年稳步增长的良好势头。

三、主要产品

湖南汉能科技有限公司的业务板块主要有航空发动机和燃气轮机试验设备、技术服务、研究用试验件和金属零部件加工，其中，航空发动机和燃气轮机试验设备业务收入占比近 90%，系公司的主要业务，主要产品有：整机试车台、压气机试验器、燃烧试验器、涡轮试验器、系统试验器、结构强度试验器、进排气系统试验器。

四、产品开发与技术进步

航空发动机试验设备集成了空气动力学、工程热物理、声学、转子动力学、结构强度、测试、控制等多种现代科学与技术学科，是一个系统性的非标定制化产品，装配工艺复杂，难度大，具有独特的设计和生产制造技术，需要长期的技术研发积累。除专利技术以外，还需具备长期积淀的非公开专有技术和系统集成能力。公司不断积累研究成果，并形成公司独有的核心技术。

1. 一种航空发动机试验台安装系统

该核心技术已经运用于发动机试验件的支撑、进 / 排气导流和排气压力测量探针的旋转驱动等，通过采用移动支架安装试验件技术，既可避免在安装过程中排气锥组件碰撞、损坏旋转测量机构内的压力探针，又能最大限度地保护试验件本体的安全。

2. 一种航空发动机零部件综合试验台、试验方法

该核心技术已经运用到发动机试验件气动性能试验台中，通过对试验件的总压损失、总压畸变、防冰引气管路空气流量进行测量，确定以上参数是否符合设计要求，用于试验件出厂的性能检验。

3. 一种航空发动机燃烧室试验台

该核心技术已经运用到发动机燃烧室性能试验器中，通过对燃烧室的燃烧效率、出口温度场的分布及壁温的分布、贫油熄火边界及地面状态下的点火边界、总压恢复系数等参数进

行测量，确定以上参数是否符合设计要求。

4. 一种试验舱齿啮式快开人孔

该核心技术已经在中科院多个试验台的试验舱中得到了应用和验证。从验证结果来看，结构设计合理，能实现人孔快速开启和关闭，且密封效果好。

5. 一种试验件防冰引气流量装置、试验方法

该核心技术已经运用到发动机试验件防冰引气流量装置中，通过测量在不同压力下流经试验件防冰通道内的空气流量，判断在规定压力下防冰引气流量是否满足设计要求。

第四部分

中国民用航空工业统计数据

1. 综 合 情 况

1.1　全国民用航空工业企业综合情况（见表 1–1）

表 1–1　全国民用航空工业企业综合情况

指　标	计量单位	2022 年	2021 年	指　标	计量单位	2022 年	2021 年
单位数	个	**330**	**194**	**工业总产值**	万元	**33803751**	**41198291**
国有企业	个	30	47	**民用航空产品产值**	万元	**11007016**	**9090704**
有限责任公司	个	194	63	民用飞机（不含无人机）产品产值	万元	1094729	1253255
股份有限公司	个	42	22	民用飞机零部件产品产值	万元	972097	867527
私营公司	个	16	35	民用航空发动机产品产值	万元	105812	3753
其他内资	个			民用航空发动机零部件产品产值	万元	599188	425745
港澳台商投资、外商投资	个	48	27	民用飞机机载系统和设备产值	万元	102988	76810
年平均从业人员人数	万人	**33.8**	**32.2**	民用飞机机载系统和设备及零部件产值	万元	267091	27368
民用飞机（不含无人机）累计交付数量	架	2670	2377	其他民用航空产品及零部件产值	万元	554986	580658
民用飞机（不含无人机）本年交付数量	架	293	233	民用飞机修理产值	万元	1288902	944440
民用飞机（不含无人机）本年交付金额	万元	683868	482559	民用航空发动机修理产值	万元	2043646	1461379
无人机本年交付数量	架	3078562	2988307	其他民用航空产品及零部件修理产值	万元	550942	436871
无人机本年交付金额	万元	1605644	1561654	民用飞机机载系统和设备修理产值	万元	131087	69891
民用飞机（不含无人机）新增确认订单	架	444	281	无人机产品产值	万元	3295549	2943008
民用飞机（不含无人机）新增意向订单	架	–16	80	资产合计	万元	78930359	95418335
无人机新增确认订单	架	2446529	2388457	营业收入	万元	30402152	41627239
无人机新增意向订单	架	919262	896401	**民用航空产品收入**	万元	**9978866**	**9513912**
民用飞机（不含无人机）储备确认订单	架	883	619	营业成本	万元	23850474	34559347

表 1-1（续）

指　标	计量单位	2022 年	2021 年	指　标	计量单位	2022 年	2021 年
民用飞机（不含无人机）储备意向订单	架	1094	1075	利润总额	万元	1725373	2082321
无人机储备确认订单	架	620156	596951	总资产贡献率	%	2.1	2.0
无人机储备意向订单	架	373960	359070	资本保值增值率	%	101.4	105.2
民用航空产品转包生产	—			资产负债率	%	57.2	64.1
民用航空产品转包生产交付金额	**万美元**	**186995**	**131468**	流动资产周转次数	次 / 年	0.6	0.7
民用飞机零部件	万美元	97841	84967	成本费用利润率	%	7.2	6.0
民用发动机零部件	万美元	40020	34326	产品销售率	%	89.9	98.4
民用飞机机载系统和设备及零部件	万美元	13517	2070	民用航空产品固定资产投资	万元	624618	634406
其他民用航空产品及零部件	万美元	35618	10105	民用航空产品（R&D）经费支出	万元	2526421	2410383
民用航空产品转包生产新增订单	**万美元**	**273304**	**85680**				
民用飞机零部件	万美元	184455	47171				
民用发动机零部件	万美元	44156	28967				
民用飞机机载系统和设备及零部件	万美元	14753	2346				
其他民用航空产品及零部件	万美元	29941	7196				
民用航空产品转包生产储备订单	**万美元**	**493961**	**377269**				
民用飞机零部件	万美元	397407	321166				
民用发动机零部件	万美元	53556	51782				
民用飞机机载系统和设备及零部件	万美元	3390	467				
其他民用航空产品及零部件	万美元	39608	3854				

注：为保持统计延续性，将民用飞机和无人机数据分开统计，整套表中的民用飞机指不包含无人机的民用飞机。

1.2　2022 年全国民用航空工业企业主要经济指标（见表 1–2）

表 1–2　2022 年全国民用航空工业企业主要经济指标

指　标	单位数 / 个	全部从业人员人数 / 人	民用航空产品产值 / 万元	民用航空产品销售收入 / 万元	利润总额 / 万元
全国总计	**330**	**337564**	**11007016**	**9978866**	**1725373**
按注册登记类型分					
内资企业	282	287619	3476900	3275525	910194
国有企业	30	69777	353915	302509	308664
有限责任公司	194	157465	2480554	2331856	–863
股份有限公司	42	59130	622236	615795	603466
私营企业	16	1247	20195	25364	–1074
港澳台商投资企业	18	29887	4394236	4082421	848254
外商投资企业	30	20058	3135880	2620920	–33074
按三大经济地带分					
东部地区	156	134144	8743989	7930650	855551
中部地区	73	86323	470842	386740	489537
西部地区	101	117097	1792185	1661475	380285
总计中					
中国航空工业集团有限公司	64	176165	1104103	1007226	832455
中国商用飞机有限责任公司	6	17296	926585	1007219	–491460
中国航空发动机集团有限公司	14	56784	330207	271223	350702
中国航天科工集团有限公司	1	340	16167	16167	2209
中国电子科技集团有限公司	2	367	16628	54019	1698
地方民用航空工业企业	243	86612	8613326	7623012	1029769

1.3　2022 年各地区民用航空工业企业主要经济指标（见表 1–3）

表 1–3　2022 年各地区民用航空工业企业主要经济指标

地　区	单位数 / 个	全部从业人员人数 / 人	民用航空产品产值 / 万元	民用航空产品销售收入 / 万元	利润总额 / 万元
全国总计	**330**	**337564**	**11007016**	**9978866**	**1725373**
北　京	17	19494	803217	815924	94994
天　津	4	3379	125371	84539	–9366
河　北	2	943	31138	29917	–2337
辽　宁	8	28359	218405	199973	307044
吉　林	2	690	141	192	1821
黑龙江	7	14928	105771	22769	97384
上　海	11	24844	937054	1015910	–491347
江　苏	41	15646	612604	421458	160345
浙　江	30	4205	84858	91955	–140541
安　徽	11	3229	19890	20378	31214
福　建	10	5587	961595	697852	90313
江　西	16	13714	62193	56468	–55743
山　东	8	4801	170644	163142	38496
河　南	8	27519	20462	24259	307886
湖　北	8	7699	203873	178997	61954
湖　南	20	16947	58413	81048	45021
广　东	25	26886	4799104	4409980	807949
重　庆	4	451	112498	46097	2996
四　川	36	43498	1104666	1019148	102373
贵　州	14	7920	86769	87296	128501
陕　西	43	62826	482848	504412	143897
甘　肃	3	2330	5065	4523	2387
其他省份	2	1669	439	2628	131
总计中					
中国航空工业集团有限公司	64	176165	1104103	1007226	832455
中国商用飞机有限责任公司	6	17296	926585	1007219	–491460
中国航空发动机集团有限公司	14	56784	330207	271223	350702
中国航天科工集团有限公司	1	340	16167	16167	2209
中国电子科技集团有限公司	2	367	16628	54019	1698
地方民用航空工业企业	243	86612	8613326	7623012	1029769

1.4　2022 年全国民用航空工业企业分布（见表 1-4）

表 1-4　2022 年全国民用航空工业企业分布

个

	企业数	按注册登记类型分类						总计中						按从业人员数量分类			
		国有	有限责任公司	股份有限公司	私营	港澳台	外资	中航工业	中国商飞	中国航发	航天科工	中国电科	地方民用航空	300 人以下	300 ~ 1000 人	1000 ~ 2000 人	2000 人以上
全国总计	**330**	**30**	**194**	**42**	**16**	**18**	**30**	**64**	**6**	**14**	**1**	**2**	**243**	**202**	**68**	**24**	**36**
北　京	17	3	11	1	0	0	2	4	1	2	0	0	10	11	3	1	2
天　津	4	0	2	0	0	1	1	2	0	0	0	0	2	1	2	1	0
河　北	2	0	2	0	0	0	0	2	0	0	0	0	0	1	1	0	0
辽　宁	8	1	3	0	4	0	0	2	0	1	0	0	5	5	0	0	3
吉　林	2	0	2	0	0	0	0	1	0	1	0	0	0	1	1	0	0
黑龙江	7	0	4	1	1	1	0	1	0	1	0	0	5	3	2	0	2
上　海	11	7	3	0	1	0	0	4	5	1	0	0	1	2	2	3	4
江　苏	41	5	17	4	2	3	10	5	0	1	1	1	33	27	11	2	1
浙　江	30	0	28	0	0	0	2	1	0	0	0	0	29	27	2	1	0
安　徽	11	0	6	3	2	0	0	1	0	0	0	0	10	8	2	1	0
福　建	10	0	2	0	0	5	3	0	0	0	0	0	10	7	2	0	1
江　西	16	1	13	1	0	0	1	2	0	0	0	0	14	13	1	0	2
山　东	8	1	4	2	0	1	0	1	0	0	0	0	7	4	3	1	0
河　南	8	1	5	2	0	0	0	3	0	0	0	0	5	4	1	0	3
湖　北	8	2	4	1	0	1	0	4	0	0	0	0	4	4	2	1	1
湖　南	20	1	13	5	0	1	0	1	0	4	0	0	15	14	2	1	3
广　东	25	1	7	5	3	3	6	2	0	0	0	0	23	16	5	2	2
重　庆	4	0	2	1	0	0	1	0	0	0	0	0	4	4	0	0	0
四　川	36	3	19	8	1	2	3	7	0	1	0	1	27	16	16	1	3
贵　州	14	0	12	1	0	0	1	4	0	1	0	0	9	7	3	3	1
陕　西	43	4	32	7	0	0	0	14	0	1	0	0	28	25	7	3	8
甘　肃	3	0	2	0	1	0	0	2	0	0	0	0	1	1	0	2	0
其他省份	2	0	1	0	1	0	0	1	0	0	0	0	1	1	0	1	0

2. 产品交付、新增和储备订单及转包生产情况

2.1　全国民用航空产品交付情况（见表 2–1）

表 2–1　全国民用航空产品交付情况

产品名称	计量单位	2022 年	2021 年	2020 年	2019 年	2018 年	2022 年同比增长 /%
民用航空产品交付金额总计	**万元**	**7627511.89**	**6721679**	**5510115**	**7202472**	**6714089**	**13.48**
民用飞机（不含无人机）整机	万元	683868.48	482559	583134	340734	322742	41.72
其中：引进总装线生产飞机	万元	71220.00	61951	50142	80249	74605	14.96
民用航空发动机整机	万元	15926.99	3241	412	305	409	391.46
民用飞机零部件	万元	889740.07	831506	981538	1114839	1219956	7.00
民用飞机机载系统和设备	万元	81663.44	52624	21626	9326	16986	55.18
民用航空发动机零部件	万元	571115.74	309227	339005	657215	581789	84.69
其他民用航空产品及零部件	万元	304145.99	585712	455025	398538	315456	–48.07
民用飞机机载系统和设备及零部件	万元	263448.84	26259	37182	32140	20649	903.29
民用飞机修理（不含发动机）	万元	700619.04	926901	508077	1485976	1563647	–24.41
其中：民用飞机拆解	万元	529.00	—	—	—	—	—
民用航空发动机修理	万元	2043745.55	1445923	1313817	1610439	1156371	41.35
民用飞机机载系统和设备修理	万元	138632.26	35288	84800	125725	18277	292.86
其他民用航空产品及零部件修理	万元	328961.82	460785	302361	376010	329897	–28.61
无人机产品	万元	1605643.67	1561654	883139	1051226	1167910	2.82

2.2 各地区民用航空产品交付情况（见表 2–2）

表 2–2 各地区民用航空产品交付情况

地 区	2022 年交付金额 / 万元	2021 年交付金额 / 万元	2020 年交付金额 / 万元	2019 年交付金额 / 万元	2018 年交付金额 / 万元	2022 年同比增长 /%
全国总计	**7627512**	**6721679**	**5510115**	**7202472**	**6714089**	**13.48**
北 京	788527	842931	895205	1053204	850131	–6.45
天 津	83783	113833	90585	84104	88531	–26.40
河 北	29730	23444	19084	8592	13305	26.81
辽 宁	215406	283421	220414	356742	263175	–24.00
吉 林	145	—	—	—	—	—
黑龙江	74457	99384	121361	90862	10095	–25.08
上 海	563968	331329	400376	275783	233914	70.21
江 苏	403656	128288	104722	149316	171696	214.65
浙 江	56244	70596	70886	64926	58891	–20.33
安 徽	20453	8240	4812	4060	2851	148.21
福 建	699198	162979	123817	634458	734317	329.01
江 西	25125	24248	14523	29396	54146	3.62
山 东	157207	273691	238935	177504	167200	–42.56
河 南	17141	8606	7299	8255	10033	99.18
湖 北	39305	173190	143414	123943	103553	–77.31
湖 南	37569	66814	35559	44493	65116	–43.77
广 东	2803703	2723462	1801751	2521941	2351209	2.95
重 庆	110185	—	—	—	—	—
四 川	1024352	1026615	748039	981848	544422	–0.22
贵 州	65621	21560	58169	114340	91636	204.36
陕 西	407303	334314	402592	465212	892906	21.83
甘 肃	4335	4575	7947	12108	5040	–5.25
其他省份	100	157	281	325	1045	–36.31
总计中						
中国航空工业集团有限公司	926972	1009119	1044150	1149989	1300870	–8.14
中国商用飞机有限责任公司	561194	314758	397137	275320	229800	78.29
中国航空发动机集团有限公司	255127	234397	269875	519608	402175	8.84
中国航天科工集团有限公司	16167	14056	16861	15194	16011	15.02
中国电子科技集团有限公司	16628	12350	20155	24842		34.64
地方民用航空工业企业	5851424	5136999	3761936	5217519	4765233	13.91

2.3　全国民用航空产品转包生产情况（见表 2–3）

表 2–3　全国民用航空产品转包生产情况

	2022 年 / 万美元	2021 年 / 万美元	2020 年 / 万美元	2019 年 / 万美元	2018 年 / 万美元	2022 年同比增长 /%
交付金额	**186995**	**131468**	**153609**	**256151**	**182308**	**42.24**
民用飞机零部件	97841	84967	79069	143833	105797	15.15
民用发动机零部件	40020	34326	38876	70122	68415	16.59
民用飞机机载系统和设备及零部件	13517	2070	4891	10290	845	553.00
其他民用航空产品及零部件	35618	10105	30773	31906	7251	252.49
新增订单金额	**273304**	**85680**	**103690**	**223291**	**220909**	**218.98**
民用飞机零部件	184455	47171	42614	110686	137072	291.04
民用发动机零部件	44156	28967	37642	72837	77770	52.43
民用飞机机载系统和设备及零部件	14753	2346	757	6873	736	528.86
其他民用航空产品及零部件	29941	7196	22678	32895	5332	316.06
储备订单金额	**493961**	**377269**	**398662**	**468307**	**541617**	**30.93**
民用飞机零部件	397407	321166	320419	357626	477878	23.74
民用发动机零部件	53556	51782	46791	62423	60723	3.43
民用飞机机载系统和设备及零部件	3390	467	225	1045	425	625.91
其他民用航空产品及零部件	39608	3854	31228	47213	2591	927.79

2.4 各地区民用航空产品转包生产交付情况（见表 2–4）

表 2–4 各地区民用航空产品转包生产交付情况

	2022 年 / 万美元	2021 年 / 万美元	2020 年 / 万美元	2019 年 / 万美元	2018 年 / 万美元	2022 年同比 增长 /%
全国总计	**186995**	**131468**	**153609**	**256150**	**182308**	**42.24**
北 京	2575	2439	3136	11551	4840	5.58
天 津	0	0	0	0	109	—
河 北	0	0	0	—	—	—
辽 宁	25162	30751	29671	50641	42292	–18.18
吉 林	0	—	—	—	—	—
黑龙江	6684	6182	7858	11151	10476	8.12
上 海	5883	1805	2288	8309	9970	225.89
江 苏	15047	6186	2797	3114	2253	143.23
浙 江	5581	1601	3795	7157	4771	248.65
安 徽	589	309	27	81	48	90.32
福 建	0	0	0	—	—	—
江 西	2118	134	763	1213	2958	1480.60
山 东	0	0	172	0	122	—
河 南	196	178	174	332	304	10.11
湖 北	0	195	21	0	0	–100.00
湖 南	2090	1962	4464	4255	8792	6.52
广 东	24189	0	28054	23264	1652	—
重 庆	0	—	—	—	—	—
四 川	40046	32673	31787	60052	32289	22.57
贵 州	8306	4991	8254	16525	12383	66.44
陕 西	48529	42062	30096	58052	48616	15.37
甘 肃	0	0	252	453	433	—
其他省份	0	0	0	0	0	—
总计中						
中国航空工业集团有限公司	94306	88164	76888	135453	90561	6.97
中国商用飞机有限责任公司	5855	1712	2288	8309	9679	241.94
中国航空发动机集团有限公司	37002	32247	36034	68524	63551	14.75
中国航天科工集团有限公司	2210	2205	0	0	109	0.22
中国电子科技集团有限公司	0	0	0	0		
地方民用航空工业企业	47622	7139	38399	43864	18409	567.04

2.5　各地区民用航空产品转包生产新增情况（见表 2–5）

表 2–5　各地区民用航空产品转包生产新增情况

	2022 年 / 万美元	2021 年 / 万美元	2020 年 / 万美元	2019 年 / 万美元	2018 年 / 万美元	2022 年同比增长 /%
全国总计	**273304**	**85680**	**103690**	**223290**	**220909**	**218.98**
北　京	3587	2735	3355	11636	3612	31.13
天　津	0	0	0	0	120	—
河　北	0	0	0	—	—	—
辽　宁	29106	42724	35203	38227	47217	–31.87
吉　林	0	—	—	—	—	—
黑龙江	3547	3148	2205	0	1709	12.67
上　海	263	93	0	0	46664	182.80
江　苏	12668	1437	550	112	1830	781.61
浙　江	5844	2356	4066	7125	4771	148.09
安　徽	468	217	0	21	0	116.01
福　建	0	0	0	—	—	—
江　西	200	0	610	767	2287	—
山　东	0	0	112	0	436	—
河　南	224	17	174	332	304	1217.65
湖　北	0	485	43	0	0	–100.00
湖　南	3946	2384	3774	4596	8034	65.52
广　东	21586	0	18796	28733	0	—
重　庆	0	—	—	—	—	—
四　川	33648	10697	9526	80577	23649	214.55
贵　州	17248	4438	7865	10584	12482	288.63
陕　西	140970	14950	17089	40052	67286	842.94
甘　肃	0	0	322	528	508	—
其他省份	0	0	0	0	0	—
总计中						
中国航空工业集团有限公司	183684	49527	39561	104919	85836	270.88
中国商用飞机有限责任公司	0	0	0	0	46497	—
中国航空发动机集团有限公司	34031	28538	35416	72888	73852	19.25
中国航天科工集团有限公司	3305	1357	0	0	120	143.61
中国电子科技集团有限公司	0	0	0	0	—	—
地方民用航空工业企业	52284	6258	28713	45483	14604	735.43

2.6 各地区民用航空产品转包生产储备情况（见表 2–6）

表 2–6 各地区民用航空产品转包生产储备情况

	2022 年 / 万美元	2021 年 / 万美元	2020 年 / 万美元	2019 年 / 万美元	2018 年 / 万美元	2022 年同比增长 /%
全国总计	**493961**	**377269**	**398662**	**468306**	**541617**	**30.93**
北　京	2907	1625	1029	2230	2691	78.88
天　津	0	0	0	0	0	—
河　北	0	0	0	—	—	—
辽　宁	24210	40244	32510	28130	42276	–39.84
吉　林	0	—	—	—	—	—
黑龙江	0	3137	6171	11824	13421	–100.00
上　海	94224	99064	60225	62513	70822	–4.89
江　苏	3330	1535	5200	0	3013	116.91
浙　江	1673	0	100	100	0	—
安　徽	102	0	0	14	0	—
福　建	0	0	0	—	—	—
江　西	1300	0	100	103	782	—
山　东	0	0	0	0	320	—
河　南	232	204	138	357	282	13.73
湖　北	0	263	0	0	0	–100.00
湖　南	2961	1105	739	1724	4877	167.96
广　东	38982	0	23569	44843	0	—
重　庆	0	—	—	—	—	—
四　川	25420	29099	47444	77446	153205	–12.64
贵　州	16775	8814	586	5146	387	90.32
陕　西	281845	192178	220607	233212	248898	46.66
甘　肃	0	0	244	664	643	—
其他省份	0	0	0	0	0	—
总计中						
中国航空工业集团有限公司	298755	224863	265913	294743	407702	32.86
中国商用飞机有限责任公司	94224	99064	60225	62513	70822	–4.89
中国航空发动机集团有限公司	40244	43053	48408	59820	55803	–6.52
中国航天科工集团有限公司	2219	815	0	0	0	172.19
中国电子科技集团有限公司	0	0	0	0	—	—
地方民用航空工业企业	58519	9473	24116	51230	7290	517.71

3. 生产销售总值

3.1　全国民用航空工业企业生产销售总值（见表 3–1）

表 3–1　全国民用航空工业企业生产销售总值

指标名称	计量单位	2022 年	2021 年	2020 年	2019 年	2018 年	2022 年同比增长 /%
工业总产值（当年价格）	万元	**33803751**	**41198291**	**34680259**	**34621107**	**30151126**	**–17.95**
民用航空产品产值	万元	**11007016**	**9090704**	**7649638**	**8649559**	**7771108**	**21.08**
其中：民用飞机（不含无人机）产品产值	万元	1094729	1253255	1217095	792291	646207	–12.65
民用飞机零部件产品产值	万元	972097	867527	758746	1254284	1399495	12.05
民用航空发动机产品产值	万元	105812	3753	798	8547	1045	2719.30
民用航空发动机零部件产品产值	万元	599188	425745	379070	696575	610114	40.74
民用飞机机载系统和设备产值	万元	102988	76810	46147	23646	7733	34.08
民用飞机机载系统和设备及零部件产值	万元	267091	27368	36795	41470	16420	875.92
其他民用航空产品及零部件产值	万元	554986	580658	461261	457681	302279	–4.42
民用飞机修理产值	万元	1288902	944440	869938	1542297	1583810	36.47
其中：民用飞机拆解	万元	529	—	—	—	—	—
民用航空发动机修理产值	万元	2043646	1461379	1314630	1610218	1159542	39.84
其他民用航空产品及零部件修理产值	万元	550942	436871	357599	416808	355312	26.11
民用飞机机载系统和设备修理产值	万元	131087	69891	67248	116284	28904	87.56
无人机产品产值	万元	3295549	2943008	2140311	1689460	1660248	11.98
工业销售产值（当年价格）	万元	**30394178**	**40542192**	**35491603**	**34085498**	**29051208**	**–25.03**
其中：出口交货值	万元	5484988	4232561	3653339	4990739	4690301	29.59
民用航空产品出口交货值	万元	3919578	2854144	2729162	3038204	—	37.33
全部从业人员年平均人数	人	**337564**	**321629**	**342869**	**360014**	**353254**	**4.95**

3.2 2022 年各地区民用航空产品产值（见表 3–2）

表 3–2 2022 年各地区民用航空产品产值

地区	单位数 / 个	民用航空产品产值 / 万元	各地占总计 /%	民用航空产品产值比上年增长 /%	民用飞机产品产值（不含无人机）/ 万元	民用飞机零部件产品产值 / 万元	民用航空发动机产品产值 / 万元	民用航空发动机零部件产品产值 / 万元	民用飞机机载系统和设备产值 / 万元	民用飞机机载系统和设备零部件产值 / 万元	其他民用航空产品及零部件产值 / 万元	民用飞机修理产值（不含发动机）/ 万元	民用航空发动机修理产值 / 万元	其他民用航空产品及零部件修理产值 / 万元	民用飞机机载系统和设备修理产值 / 万元	无人机产品产值 / 万元
全国总计	**330**	**11007016**	**100.00**	**21.08**	**1094729**	**972097**	**105812**	**599188**	**102988**	**267091**	**554986**	**1288902**	**2043646**	**550942**	**131087**	**3295549**
北　京	17	803217	7.30	−10.07	0	20077	0	24246	0	0	24781	394762	207532	120914	10361	543
天　津	4	125371	1.14	1.78	72824	40263	0	0	0	2762	8674	848	0	0	0	0
河　北	2	31138	0.28	40.58	15215	4635	0	0	0	0	10369	911	0	8	0	0
辽　宁	8	218405	1.98	−23.87	0	183005	0	30496	0	0	2652	0	0	0	0	2252
吉　林	2	141	0.00	—	0	0	0	0	0	0	77	64	0	0	0	0
黑龙江	7	105771	0.96	12.03	24426	58987	0	4249	0	0	2659	0	0	15450	0	0
上　海	11	937054	8.51	−4.65	886179	40406	0	6208	1509	0	2752	0	0	0	0	0
江　苏	41	612604	5.57	377.69	0	20516	398	253809	5575	73327	210412	27	0	105	7347	41088
浙　江	30	84858	0.77	11.96	10705	10151	0	9019	0	20	45390	0	0	0	0	9573
安　徽	11	19890	0.18	167.17	0	0	3586	16156	118	30	0	0	0	0	0	0
福　建	10	961595	8.74	490.01	0	0	0	0	0	0	0	398408	509444	53743	0	0
江　西	16	62193	0.57	90.55	6522	41729	0	0	0	0	4876	2402	0	1231	0	5433
山　东	8	170644	1.55	−36.64	0	5606	0	1840	4037	2131	66000	77065	0	1860	12104	0
河　南	8	20462	0.19	100.50	0	3918	0	9	0	12813	0	0	0	0	0	3722
湖　北	8	203873	1.85	29.31	720	0	0	0	28337	137	204	34109	0	135883	2470	2013
湖　南	20	58413	0.53	−71.24	1440	4589	6281	11159	231	2591	26165	0	0	915	0	5042
广　东	25	4799104	43.60	18.96	53920	20063	0	0	20318	32220	3836	346132	904889	174143	74967	3168615
重　庆	4	112498	1.02	—	0	0	7594	0	0	102689	0	0	0	2215	0	0
四　川	36	1104666	10.04	−2.85	201	277818	87954	48019	28227	6243	120294	17866	421781	25174	16528	54561

表 3–2（续）

地区	单位数/个	民用航空产品产值/万元	各地占总计/%	民用航空产品产值比上年增长/%	民用飞机产品产值（不含无人机）/万元	民用飞机零部件产品产值/万元	民用航空发动机产品产值/万元	民用航空发动机零部件产品产值/万元	民用飞机机载系统和设备产值/万元	民用飞机机载系统和设备零部件产值/万元	其他民用航空产品及零部件产值/万元	民用飞机修理产值（不含发动机）/万元	民用航空发动机修理产值/万元	其他民用航空产品及零部件修理产值/万元	民用飞机机载系统和设备修理产值/万元	无人机产品产值/万元
贵　州	14	86769	0.79	68.35	0	1544	0	53271	13851	1729	16374	0	0	0	0	0
陕　西	43	482848	4.39	17.34	22238	238790	0	140707	785	28437	9471	16307	0	18617	7309	187
甘　肃	3	5065	0.05	−17.98	0	0	0	0	0	1862	0	0	0	683	0	2520
其他省份	2	439	0.00	−36.31	339	0	0	0	0	100	0	0	0	0	0	0
总计中																
中国航空工业集团有限公司	64	1104103	10.03	−3.80	123460	733870	398	21063	40202	46344	71596	19711	0	34758	7329	5371
中国商用飞机有限责任公司	6	926585	8.42	−4.10	886179	40406	0	0	0	0	0	0	0	0	0	0
中国航空发动机集团有限公司	14	330207	3.00	32.94	0	24188	82775	187847	0	0	35397	0	0	0	0	0
中国航天科工集团有限公司	1	16167	0.15	15.02	0	15580	0	587	0	0	0	0	0	0	0	0
中国电子科技集团有限公司	2	16628	0.15	−64.63	0	0	0	0	16628	0	0	0	0	0	0	0
地方民用航空工业企业	243	8613326	78.25	29.19	85090	158053	22639	389691	46158	220747	447992	1269191	2043646	516184	123758	3290178

3.3 2022 年各地区民用航空工业企业销售情况（见表 3–3）

表 3–3 2022 年各地区民用航空工业企业销售情况

地 区	工业总产值 / 万元	工业销售产值 / 万元	同比增长 /%	出口交货值 / 万元	同比增长 /%）	工业产品产销率 /%
全国总计	**33803751**	**30394178**	**–25.03**	**5484988**	**29.59**	**89.91**
北 京	2237537	2097052	–1.42	143610	–22.66	93.72
天 津	125371	120418	–53.08	116808	31.87	96.05
河 北	42389	38937	–65.05	0	—	91.86
辽 宁	2736073	2502792	–56.41	84750	–42.47	91.47
吉 林	31041	35072	—	0	—	—
黑龙江	985678	861476	–70.10	525	–98.98	87.40
上 海	1120742	1169845	–10.08	57696	160.88	104.38
江 苏	2715553	1927487	149.24	385483	181.39	70.98
浙 江	278614	235892	–9.63	43527	19.73	84.67
安 徽	190005	181435	58.66	3525	—	95.49
福 建	961595	770465	372.74	717041	348.94	80.12
江 西	1795195	1911567	–41.64	3591	682.35	106.48
山 东	382245	367850	16.85	51946	1140.06	96.23
河 南	2804325	2726108	204.54	80501	66.75	97.21
湖 北	624001	451562	–12.93	33600	36.05	72.37
湖 南	1315120	1237564	–2.16	17330	–15.66	94.10
广 东	4732941	4488821	19.34	2457620	33.14	94.84
重 庆	117079	102689	—	2745	—	—
四 川	2169612	1832665	–77.54	985210	–11.22	84.47
贵 州	1101615	1011884	–6.78	89971	35.84	91.85
陕 西	7288457	6276695	–14.42	209368	–26.28	86.12
甘 肃	45515	43337	–60.38	0	—	95.21
其他省份	3050	2566	–97.20	141	–26.94	84.13
总计中						
中国航空工业集团有限公司	14432923	13047330	–49.46	895070	–24.40	90.40
中国商用飞机有限责任公司	926585	972588	41.61	51377	370.70	104.96
中国航空发动机集团有限公司	7539026	6937613	10.73	254006	0.04	92.02
中国航天科工集团有限公司	21051	21051	10.77	0		100.00
中国电子科技集团有限公司	16628	16628	–60.15	0		100.00
地方民用航空工业企业	10867538	9398967	21.81	4284535	53.91	86.49

4. 主要经济指标

4.1　全国民用航空工业企业主要经济指标（见表 4–1）

表 4–1　全国民用航空工业企业主要经济指标

指标名称	计量单位	2022 年	2021 年	2020 年	2019 年	2018 年	2022 年同比增长/%
一、年末资产负债							
流动资产合计	万元	54055678	68668129	48146331	45845959	36825006	−21.28
流动资产年平均余额	万元	49680665	56341248	45565735	41701744	33784327	−11.82
固定资产合计	万元	12399204	12679909	11443358	13046305	11716729	−2.21
固定资产原价	万元	20526723	22674676	21556486	22338554	18359330	−9.47
其中：生产经营用	万元	17508921	20582762	18731443	17490550	15770143	−14.93
固定资产净值年平均余额	万元	10522947	11728346	10684843	11517384	9779222	−10.28
资产总计	万元	78930359	95418335	73144009	72145235	59109375	−17.28
负债合计	万元	45134549	61149796	40555825	41347265	35213888	−26.19
所有权益合计	万元	34725239	34261626	32563860	30758914	23841404	1.35
其中：实收资本	万元	16598573	17298286	15188655	15362821	11960390	−4.04
二、损益及分配							
营业收入	万元	30402152	41627239	37215081	36645115	31139390	−26.97
其中：民用航空产品收入	万元	9978866	9513912	7839041	9138637	7595315	4.89
营业成本	万元	23850474	34559347	31347365	30120440	26244842	−30.99
其中：民用航空产品成本	万元	7842133	7013100	5675470	6465051		11.82
税金及附加	万元	201014	127716	154029	156439		57.39
主营业务税金及附加	万元					129040	
其他业务利润	万元					116041	

表 4-1（续）

指标名称	计量单位	2022 年	2021 年	2020 年	2019 年	2018 年	2022 年同比增长/%
营业利润	万元	1698017	2075901	1873739	1751727	1401613	-18.20
销售费用	万元	534618	449974	464778	488877		18.81
营业费用	万元					550548	
管理费用	万元	2005000	2106362	2055157	2242149	2678249	-4.81
研发费用	万元	1887017	1701264	1349941	1366940		10.92
财务费用	万元	144099	145343	316983	383601	271474	-0.86
其中：利息支出	万元	267286	268998	370762	409639	334469	-0.64
补贴收入	万元	151074	126425	171723	112520	115951	19.50
利润总额	万元	1725373	2082321	1907009	1749861	1464959	-17.14
应交所得税	万元	257002	347420	301147	247989	226234	-26.03
三、其他							
本年应交增值税	万元	765653	302014	293563	241448	268704	153.52
本年民用航空产品固定资产投资额	万元	624618	634406	613545	611386	439980	-1.54
全部从业人员人数	人	296636	324027	340758	363233	355381	-8.45
其中：工程技术人员	人	82231	88453	86461	91018	86115	-7.03
其中：研究与实验发展人员	人	70153	75212	71992	70615	65070	-6.73
本年民用航空产品研究与实验发展经费支出	万元	2526421	2410383	2287604	1940655	1456894	4.81
拥有民用航空产品发明专利数	件	10828	10539	9054	7561		2.74
其中：当年民用航空产品发明专利授权数	件	3090	2526	2066	1603		22.33

4.2　2022 年各地区民用航空产品收入（见表 4–2）

表 4–2　2022 年各地区民用航空产品收入

地　区	民用航空产品收入 / 万元	各地占总计 /%	营业收入 / 万元	同比增长 /%	民用航空产品销售收入占营业收入比重 /%
全国总计	**9978866**	**100.00**	**30402152**	**–26.97**	**32.82**
北　京	815924	8.18	2356666	7.03	34.62
天　津	84539	0.85	89194	–67.82	94.78
河　北	29917	0.30	41845	–66.50	71.49
辽　宁	199973	2.00	2390711	–56.29	8.36
吉　林	192	0.00	40069	—	0.48
黑龙江	22769	0.23	963777	–47.69	2.36
上　海	1015910	10.18	2196956	1.91	46.24
江　苏	421458	4.22	2561177	227.01	16.46
浙　江	91955	0.92	358917	11.88	25.62
安　徽	20378	0.20	202430	58.20	10.07
福　建	697852	6.99	799050	391.67	87.34
江　西	56468	0.57	1968277	–44.04	2.87
山　东	163142	1.63	431913	–3.83	37.77
河　南	24259	0.24	1948462	118.48	1.25
湖　北	178997	1.79	637437	18.18	28.08
湖　南	81048	0.81	1670615	21.99	4.85
广　东	4409980	44.19	4834165	15.43	91.23
重　庆	46097	0.46	56498	—	81.59
四　川	1019148	10.21	2450508	–70.61	41.59
贵　州	87296	0.87	925278	–21.56	9.43
陕　西	504412	5.05	3346181	–55.30	15.07
甘　肃	4523	0.05	123930	12.67	3.65
其他省份	2628	0.03	8098	–94.60	32.45
总计中					
中国航空工业集团有限公司	1007226	10.09	10588916	–57.75	9.51
中国商用飞机有限责任公司	1007219	10.09	1053218	–2.82	95.63
中国航空发动机集团有限公司	271223	2.72	7727669	15.54	3.51
中国航天科工集团有限公司	16167	0.16	21051	10.77	76.80
中国电子科技集团有限公司	54019	0.54	115601	153.25	46.73
地方民用航空工业企业	7623012	76.39	10895696	24.82	69.96

4.3 全国民用航空工业企业经济效益综合指数（见表 4–3）

表 4–3 全国民用航空工业企业经济效益综合指数

指标名称	单位	2022 年	2021 年	2020 年	2019 年	2018 年	2022 年比上年增减（+–）
总资产贡献率	%	2.1	2.0	4.1	3.9	3.9	0.1
资本保值增值率	%	101.4	105.2	105.9	129.0	102.1	–3.9
资产负债率	%	57.2	64.1	55.4	57.3	59.6	–6.9
流动资产周转率	次 / 年	0.6	0.7	87.6	88.7	89.2	–0.1
成本费用利润率	%	7.2	6.0	6.1	5.8	5.6	1.2
产品销售率	%	89.9	98.4	102.3	102.3	98.6	–8.5

4.4　2022 年各地区民用航空工业企业收入成本及效益（见表 4–4）

表 4–4　2022 年各地区民用航空工业企业收入成本及效益

地　区	营业收入 / 万元	同比增长 /%	营业成本 / 万元	同比增长 /%	利润总额 / 万元	同比增长 /%
全国总计	**30402152**	**–26.97**	**23850474**	**–30.99**	**1725373**	**–17.14**
北　京	2356666	7.03	1986999	11.09	94994	–38.02
天　津	89194	–67.82	78689	–63.68	–9366	–153.86
河　北	41845	–66.50	34576	–64.20	–2337	–114.09
辽　宁	2390711	–56.29	2247711	–55.63	307044	76.57
吉　林	40069		30212		1821	
黑龙江	963777	–47.69	734148	–53.70	97384	38.17
上　海	2196956	1.91	2582712	22.06	–491347	39.46
江　苏	2561177	227.01	1989479	245.58	160345	215.03
浙　江	358917	11.88	277494	20.99	–140541	–710.04
安　徽	202430	58.20	121669	47.94	31214	43.67
福　建	799050	391.67	667796	540.10	90313	222.52
江　西	1968277	–44.04	1812936	–43.50	–55743	–146.56
山　东	431913	–3.83	329186	0.07	38496	29.79
河　南	1948462	118.48	1242654	71.00	307886	331.79
湖　北	637437	18.18	493011	38.58	61954	42.24
湖　南	1670615	21.99	1421045	32.20	45021	–26.86
广　东	4834165	15.43	2268363	14.54	807949	–4.35
重　庆	56498		40571		2996	
四　川	2450508	–70.61	1982211	–73.30	102373	–55.63
贵　州	925278	–21.56	664313	–23.80	128501	10.71
陕　西	3346181	–55.30	2748830	–58.10	143897	–58.24
甘　肃	123930	12.67	89759	10.57	2387	–76.51
其他省份	8098		6113		131	
总计中						
中国航空工业集团有限公司	10588916	–57.75	8319202	–62.36	832455	–17.49
中国商用飞机有限责任公司	1053218	–2.82	1628553	31.28	–491460	20.88
中国航空发动机集团有限公司	7727669	15.54	6853970	17.76	350702	8.82
中国航天科工集团有限公司	21051	10.77	19879	40.22	2209	11.21
中国电子科技集团有限公司	115601	153.25	91046	167.69	1698	–151.22
地方民用航空工业企业	10895696	24.82	6937825	29.69	1029769	–11.15

4.5 2022 年各地区民用航空工业固定资产投资和研发投入（见表 4–5）

表 4–5 2022 年各地区民用航空工业固定资产投资和研发投入

地 区	民用航空产品研究与试验发展经费支出 / 万元	同比增长 /%	民用航空产品固定资产投资 / 万元	同比增长 /%
全国总计	**2526421**	**4.81**	**624618**	**–1.54**
北 京	24820	13.64	33878	–4.46
天 津	5895	–52.54	11298	–46.05
河 北	2588	–59.45	825	15.71
辽 宁	8928	–49.32	439	–93.29
吉 林	441			
黑龙江	44487	3.45	29283	23.60
上 海	1335085	4.62	285056	27.03
江 苏	59041	171.06	20579	124.03
浙 江	6865	–35.25	4485	–22.37
安 徽	5478	–30.47	11123	180.17
福 建	32		4033	
江 西	21080	–17.77	13301	5190.91
山 东	16135	–24.52	6695	–4.05
河 南	12681	82.80	1019	–53.97
湖 北	42570	40.70	17446	58.48
湖 南	113451	100.06	2608	–91.15
广 东	616187	1.01	108552	–39.93
重 庆	5169			
四 川	69593	–35.95	47423	20.54
贵 州	7423	34.05	7045	–24.86
陕 西	124712	–1.51	17207	–0.57
甘 肃	193	–54.30	30	–85.63
其他省份	3566	459.60	2286	–66.79
总计中				
中国航空工业集团有限公司	492518	3.48	61998	–9.35
中国商用飞机有限责任公司	886226	2.78	144435	–10.90
中国航空发动机集团有限公司	573329	26.90	155415	102.10
中国航天科工集团有限公司	1288	35.93	1035	–54.15
中国电子科技集团有限公司	18264	–19.98	3191	–9.91
地方民用航空工业企业	554797	–7.01	258545	–19.51

5. 附　　录

2022年中国民用航空企业上报情况说明

附　表

单位名称	集团	登记类型	控股情况含义	主要民用航空产品
全国（330）				
北京（17）				
北京飞机维修工程有限公司		中外合资经营	国有控股	飞机维修
北京安达维尔航空设备有限公司		私营有限责任公司	私人控股	飞机座椅（取证中）
北京安达维尔机械维修技术有限公司		其他有限责任公司	私人控股	航空部附件维修
北京丰荣航空科技股份有限公司		股份有限公司	私人控股	飞机附件维修、航空器材租赁、航空器材销售
北京汉飞航空科技有限公司		私营有限责任公司	私人控股	发动机叶片
北京科荣达航空科技股份有限公司		私营股份有限公司	私人控股	民用航空器机载系统和设备修理
泰雷兹航空电子（北京）有限公司		外资企业	外商控股	航空设备维修；机载娱乐设备维修
北京北摩高科摩擦材料股份有限公司		私营股份有限责任公司	私人控股	飞机研制、刹车盘生产
北京远度互联科技有限公司		私营有限责任公司	企业控股	智能无人飞行器制造、销售
北京清航紫荆装备科技有限公司		其他有限责任公司	企业控股	交叉双旋翼无人直升机研发生产
北京优才百慕航空器材有限公司	航空工业	其他有限责任公司	国有控股	飞机刹车零部件
北京长城航空测控技术研究所有限公司	航空工业	有限责任公司	国有全资	航空状态监测、综合测试、智能技术、仿真测控； 主要产品：Y/XCL-32A主回油路滑油金属屑传感器；Y/XCL-69滑油金属屑监测装置
中航复合材料有限责任公司	航空工业	国有	国有控股	民用航空复合材料结构件用原材料
北京青云航空仪表有限公司	航空工业	有限责任公司	国有控股	自动飞行控制系统、自动油门、惯性设备与器件； C919中承担随动式油门台备用样机；AG600中承担航电系统的无线电高度表子系统
中国航发北京航空材料研究院	中国航发	国有	国有独资	高温合金、橡胶、钛合金
中国航发北京航科发动机控制系统科技有限公司	中国航发	其他有限责任公司	国有控股	航空摇臂系列
北京民用飞机技术研究中心	中国商飞	国有	国有控股	民用飞机基础技术研究、民用飞机关键技术预研、相关技术服务

附表（续）

单位名称	集团	登记类型	控股情况含义	主要民用航空产品
天津（4）				
空中客车（天津）总装有限公司		与港澳台商合资经营	港澳台商控股	空客 A320、A350 飞机组装
天津波音复合材料有限责任公司		中外合资经营	外商控股	航空复合材料主次受力件；飞机内饰件；相关售后服务
天津航空机电有限公司	航空工业	有限责任公司	国有控股	配电系统、防灭火系统、环控系统（温控装置等）及发动机点火系统、发电设备等； C919 电源系统中承担飞控蓄电池 / 充电器、主蓄电池充电器，空气管理系统中承担机翼防冰温度传感器、温度传感器，探测导轨；AG600 中承担防火系统、一次配电子系统；AG150 中承担二次配电子系统、防火系统；AC312E 中承担配电子系统、防火灭火瓶、气动线；新舟 700 中承担起动机控制器、频率变换器、电压变换器
西飞国际航空制造（天津）有限公司	航空工业	其他有限责任公司	国有控股	空客 A320 机翼及机身装配
河北（2）				
惠阳航空螺旋桨有限责任公司	航空工业	有限责任公司	国有控股	螺旋桨系统；直升机动部件；复合材料叶片 AG600 中承担螺旋桨，产品配套型号还包括各型直升机
中航通飞华北飞机工业有限公司	航空工业	其他有限责任公司	国有控股	运 5 B 飞机；“小鹰”500 飞机；赛斯纳 208B 飞机
山西（1）				
太原航空仪表有限公司	航空工业	有限责任公司	国有控股	大气数据传感与测量、显示器与指示仪表、机载告警系统、传感器和弹性敏元件等； AG600 中承担综合备份仪表系统、大气数据系统、任务显示器、管路补偿器等产品；新舟 700 中承担电子飞行包；产品配套机型还包括 AC311、AC313、H425、MA 系列、运 12、“海鸥”300、“领航”150 等机型；国外市场主要产品有高度表、空速表、升降速度表、空速管和加速度表等 5 类设备，主要出口北美及欧洲，用于轻型、超轻型、运动型飞机
辽宁（8）				
辽宁锐翔通用飞机制造有限公司		国有	国有控股	RX1E 双座电动飞机、RX1E-A 增程电动飞机、RX1E-S 双座水上电动飞机

附表（续）

单位名称	集团	登记类型	控股情况含义	主要民用航空产品
辽宁力德航空科技有限公司		民营	私人控股	LD-GY5010多旋翼无人机、LD-XF60大载重多旋翼无人机；“大疆”无人机（代理销售）
奥瑞思智能科技（阜新）有限公司		民营	私人控股	H2N多旋翼无人机、H10多旋翼无人机
沈阳无距科技有限公司		民营	私人控股	WZ系列等7款垂直起降固定翼、多旋翼无人机
辽宁大壮无人机科技有限公司		民营	私人控股	DZ311油动调速控制多旋翼无人机
沈阳飞机工业（集团）有限公司	航空工业	其他有限责任公司	国有控股	波音787项目；C系列；Q400项目
中航沈飞民用飞机有限责任公司	航空工业	其他有限责任公司	国有控股	Q400机身连接；波音787垂尾前缘；空客A320机翼前缘；空客A220机身段；ARJ21大部件；C919大部件
中国航发沈阳黎明航空发动机有限责任公司	中国航发	有限责任公司	国有控股	航空零部件转包生产
吉林（2）				
吉林航修企业管理有限公司	航空工业	其他有限责任公司	国有控股	民机定期检修和翻修、部件维修、发动机更换
中国航发长春控制科技有限公司	中国航发	有限责任公司	国有控股	电液电器转换类、空气调节控制类、伺服作动器类产品等航空发动机零部件
黑龙江（7）				
广联航空工业股份有限公司		股份有限公司	私人控股	无人机、民用航空零部件、其他民用航空零部件
哈尔滨安宇迪航空工业有限公司		其他有限责任公司	私人控股	航空器结构零部件和工艺装备
哈尔滨东安实业发展有限公司		有限责任公司	私人控股	精密机械加工和橡胶密封等动力系统零、部（组）件
中龙飞机循环再制造有限公司		有限责任公司（港澳台法人独资）	港澳台商控股	飞机零部件
哈尔滨翔龙电力技术开发有限公司		私营企业	私人控股	航空发动机和直升机传动系统零件的机械加工和服务；飞机及飞机发动机一般零部件的工装；飞机一般零部件的机械加工和服务
哈尔滨飞机工业集团有限责任公司	航空工业	其他有限责任公司	国有控股	AC312E直升机、AC352直升机、运12系列飞机
中国航发哈尔滨东安发动机有限公司	中国航发	其他有限责任公司	国有控股	轻型航空发动机、辅助动力装置、直升机传动系统产品、航空机械传动产品以及零部件产品

附表（续）

单位名称	集团	登记类型	控股情况含义	主要民用航空产品
上海（11）				
上海万泽精密铸造有限公司		内资企业	私人控股	航空相关设备制造
上海航空测控技术研究所	航空工业	事业单位	国有	航空故障诊断与预测及健康管理，测试与保障装备研制；C919中承担客舱管理接口子系统，客舱娱乐系统，信息系统的驾驶舱信息子系统（电子飞行包）、驾驶舱门监视系统和视频监视子系统；ARJ21中承担驾驶舱门监视系统；新舟700中承担驾驶舱门监视系统；AG600中承担海况测量设备
上海航空电器有限公司	航空工业	有限责任公司	国有控股	照明、操控板组件及调光控制、近地告警、智能配电、语音；C919中承担驾驶舱控制板组件、调光控制系统和集成断路器板；ARJ21中承担外部照明系统；AG600中承担二次配电子系统
中国航空无线电电子研究所	航空工业	事业单位	国有	核心处理系统、显示系统、飞管系统；C919中承担航电系统核心包子系统的显示子系统以及IMA平台的网络交换机；AG600中承担综合航电系统和搜索任务系统；运12F中承担航电系统
中航航空模拟系统有限公司	航空工业	有限责任公司	国有	民机机载系统工程模拟器和飞行模拟器； 在机载TS专项中承担模拟器开发
中国航发商用航空发动机有限责任公司	中国航发	有限责任公司	国有控股	商用飞机动力装置
中国商飞集团总部	中国商飞	国有	国有控股	总部管理，飞机研制项目管理，民用飞机试飞、销售等
上海飞机设计研究院	中国商飞	国有	国有控股	ARJ21支线客机、C919大型客机、C929宽体客机研发
上海飞机制造有限公司	中国商飞	国有	国有控股	ARJ21支线客机、C919大型客机、C929宽体客机制造
上海飞机客户服务有限公司	中国商飞	国有	国有控股	ARJ21支线客机、C919大型客机、C929宽体客机客户服务
上海航空工业（集团）有限公司	中国商飞	国有	国有控股	民机飞机标准制定、情报研究、计算机软件开发、财务和人力共享服务、档案管理等
江苏（41）				
南京大桥机器有限公司		股份有限公司	国有控股	气象探测雷达、卫星云图接收设备、无线电专用设备
无锡透平叶片有限公司		其他有限责任公司	国有控股	铝合金叶片；发动机盘件
江苏航申航空科技有限公司		私营合作	私人控股	航空零部件

附表（续）

单位名称	集团	登记类型	控股情况含义	主要民用航空产品
通用电气航空（苏州）有限公司		外资企业	外商控股	飞机发动机零部件加工；飞机复合材料
新宇航空制造（苏州）有限公司		外资企业	外商控股	飞机发动机叶片及叶片隔框；飞机发动机吊架类机械产品
常州航空工模具有限公司		有限责任公司	私人控股	航空工业用刃具、模具
苏州捷德航空技术有限公司		有限责任公司	私人控股	航空器材维修；航空器部件开发、制造；民用直升机、航空器材销售、租赁
强龙科技（苏州）有限公司		外资企业	外商控股	飞机起落架、支架核心部件加工
普美航空制造（苏州）有限公司		外资企业	外商控股	舱门、机翼前缘肋板、方向舵控制连接杆等
赛峰起落架系统（苏州）有限公司		外资企业	外商控股	起落架及刹车系统
赛峰飞机发动机（苏州）有限公司		外资企业	外商控股	装配模块、涡轮轴、封严块、后框架、涡轮盘
诺贝丽斯铝业（镇江）有限公司		外资企业	外资	高强度预拉伸铝合金、机翼板
无锡航亚科技股份有限公司		股份有限公司	私人控股	叶片、整体叶盘、整流器、机匣、涡轮盘等
常州市创舰精密机械制造有限公司		有限责任公司	私人控股	航空产品（客舱内饰件）装配
豪梅特航空机件（苏州）有限公司		外资企业	外商控股	民航发动机上的环形锻件
江苏天一航空工业股份有限公司		股份有限公司	私人控股	民航机场专用装备（特种车辆）、民航ASD安全靠机系统、民航新能源装备大数据监管平台、民航5G自动驾驶装备及线控技术改造
南京柔科航空设备科技有限公司		有限公司	私人控股	摇摆软管、波纹金属软管、补偿器
腾达航勤设备（无锡）有限公司		有限责任公司（港澳台法人独资）	港澳台商控股	航空地勤用设备
江苏豪然喷射成形合金有限公司		有限责任公司	自然人控股	飞机轮毂、喷管壳体、喷射成形高性能铝合金制品
南京王行航空附件维修工程有限公司		有限责任公司	私人控股	飞机零部件生产维修
江苏科比特航空设备有限公司		民营企业	私人全资控股	工业级无人机
昆山合朗航空科技有限公司		有限责任公司	其他控股	民用小型无人机以及航空模型产品
南京航天国器智能装备有限公司		有限公司	国有控股	中大型无人机
南京模拟技术研究所		全民所有制	国有	中大型无人直升机系统
中航金城无人系统有限公司		有限责任公司	国有控股	模组式多旋翼无人机、智能化自主作业（IAO）系统、垂直起降固定翼无人机

附表（续）

单位名称	集团	登记类型	控股情况含义	主要民用航空产品
江苏国飞无人机技术研究院有限公司		有限责任公司	个人控股	通用航空服务；民用航空器（发动机、螺旋桨）生产；民用航空器零部件制造；民用航空器维修
南京开天眼无人机科技有限公司		有限责任公司	私人控股	两栖无人机、两栖救生装备
拓攻（南京）机器人有限公司		港澳台资	港资	无人机
南京国业科技有限公司		有限责任公司	私人控股	无人机、光电吊舱
南京拓恒无人系统研究院有限公司		有限责任公司	私有控股	多旋翼无人机、垂直起降固定翼无人机、无人机自助起降平台
苏州极目机器人科技有限公司		合资企业	外商投资	农业植保专用工业级无人机
江苏恒神股份有限公司		股份有限公司（非上市）	私人控股	碳纤维及其复合材料
南京凯信航空附件有限公司		中外合资	有限责任公司	飞机环控系统所用管道等
菲舍尔航空部件（镇江）有限公司	航空工业	有限责任公司（港澳台与境内合资）	国有控股	ARJ21 内饰；Global7000/8000WTBF；BD 整流罩；BD100 地板；飞机翼肋连接角件
金城南京机电液压工程研究中心	航空工业	事业单位	国有	燃油系统、液压系统、空气管理系统、APU； C919 中承担燃油系统的重力加油口盖等 8 项设备，液压系统的液压油箱等 4 项设备，空气管理系统的雾化喷嘴等 3 项设备；AG600 中承担气源空调系统、压力加油子系统、应急放油子系统、前轮转弯子系统、液压油箱、重力加油口组件、火焰抑制器；新舟 700 中承担电源系统的冲压空气涡轮子系统、液压系统的自增压优先阀等 7 项设备、起落架系统的前轮转弯控制阀
中航机载系统共性技术有限公司	航空工业	有限责任公司	国有	民机机载系统研发流程体系和研发工具环境、信息化管理平台； 在机载 TS 专项中承担民机机载系统研发流程体系和研发工具环境、信息化管理平台
苏州长风航空电子有限公司	航空工业	有限责任公司	国有控股	显示器与发动机，发动机传感器； AG600 中承担航电系统的液晶显示器、显示头部组件，以及投汲水控制系统的灭火控制面板
中国航发控制系统研究所	中国航发	国有	国有独资	航空发动机控制系统及电子控制器
航天海鹰（镇江）特种材料有限公司	航天科工	其他有限责任公司	国有控股	C919 后机身后段；C919 后机身前段；C919 副翼；C919 垂尾壁板；翼身整流罩

附表（续）

单位名称	集团	登记类型	控股情况含义	主要民用航空产品
南京莱斯信息技术股份有限公司	中电科	国有	国有控股	空管自动化系统、塔台自动化系统、空管模拟训练系统、空中交通流量管理系统、泊位引导系统、远程塔台系统、机场运行指挥系统、净空管理系统、低空安全监测系统等
南京莱斯电子设备有限公司	中电科	国有	国有控股	多点定位系统、ADS-B 地面站、语音通信系统、跑道异物探测系统、围界安防系统、车辆管理系统、航班保障节点采集系统等
浙江（30）				
海宁红狮宝盛科技有限公司		私营有限责任公司	私人控股	航空设备配件
杭州迅蚁网络科技有限公司		私营有限责任公司	私人控股	物流无人机、无人机起降站、空中自动驾驶技术服务及设备研发
杭州一佳精密轴承有限公司		私营有限责任公司	私人控股	航空发动机精密轴承、卫星专用精密轴承
宁波百宏模具有限公司		私营有限责任公司	私人控股	HB962-1986 下半罩；F45/1-01-ZM-KM 进气机匣
宁波继峰汽车零部件股份有限公司		私营股份有限公司	私人控股	乘员座椅扶手、脚托、头枕；飞行员座椅扶手、乘员舱防护板等
宁波沥高复合材料有限公司		其他有限责任公司	私人控股	ARJ21 零部件生产
宁波永灵航空科技有限公司		私营有限责任公司	私人控股	软管金属连接件；聚酰亚胺衬套；机箱
余姚市三力信电磁阀有限公司		私营股份有限公司	私人控股	电磁阀
玉环天润航空机械制造有限公司		私营有限责任公司	私人控股	驾驶（滑动）舱门锁闭机构；动力舱整流罩锁闭机构等；折叠接头等；周期变距杆手柄等；牵引杆、液压千斤顶等；机身布罩、旋翼布罩等
浙江华奕航空科技有限公司		其他有限责任公司	私人控股	HY600 无人直升机、环保无人机、气象无人机、F21 导航飞控一体机、F20 导航飞控一体机、F10 无人机飞控、F20GCS 无人机地面站、F20DL 数传电台、F20PCU 发动机控制管理单元、F20AM 空速计、F10GM 定位定向模块、F10PWM 舵机控制器
浙江金马逊智能制造股份有限公司		私营有限责任公司	私人控股	数控弯管机；管端缩口机；重型弯管机；智能生产线；金属导管；工装、模具
浙江京飞航空制造有限公司		其他有限责任公司	私人控股	空客 A220 机身结构件、空客 A320 机身结构件、无人机结构件

附表（续）

单位名称	集团	登记类型	控股情况含义	主要民用航空产品
浙江科比特创新科技有限公司		私营有限责任公司	私人控股	“入云龙”“插翅虎”M8、“小旋风”“玉麒麟”
浙江日发航空数字装备有限责任公司		私营有限责任公司	私人控股	飞机数字化装配生产线；复合材料加工专用设备；航空零部件
浙江圣翔航空科技有限公司		其他有限责任公司	私人控股	停机坪
浙江西子势必锐航空工业有限公司		中外合资经营	私人控股	空客 A320 起落架舱；C 系列起落架舱；空客 A220 底板梁；C 系列逃生门；腹鳍；CRI 服务门
宁波星箭航天机械有限公司		私营有限责任公司	私人控股	航空标准件、紧固件、机加件、金属非金属软管等
浙江万丰飞机制造有限公司		私营有限责任公司	私人控股	拥有钻石飞机 4 大系列、10 个基本型、18 个机型的全部知识产权，现已获取中国民航局颁发钻石 DA20/DA40/DA42/DA62 飞机、DF/FM 轻型运动飞机的 VTC，DA40/DF 飞机的 PC 证书
美洲豹（浙江）航空装备有限公司		私营有限责任公司	私人控股	大型热压罐、实验室热压罐、超大型热压罐、液压釜等
浙江华荣航空装备有限公司		私营有限责任公司	私人控股	航空器及零部件、复合材料、工艺装备研发、制造
杭州零零科技有限公司		私营有限责任公司	私人控股	“猎鹰”（Falcon）、小黑侠二代 Hover2
杭州启飞智能科技有限公司		私营有限责任公司	私人控股	A22 RTK 植保无人机，A16 植保无人机，Q10 植保无人机，A6 植保无人机
杭州韵鸢科技有限公司		私营有限责任公司	私人控股	X470 物流无人机
宁波翼新智能科技有限公司		私营有限责任公司	私人控股	RA3 无人机
浙江大年科技有限公司		私营有限责任公司	私人控股	旋翼无人机、垂直起降固定翼无人机
温州黑蜻蜓无人机有限公司		私营有限责任公司	私人控股	农用植保无人机
氢鹏科技（浙江）有限公司		私营有限责任公司	私人控股	XC01 6 旋翼氢动力长航时工业无人机、XC02 6 旋翼氢动力长航时工业无人机
浙江兴岩电气设备有限公司		私营有限责任公司	私人控股	系留应急照明无人机、电力巡航无人机
浙江东迦科技有限公司		私营有限责任公司	私人控股	植保无人机：C10 型号、A65 型号、C22 型号
浙江通飞野马飞机制造有限责任公司	航空工业	中外合资经营	国有控股	AG60 飞机
安徽（11）				
安徽应流航空科技有限公司		其他有限责任公司	集体控股	YLWZ-130/190 系列涡轴发动机；YD70 地面电站；YL-UH 系列无人直升机；RT-216 轻型涡轴直升机

附表（续）

单位名称	集团	登记类型	控股情况含义	主要民用航空产品
安徽应流航源动力科技有限公司		有限责任公司	集体控股	等轴晶、定向、单晶涡轮叶片、导向叶片，喷嘴、喷嘴环，整体结晶涡轮盘，飞机发动机机匣及其他结构件
合肥赛为智能有限公司		私营独资	私人控股	“赛鹰”SY8KT 系留多旋翼无人机；“赛鹰”SY450H 大载荷无人直升机；“赛鹰”SY141HR 植保无人机；“赛鹰”SY261H 无人直升机；“赛鹰”SY121H 无人直升机；“赛鹰”SY-30KG 油电混合旋翼无人机
合肥市富华精密机械制造有限公司		有限责任公司	私人控股	涵盖大飞机机身结构，发动机结构，航电结构等
安徽天路航空科技股份有限公司		股份有限公司（非上市）	私人控股	TL-400 型无人机、TL-800 型无人机、TL-850 型无人机
合肥德智航创科技有限公司		有限责任公司	私人控股	智能无人飞行器制造；智能无人飞行器销售；导航、测绘、气象及海洋专用仪器销售；中小型复合翼物流运输、航拍无人机
安徽华夏光电股份有限公司		股份有限公司	私人控股	组合航行灯、防撞灯、着陆灯、滑行灯、编队灯、机载合流变换器、航发点火放电管
中航华东光电有限公司		其他有限责任公司	集体控股	机载液晶显示模块、显示器及超高亮数字像源
安徽航菱航空精密智造有限公司		私营独资	私人控股	为航空产业固定翼等机型提供结构零部件
广德凯雷特机械科技有限公司		其他有限责任公司	私人控股	商业运载火箭储箱结构件（壁板、框环等）
合肥江航飞机装备股份有限公司	航空工业	股份有限公司	国有控股	波纹管；飞机副油箱；航空仪表；AG600 中承担氧气系统
福建（10）				
厦门太古飞机工程有限公司		台港澳与境内合资	港澳台商控股	航空航天器修理
厦门豪富太古宇航有限公司		中外合资经营	美资实际控股	飞机零部件维修
厦门霍尼韦尔太古宇航有限公司		港澳台合资企业	美资实际控股	飞机零部件维修
厦门太古发动机服务有限公司		港台澳与境外合资	港澳台商控股	民用航空发动机维修
厦门新科宇航科技有限公司		中外合资经营	新加坡外商控股	民用航空发动机维修
太古部件维修（厦门）有限公司		台港澳法人独资	港澳台商控股	飞机零部件维修
厦门太古起落架维修服务有限公司		台港澳与境内合资	港澳台商控股	飞机起落架维修
瑞达宇航（厦门）起落架系统有限公司		外商投资企业法人独资	外商投资企业（安拉圭）控股	飞机起落架维修

附表（续）

单位名称	集团	登记类型	控股情况含义	主要民用航空产品
晋江太古飞机复合材料有限公司		有限责任公司	外资	航空器维修、飞机零部件维修
厦门中航秦岭宇航有限公司		有限责任公司	央企控股	飞机零部件维修
江西（16）				
江西昌兴航空装备股份有限公司		股份有限公司	私人控股	航空工装，航空零部件，复合材料零部件
江西金科力实业有限公司		有限责任公司	私人控股	无人机金属钣金件、航空油箱部件、飞行器起落架组件、航空地面保障设备
江西金都航空零部件有限公司		有限责任公司	私人控股	航空标准件
翔鹰航空工业有限公司		有限责任公司	私人控股	民机机翼 / 垂尾 / 平尾等零部件
江西天之翔航空数控技术有限责任公司		有限责任公司	私人控股	C919、C929、ARJ、M700、AG600T 等零件及工装模具生产
景德镇浩祥精密制造有限公司		有限责任公司（自然人独资）	私人控股	航空零部件加工
北京通用航空江西直升机有限公司		其他有限责任公司	国有控股	大型无人直升机、轻小型有人直升机、无人机
江西东齐航空装备有限公司		有限责任公司	私人控股	航空机械结构件
江西昌河阿古斯特直升机有限公司		有限责任公司（中外合资）	国有控股	直升机及备件及维修、培训
江西昌盛宇航科技有限公司		有限责任公司（自然人投资或控股的法人独资）	私人控股	舰载旋翼折叠装置、发动机加温设备、桨叶强风系留装置、中频电流车
江西天一航空装备有限公司		有限责任公司（自然人投资或控股的法人独资）	私人控股	飞机关键零部件
景德镇景航驰骋机械有限公司		有限责任公司	私人控股	压气机叶轮、离心压气机叶轮毛坯、扩压器法兰段
江西壮龙无人机科技有限公司		有限责任公司	私人控股	消防无人机、植保无人机、电力无人机
昌河飞机工业（集团）有限责任公司	航空工业	国有	国有控股	AC313；AC311/AC311A、S76；S92 尾斜梁；波音备件；C919 前缘缝翼 / 后缘襟翼
江西洪都航空工业集团有限责任公司	航空工业	其他有限责任公司	国有控股	C919 机身段
九江冠成仿真技术有限公司		有限责任公司	私人控股	惯导测试、仿真设备
山东（8）				
东方蓝天钛金科技有限公司		其他有限责任公司	国有控股	金属支架；保险销；钛合金平圆头高锁螺栓；钛合金 100° 沉头高锁螺栓；钛合金 100° 沉头十字槽螺栓；钛合金 100° 沉头偏心十字槽螺栓

附表（续）

单位名称	集团	登记类型	控股情况含义	主要民用航空产品
山东太古飞机工程有限公司		与港澳台商合资经营	国有控股	飞机维修；航空服务；机型培训；部件制造；飞机改装设计
山东翔宇航空技术服务有限责任公司		股份有限公司	国有控股	航空器部附件维修服务；航空器零部件；航空器机载设备
山东艾诺仪器有限公司		其他有限责任公司	私人控股	飞机地面静变电源
威海广泰空港设备股份有限公司		私营股份有限公司	私人控股	平台车；牵引车；电源车；加油车
山东一立动力科技股份有限公司		私营股份有限公司	私人控股	航空发动机上的涡轮、叶片、导向器、机匣等关键零部件
日照山太飞机工程股份有限公司		股份有限公司	私人控股	飞机维修；航空服务
济南特种结构研究所	航空工业	国有	国有控股	雷达罩；复合材料结构件
河南（8）				
安阳全丰航空植保科技股份有限公司		股份有限公司	私人控股	电动多旋翼植保无人机；油动单旋翼植保无人机
安阳市豪克航空科技有限公司		有限责任公司	自然人投资或控股	无人机螺旋桨；旋翼
安阳蜂巢智能装备有限公司		有限责任公司	非自然人投资或控股的法人独资	多旋翼无人机；垂直起降固定翼无人机
新乡巴山航空材料有限公司		其他有限责任公司	自然人投资或控股	金属丝网；钢丝螺套
艾文斯（焦作）冶金材料有限责任公司		有限责任公司	中外合资	陶瓷过滤板；在线除气过滤设备
洛阳电光设备研究所	航空工业	事业单位	国有	光电探测、瞄准与显示； C919中承担平视显示系统和增强视景系统
新乡航空工业（集团）有限公司	航空工业	有限责任公司	国有控股	发动机引气、座舱压力调节、蒸发循环制冷子系统及部件、过滤； C919中承担空气管理系统的交叉引气阀门等10项设备，燃油系统的通气浮子阀等10项设备，液压系统的压力油滤等4项设备；AG600中承担燃油系统的直流无刷燃油泵等13项设备，液压系统的放气阀门组件等9项设备，空气管理的单向阀等5项设备；新舟700中承担液压系统的回油油滤等5项设备
中航光电科技股份有限公司	航空工业	股份有限公司	国有控股	光、电流体连接器及集成连接设备； C919/ARJ21中承担电连接器；新舟700/MA系列中承担电子设备柜、驾驶舱整合机构、显控台；AG600/AC313/AG300/AG50通航飞机和直升机中承担设备柜、整机EWIS线缆、电源盒、线缆组件；CJ1000/CJ2000发动机中承担控制系统电缆线束、耐高温连接器

附表（续）

单位名称	集团	登记类型	控股情况含义	主要民用航空产品
		湖北（8）		
凌云（宜昌）航空工程有限公司		国有	国有控股	民航飞机修理；民航产品零部附件维修；民航维修培训；民航飞机客改货、定检、改装、喷涂和飞机拆解
武汉航达航空科技发展有限公司		私营有限责任公司	私人控股	航空液压、气动、机电附件；飞机起落架维修；飞机复合材料结构件维修；机场加油设备；通用航空螺旋桨发动机附件
湖北超卓航空科技股份有限公司		股份有限公司	私人控股	航空部附件（不含发动机）的维修；起落架、承载梁维修
旭日蓝天（武汉）科技有限公司		私营有限责任公司	私人控股	无人机行业应用、无人机驾驶员培训、无人机反制、无人机运营管理等产品研发、生产、销售、服务
湖北航宇嘉泰飞机设备有限公司	航空工业	有限责任公司（港澳台投资、非独资）	国有控股	商用飞机座椅
航宇救生装备有限公司	航空工业	有限责任公司	国有全资	应急救援、防护救生；AG600 中承担机动救生艇、投放装置、防护装置、担架站组件、4 人救生船、简易盥洗室等 9 项设备；为民用直升机提供救生船、灭火吊桶
武汉航空仪表有限责任公司	航空工业	有限责任公司	国有全资	防除冰系统；新舟 700 中承担结冰探测系统的结冰探测棒；AG600 中承担结冰探测器、探冰棒、压力信号器（告警）、压力信号器（启停）、迎角传感器等 5 项设备
中国特种飞行器研究所	航空工业	国有	国有控股	SZ300 载人观光系留气球；空中单车、AG50 飞机
		湖南（20）		
湖南翔为通用航空有限公司		其他有限责任公司	集体控股	航空消防灭火吊桶、航空消防高压水炮、航空农林喷洒药箱
湖南汉能科技有限公司		其他有限责任公司	私人控股	航空发动机试验设备、燃气轮机试验设备、叶片机试验件
湖南浩天翼航空技术有限公司		其他有限责任公司	私人控股	15 ~ 300 千克全重级固定翼无人机研发、生产、售后服务
湖南华望科技股份有限公司		股份有限公司	私人控股	无伞空投、简易空投
湖南精飞智能科技有限公司		私营有限责任公司	私人控股	植保无人机、撒播一体无人机、行业应用无人机、物流无人机
湖南千牛无人机科技有限公司		私营有限责任公司	私人控股	电力无人机、巡查无人机生产与无人机服务

附表（续）

单位名称	集团	登记类型	控股情况含义	主要民用航空产品
山河星航实业股份有限公司		股份有限公司	私人控股	轻型运动飞机；多旋翼无人机；无人直升机；固定翼无人机
长沙艾森设备维护技术有限公司		私营股份有限公司	私人控股	民航客机运行过程使用的各类清洗剂产品（清洗客机外表、机舱、起落架、发动机等），航空工业（军用、民用）制造、维修过程使用的清洗剂、切削液、防锈油、脱漆剂等系列化学产品
湖南新韶光电器有限公司		私营有限责任公司	私人控股	滑油加热器
铭宇科技（娄底）有限公司		中外合资经营	港澳台商控股	民用飞机零部件制造
株洲时代橡塑元件开发有限责任公司		有限责任公司	株洲时代新材料科技股份有限公司 100% 控股	APU 减振器 AGB 阻尼轴承
湖南金天钛业科技有限公司		股份有限公司	国有控股	转子叶片、风扇盘等锻件用 Ti-6Al-4V 合金，发动机叶盘用 Ti17 合金
湖南湘源金穗智能装备有限公司		私营有限责任公司	私人控股	植保无人机
湖南翔龙飞机有限公司		股份有限公司	私人控股	以通用飞机研发、制造为主业，公司研发的首款轻型运动类全金属固定翼飞机 XL100 先后取得中国民航型号合格证（TC）和生产许可证（PC）。该机型已进入常态化生产及交付。在研机型：湖南制造强省“揭榜挂帅”科技攻关项目 XL101 巡逻灭火机，XL102 通信中继机。以及 XDL200 高原型，XDL220 水上型飞机，XDL500 无人机。重点在研机型 6 ~ 8 座多用途飞机 XDL600
湖南飞沃新能源科技股份有限公司		股份有限公司	私人控股	航空航天紧固件产品
中航飞机起落架有限责任公司	航空工业	有限责任公司	国有全资	起落架系统； C919 中承担部分零件按图加工； AG600 中承担起落架系统
中国航发湖南动力机械研究所	中国航发	国有	国有独资	涡轴 / 涡桨 / 涡扇发动机、飞机辅助动力装置、直升机传动系统研发
中国航发南方工业有限公司	中国航发	有限责任公司	国有控股	航空发动机制造及修理、航空发动机零部件、航空零部件转包生产
中国航发中传机械有限公司	中国航发	有限责任公司	国有控股	附件传动、减速器、齿轮箱
中国航发长江动力有限公司	中国航发	有限责任公司	国有控股	航空发动机零部件

附表（续）

单位名称	集团	登记类型	控股情况含义	主要民用航空产品
广东（25）				
珠海保税区摩天宇航空发动机维修有限公司		中外合资经营	股份合作	V2500 发动机机附件维修；CFM56-3 发动机及附件维修；CFM56-5B 发动机及附件维修；CFM56-7B 发动机及附件维修；LEAP-1B 发动机快修
广州飞机维修工程有限公司		港澳台合资经营	国有控股	航空航天器修理
广东西北航空科技股份有限公司		股份有限公司	私人控股	民用航空飞机座椅；飞机碳/碳刹车副；飞机金属刹车副；高铁列车粉末冶金闸片；飞机内饰件；飞机安全带
广州航新航空科技股份有限公司		股份有限公司	私人控股	便携式维修设备
深圳市多尼卡航空电子有限公司		私营有限责任公司	私人控股	客舱网络服务单元，客舱无线接入单元，智能椅背屏，快速获取驾驶舱语音记录仪，机载数码视频播放器，机载数码音频播放器，航空设备及附件的研发、制造、生产、维修等
深圳市大疆创新科技有限公司		港澳台商独资	港澳台商控股	精灵 Phantom；御 Mavic；悟 Inspire；农业植保机
深圳中集天达空港设备有限公司		中外合资经营	外商控股	登机桥、登船桥、立体货库、航空物流设备、行李系统设备、消防车、摆渡车等产品的研发、生产、销售和售后服务
广州天海翔航空科技有限公司		有限责任公司	私人控股	民用无人机制造
东莞卡莱互连电子科技有限公司		外资企业	美资独资	主要为测试仪器、射频/微波、医疗、汽车、网络、民用飞机、军用航天等电子消费品市场提供高性能电线、电缆、连接器以及电子线束组件
广州新科宇航科技有限公司		中外合资	国有控股	航空航天器修理
深圳汉莎技术有限公司		外商投资企业	外商控股	提供飞机部件维修及相关技术咨询与技术服务（包括技术文件的处理、材料的管理、运输和后勤服务，航材共享及全套技术服务）；与维修业务相关产品的营销与采购
广州极飞科技股份有限公司		股份有限公司	私人控股	民用无人机制造
深圳市科卫泰实业发展有限公司		私营有限责任公司	私人控股	工业级无人机系统、无线图像传输系统和无人机探测反制系统的研发、生产和服务
亿航智能设备（广州）有限公司		台港澳法人独资	私人控股	智能无人飞行器制造
广州市华科尔科技股份有限公司		股份有限公司	私人控股	民用无人机制造

附表（续）

单位名称	集团	登记类型	控股情况含义	主要民用航空产品
广东中科瑞泰智能科技有限公司		有限责任公司	私人控股	民用无人机制造
哈瓦国际航空技术（深圳）有限公司		内资民营企业	私人控股	“战斧”H16无人机。MEGA系列无人机。多旋翼无人机、警用无人机及其飞控系统与智能云台系统，计算机软件
深圳市赛为智能股份有限公司		内资股份制企业	私人控股	“赛鹰”SY450H大载荷无人直升机、“赛鹰”4000T系留旋翼无人机、“赛鹰”121H无人直升机、“赛鹰”130QR高性能农业植保无人机
珠海隆华直升机科技有限公司		民营企业	私人控股	XV-2型专业植保无人直升机、XV-3型大载重多用途无人直升机、XV-5型长航时多用途无人直升机
珠海紫燕无人飞行器有限公司		有限责任公司	自然人控股公司	研发制造产品：中型电动无人直升机4个主要产品是“河豚”A3、“河豚”A2G、“河豚”A2、“河豚”A1；轻型电动无人直升机3个主要产品是“隼”10、“穿越者”P2X、“穿越者”P1；“蜂群”无人机5个产品主要是微型电动多旋翼无人机；无人机生态链产品主要是推流箱、视频中继站、手持地面控制台等。 技术授权与服务：无人机系统模块15个、无人机教员和驾驶员培训
云浮亿航智能技术有限公司		其他有限责任公司	私人控股	自动驾驶飞行器
广东省世纪南方科技有限公司		有限责任公司（非自然人投资或控股的法人独资）	浙江科比特创新科技有限公司，总持股比例100%	小型、轻型、微型无人机
珠海天晴航空航天科技有限公司		内资企业	私人控股	SA-10VE电动垂直起降复合翼无人机，SA-21VE电动垂直起降复合翼无人机，SA-39VFE油动垂直起降复合翼无人机
中航通飞华南飞机工业有限公司	航空工业	国有	国有控股	大型灭火/水上救援水陆两栖飞机AG600、SR20、SR22
珠海中航赛斯纳飞机有限公司	航空工业	中外合资经营	国有控股	比奇“国王”350，赛斯纳208B，赛斯纳560XLS+飞机等
重庆（4）				
阿莫森航空安全器材（重庆）有限公司		外资企业	外商控股	航空安全带制造

附表（续）

单位名称	集团	登记类型	控股情况含义	主要民用航空产品
重庆宗申航空发动机制造有限公司		股份有限公司	重庆宗申动力机械股份有限公司持股	C100 航空活塞式发动机、C80 航空活塞式发动机、C115 航空活塞式发动机
华夏飞机维修工程有限公司		法人独资	非自然人投资或控股的法人独资	航空地面服务，航空技术服务，航空器代管
重庆鹏华航空科技有限公司		私营有限责任公司	私人控股	民航机载附件维修
四川（36）				
成都富凯飞机工程服务有限公司		国有	国有控股	飞机加改装工程服务；飞机部附件维修
成都炬鑫航空设备有限公司		其他有限责任公司	国有控股	PMA 制造及航空器部件维修、地面工装设备
民航成都物流技术有限公司		与港澳台商合资经营	国有控股	托盘分拣机；独立运载系统；AMR 自主移动机器人；旅客智能安检系统；自助托运系统；行李全流程跟踪系统
四川飞机维修工程有限公司		与港澳台商合资经营	国有控股	空客 A320 系列飞机修理
四川国际航空发动机维修有限公司		中外合资经营	国有控股	飞机发动机维修
四川九洲空管科技有限责任公司		其他有限责任公司	国有控股	ADS-B 地面站；S 模式应答机；二次雷达系统；场面监视雷达系统；DME 测距仪；DVOR 甚高频多普勒全向信标；客舱内话系统
四川腾飞航空实业有限公司		其他有限责任公司	国有控股	航空地面设备及工装；发动机金属包装箱；航空发动机及部附件试车台；直升机系留试车台
中国第二重型机械集团德阳万航模锻有限责任公司		其他有限责任公司	国有控股	C919；CJ；9X9
成都德坤航空设备制造有限公司		私营有限责任公司	集体控股	结构件、导管
成都华太航空科技股份有限公司		股份有限公司	集体控股	航空机载部附件维修；航空测试设备研制；机载设备研制
成都爱乐达航空制造股份有限公司		股份有限公司	私人控股	航空零部件
成都昊轶强航空设备制造有限公司		有限责任公司	私人控股	航空零件加工，工装的设计和制造
成都纵横自动化技术股份有限公司		股份有限公司	私人控股	无人机、飞控与航电产品
绵阳市长力科技有限公司		私营有限责任公司	私人控股	发动机试验用探针、加温器、火焰筒、叶栅叶片
四川奥特附件维修有限责任公司		其他有限责任公司	私人控股	主伺服航空附件维修；APU 维修；其他航空附件维修

附表（续）

单位名称	集团	登记类型	控股情况含义	主要民用航空产品
四川海特高新技术股份有限公司		股份有限公司	私人控股	飞机机载无线电、仪表、电气设备的维修；开展电缆，电视设备，电子测绘仪器方面的技术服务与咨询
四川航泰航空装备有限公司		股份有限公司	私人控股	起落架；地面保障设备；飞机结构件；航空液压元件；航空维修；航空用液压试验台
四川明日宇航工业有限责任公司		其他有限责任公司	私人控股	飞行器零部件产品；钛合金件加工；钣金件加工；数控结构件加工
普惠艾特航空制造（成都）有限公司		外资企业	外商控股	涡桨零件、支撑件、Case
四川高龙机械有限公司		外资企业	外商控股	民用航空发动机零部件
德阳汉沣数控机械制造有限公司		民营企业	私人控股	飞机零部件，飞机发动机结构件
四川腾盾科技有限公司		私营有限责任公司	私人控股	无人机
四川傲势科技有限公司		其他有限责任公司	私人控股	X 系列 /H 系列无人机系统、地面站、飞控系统等关键子系统及无人机协同设计与仿真工具链
成都睿铂科技有限责任公司		私营有限责任公司	私人控股	无人机
成都时代星光科技有限公司		有限责任公司	私人控股	空地协同智能无人机系统、低空察打无人机系统
四川垚磊科技有限公司		私营有限责任公司	私人控股	无人机
四川一电航空技术有限公司		股份有限公司	国资控股	无人机智能停机坪设备，农用无人机、旋翼无人机、自拍无人机、钓鱼无人机、无人机编队表演等无人机相关产品
成都飞机工业（集团）有限责任公司	航空工业	国有独资公司	国有独资	转包项目；C919 机头；ARJ 机头；“云影”无人机
成都凯天电子股份有限公司	航空工业	股份有限公司	国有控股	大气数据与传感器、位置检测与控制、飞行数据管理和无线数据传输、燃油增压泵等； C919 中承担大气数据加温控制器，并承担总静压探头按图加工；AG600 中承担大气数据子系统，起落架信号灯盒、压力传感器等 4 项设备；新舟 700 中承担起落架收放及位置告警子系统；各类产品配套机型还包括 MD-90、 运 12E/F、H425、AC311、AC313、AC311A、 新 舟 60/600、CJ1000AX、“海鸥”300 等

附表（续）

单位名称	集团	登记类型	控股情况含义	主要民用航空产品
四川泛华航空仪表电器有限公司	航空工业	有限责任公司	国有控股	燃油测量与控制系统、发动机点火系统；C919 中承担燃油测量系统的低油位传感器等 37 项设备；AG600 中承担燃油测量指示子系统，燃油测量设备配套机型还包括“小鹰”500，AC311，AC313 等
四川凌峰航空液压机械有限公司	航空工业	有限责任公司	国有控股	液压装置（机、电、液）；AG600 中承担液压系统的蓄压器、刹车蓄压器等 2 项设备；产品配套机型还包括 AC313C/E 等
宜宾三江机械有限责任公司	航空工业	有限责任公司	国有控股	液压阀件、组合装置及管路系统组件；AG600 中承担管路，以及集油箱切断阀门、充气单向阀、单向阀、地面泵吸油接头、地面泵增压接头、取样阀、自封阀门、机翼放油开关、柔性连接器、快卸自封接头等 13 项设备；产品配套机型还包括“领航”150 等
中航成飞民用飞机有限责任公司	航空工业	其他有限责任公司	国有控股	转包项目；C919 飞机机头；ARJ-21 飞机机头、AG600 飞机机头
中航（成都）无人机系统股份有限公司	航空工业	股份有限公司（上市）	国有控股	“翼龙”系列无人机
中国航发成都发动机有限公司	中国航发	其他有限责任公司	国有控股	航空发动机零部件
中电科航空电子有限公司	中电科	国有	国有控股	通信导航监视系统；客舱核心及娱乐系统；卫星通信系统；DA42 飞机
贵州（14）				
贵州大东风机械有限公司		其他有限责任公司	私人控股	飞机发动机叶片
贵州航宇科技发展股份有限公司		股份有限公司	私人控股	航空发动机环锻件
贵州航谷动力科技有限公司		其他有限责任公司	私人控股	飞机发动机零部件
成立航空技术（贵阳）有限公司		有限公司	私人控股	发动机及燃气轮机燃烧室及喷射系统
贵州利奇－天义航空电器有限公司		中外合资	私人控股	航空航天、铁路和尖端工业应用制造全系列的继电器、大功率接触器和控制装置等
贵阳高新泰丰航空航天科技有限公司		其他有限责任公司	私人控股	航空航天精密专用件、紧固件
贵州航亚科技有限公司		其他有限责任公司	私人控股	航空发动机零部件制造
贵州东汇精密机电有限公司		其他有限责任公司	私人控股	航空发动机零部件制造

附表（续）

单位名称	集团	登记类型	控股情况含义	主要民用航空产品
贵州欣宇泰科精密科技有限公司		有限责任公司	私人控股	航空发动机前空气封严环、航空发动机连接棒
贵州安大航空锻造有限责任公司	航空工业	其他有限责任公司	国有控股	锻件
贵州天义电器有限责任公司	航空工业	有限责任公司	国有全资	继电器、接触器、控制装置；AG600 中承担配电盒；新舟 700 中承担接触器盒
贵州永红航空机械有限责任公司	航空工业	其他有限责任公司	国有控股	散热器；滑油箱
贵阳航空电机有限公司	航空工业	有限责任公司	国有全资	二次电源、电源控制保护、配电装置、电动机及控制系统；C919 中承担变压整流器、静止变流器、60 赫［兹］变换器；AG600 中承担自耦变压器
中国航发贵州红林航空动力控制科技有限公司	中国航发	有限责任公司	国有控股	航空零部件转包生产
云南（1）				
弥勒浩翔科技有限公司		私营企业	—	航模发动机、DL-2L“云雁”轻型运动飞机
陕西（43）				
宝鸡市航宇光电显示技术开发有限责任公司		有限责任公司	私企	机载导光控显产品、航电设备
风润智能装备股份有限公司		股份有限公司	自然人控股	航空零部件
汉中国恒机械制造有限公司		有限责任公司	私人控股	飞机起落架零部件，无人机
汉中华泰机械制造有限责任公司		有限责任公司	私人控股	民用飞机零部件
汉中鑫茂龙装备制造有限公司		有限责任公司	私人控股	航空零部件
庆安集团有限公司	航空工业	有限责任公司	国有控股	高升力系统、液压作动、货运系统；C919 中承担高升力系统的翼尖刹车装置、扭力管万向节组件、支承轴承，以及 84 型零件按图加工；AG600 中承担高升力子系统、舱门控制系统的通舱后左舱门开启 / 锁定子系统 、投汲水系统、环控系统的清洗装置和风挡雨刷装置；新舟 700 中承担高升力子系统、登机门平衡缓冲子系统、飞行锁、起落架收放作动筒等 4 项作动筒、齿轮齿条转弯机构；产品配套机型还包括 AC311、AC313、AG300、新舟 600、运 12 等

附表（续）

单位名称	集团	登记类型	控股情况含义	主要民用航空产品
陕西宝成航空仪表有限责任公司	航空工业	有限责任公司	国有全资	航姿系统、惯性器件、近地告警等； C919 中承担通信系统的手持式送话器，客舱系统的应急撤离信号系统，电气互连 EWIS 的伸缩电缆装置；AG600 中承担航电系统的航姿基准子系统、近地告警软件、应急磁罗盘
陕西东方航空仪表有限责任公司	航空工业	有限责任公司	国有控股	传感器、变压器； 新舟 700 中承担襟翼位置传感器、旋转差动变压器等产品
陕西飞机工业有限责任公司	航空工业	国有独资公司	国有控股	民机部件；民用航空产品零件
陕西航空电气有限责任公司	航空工业	有限责任公司	国有控股	电源系统、发动机点火系统； C919 中承担电源系统的外电源插座、外电流互感器，以及箱体、底座、汇流条、接线端子等零件按图加工；AG600 中承担电源系统；新舟 700 中承担一次配电子系统
陕西华威科技股份有限公司		股份有限公司	自然人控股	起落架及其他零部件模具模块
陕西华燕航空仪表有限公司	航空工业	有限责任公司	国有控股	导航和航姿设备、陀螺仪、加速度计； AC311A、AC313、海监直升机、AV500B 无人直升机中承担组合导航系统
陕西蓝太航空设备有限责任公司		有限责任公司	私人控股	A320、A321、A330、波音 757、波音 767 碳刹车盘
陕西凌云电器集团有限公司		其他有限责任公司	国有控股	导航、气象等专用仪器
陕西千山航空电子有限责任公司	航空工业	有限责任公司	国有控股	综合数据管理系统（飞参）、飞行任务训练计算机、机载健康诊断； AG600 中承担航电系统的飞行数据及座舱音频记录子系统，发动机指示系统的发动机指示及空勤告警子系统、油门杆位置传感器和发动机及系统参数采集系统的机电信息采集子系统；新舟 700 中承担航电系统的数据 / 语音记录子系统；产品配套机型还包括 AC313、新舟 600 等
陕西秦峰液压有限责任公司		有限责任公司	相对控股	伺服阀
陕西天达航空标准件有限公司		有限责任公司	私人控股	航空标准件
西安成立航空制造有限公司		有限责任公司	民营	民用航空器（发动机、螺旋桨）生产，民用航空器维修，民用航空器零部件研制

附表（续）

单位名称	集团	登记类型	控股情况含义	主要民用航空产品
西安飞豹科技有限公司	航空工业	其他有限责任公司	国有控股	航空模拟器；航空试验件；地面保障设备；航空系统及验证平台
西安飞行自动控制研究所	航空工业	事业单位	国有	导航制导与控制； C919中承担飞控系统的方向舵作动器、多功能扰流板作动器、地面扰流板作动器、地面扰流板控制模块，自动飞行系统的MCP飞行模式控制面板、Cabinet托架；AG600中承担电传飞控系统；新舟700中承担主飞控电子的飞控计算机、作动器控制电子，以及主飞控作动的方向舵作动器、多功能扰流板
西安飞机设计研究所	航空工业	事业单位	国有	飞行器设计研究与试验；飞机和机场检测与综合保障；相关产品研制；相关技术咨询与专业培训
西安飞鹰亚太航空模拟设备有限公司		有限责任公司	自然人控股	航空模拟器
西安钢研功能材料股份有限公司		股份有限公司	自然人控股	精密合金，高温合金
西安航空计算技术研究所	航空工业	事业单位	国有	操作系统、计算机、专用集成电路； C919中承担信息系统的通用信息处理计算机，以及电气互连EWIS的光电转换器；AG600中承担液压电控单元；新舟700中承担航电系统的信息管理子系统，电气系统控制器，发动机接口控制单元
西安航空制动科技有限公司	航空工业	有限责任公司	国有全资	机轮刹车； AG600、新舟700中承担机轮刹车系统
西安航艇航空科技有限公司		有限责任公司	民营	航空工装，航空机载产品、地面设备产品配套，航空试验电缆组件、控制盒
西安宏钛航空科技有限公司		其他有限责任公司	法人股东控股	航空钣金零部件
西安家麒工模具有限公司		有限责任公司	自然人控股	航空精密齿轮、筒体等零件加工
西安嘉业航空科技有限公司		有限责任公司	私人控股	民用飞机零部件
西安康倍机电科技有限公司		有限责任公司	自然人控股	航空伺服阀、传感器产品，航空液压、电机部件修理服务
西安三航动力科技有限公司		其他有限责任公司	法人与自然人共同持股	航空发动机用新型薄壁叶片、整体叶盘、整体叶环、整体机匣等复杂薄壁整体结构

附表（续）

单位名称	集团	登记类型	控股情况含义	主要民用航空产品
西安三角防务股份有限公司		股份有限公司	法人控股	大型航空锻件
西安势加动力科技有限公司		有限责任公司	国有企业控股	航空发动机叶轮叶盘
西安沃祥航空科技有限公司		其他有限责任公司	法人控股	无人机燃油系统
西安兴航航空科技股份有限公司		股份有限公司	自然人控股	航空零件、部件
西安亚龙航空机电有限责任公司		有限责任公司	自然人控股	风洞试验、无人机
西安宇森电气有限公司		私营有限责任公司	私人控股	航空零部件的喷涂、胶结
西安远飞航空技术发展有限公司		有限责任公司	自然人控股	航空零部件、航空复材零部件
西安泽达航空制造有限责任公司		有限责任公司	自然人独资	航空零部件
西安卓锐航空科技有限公司		有限责任公司	自然人控股	航空零部件、紧固件
中国航发动力股份有限公司	中国航发	股份有限公司	国有控股	航空发动机零部件
中航西安飞机工业集团股份有限公司	航空工业	股份有限公司	国有控股	新舟系列飞机零部件；ARJ21 飞机零部件；C919 飞机零部件；航空零部件转包产品
中航西飞民用飞机有限责任公司	航空工业	其他有限责任公司	国有控股	新舟 60/600 飞机
甘肃（3）				
甘肃神龙航空科技有限公司		私营独资	私人控股	工程应用无人机、旋翼机、运动类通航飞机
兰州飞行控制有限责任公司	航空工业	有限责任公司	国有控股	自动飞行控制系统、自动油门相关设备、伺服电机等； AG600 中承担飞控系统的自动飞行控制子系统、升降舵调整片效应机构；新舟 700 中承担飞控系统的主飞控驾驶舱装置，产品配套机型还包括 AC311A
中航天水飞机工业有限责任公司	航空工业	其他有限责任公司	国有控股	ARJ21 飞机组件

6. 常见缩略语表

常见缩略语表

序号	缩略语	英文含义	中文含义
1	AC	airworthiness certificate	适航证
2	ADS-B	automatic dependent surveillance-broadcast	自动相关监视－广播
3	AEG	aircraft evaluation group	航空器评审组
4	APU	auxiliary power unit	辅助动力装置
5	CAAC	Civil Aviation Administration of China	中国民用航空局
6	CCAR	China Civil Aviation Regulations	中国民用航空规章
7	CNAS	China National Accreditation Service for Conformity Assessment	中国合格评定国家认可委员会
8	CTSO	Chinese Technical Standard Order	中国技术标准规定
9	CTSOA	Chinese Technical Standard Order Authorization	中国技术标准规定项目批准书
10	DER	designated engineering representative	委任工程代表
11	DMDOR	designated modification design organization representative	改装设计委任单位代表
12	DOA	design organization approval	（由 EASA 颁发的）设计机构批准
13	EASA	European Aviation Safety Authority	欧洲航空安全局
14	EFB	electronic flight bag	电子飞行包
15	EMC	electromagnetic compatibility	电磁兼容性
16	eVTOL	electric vertical take-off and landing	电动垂直起降飞行器
17	FAA	Federal Aviation Administration	美国联邦航空局
18	HIRF	high intensity radiated field	高强度辐射场
19	HUD	head-up display	平视显示器
20	IATA	International Air Transport Association	国际航空运输协会
21	ICAO	International Civil Aviation Organization	国际民航组织
22	ISO	International Standard Organization	国际标准化组织
23	JCAB	Japan Civil Aviation Bureau	日本民用航空局
24	LRU	line replaceable unit	航线可更换组件
25	MDA	modification design approval	改装设计批准书
26	MRO	maintain, repair and overhaul	维护、修理和大修（也可指从事此项工作的单位）
27	NADCAP	National Aerospace and Defense Contractors Accreditation Program	国家航空航天和国防合同方授信项目
28	OEM	original equipment manufacturer	原始设备制造商

续表

序号	缩略语	英文含义	中文含义
29	OMS	onboard maintenance system	机载维护系统
30	PC	production certificate	生产许可证
31	PCT	Patent Cooperation Treaty	专利合作条约
32	PMA	parts manufacturer approval	零部件制造人批准
33	POA	production organization approval	（由 EASA 颁发的）生产机构批准
34	PSU	passenger service unit	旅客服务组件
35	STC	supplemental type certificate	补充型号合格证
36	TC	type certificate	型号合格证
37	VTC	validation of type certificate	型号认可证